아메리카대륙의
고 대 문 명

아메리카 대륙의 고대문명

초판 1쇄 인쇄 2020년 11월 15일
초판 1쇄 발행 2020년 11월 20일

지은이 피에르 아노르
옮긴이 김 원
펴낸이 金泰奉
펴낸곳 한솜미디어
등록 제5-213호

편집 박창서 김수정
마케팅 김명준
홍보 김태일

주소 05044 서울시 광진구 아차산로 413(구의동 243-22)
전화 02)454-0492(代)
팩스 02)454-0493
이메일 hansom@hansom.co.kr
홈페이지 www.hansom.co.kr

값 16,000원
ISBN 978-89-5959-532-7 (03950)

In search of quetzalcoatl
Copyright ⓒ 1961 by Pierre Honore. All right reserved.
Korean translation copyright ⓒ 2020 by DDIAT/HANSOMMEDIA.
Korean translation rights arranged with ADVENTURES UNLIMITED
PRESS through EYA(Eric Yang Agency).

이 책의 한국어판 저작권은 EYA(Eric Yang Agency)를 통해
ADVENTURES UNLIMITED PRESS와 독점계약한
'도서출판 띠앗/한솜미디어'에 있습니다. 저작권법에 의하여
한국 내에서 보호받는 저작물이므로 무단전재와 복제를 금합니다.

* 잘못 만들어진 책은 구입하신 서점에서 바꿔드립니다.
* 이 책은 아모레퍼시픽의 아리따 글꼴을 사용하여 편집되었습니다.

IN SEARCH OF QUETZALCOATL

아메리카대륙의
고대문명

케찰코아틀, 신비한 유산을 찾아서

피에르 아노르 지음 / 김 원 옮김

한솜미디어

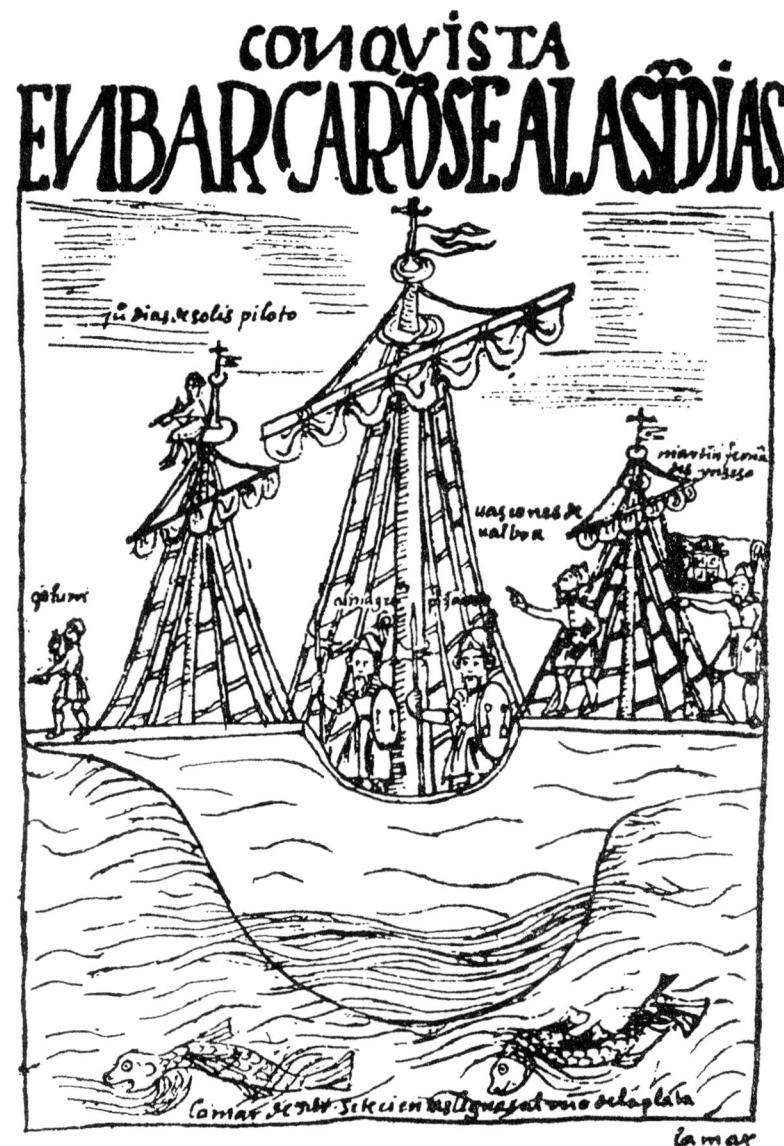

인디언들은 백인 신의 도착을 어떻게 보았을까?

| 차례 |

1부 : 미스터리
1. 백인 신의 전설 _ 8
2. 콜럼버스 이전 백인들 _ 13
3. 백인 신은 크레타 문자를 썼다 _ 38

2부 : 역사를 추적하다
4. 멕시코 정복 _ 46
5. 피사로와 잉카 _ 56
6. 살아남은 신화 _ 70
7. 발굴의 첫 번째 결실 _ 87

3부 : 백인 신의 문명
8. 마야 제국 _ 98
9. 툴라와 치첸이차 _ 129
10. 멕시코의 다른 고대인들 _ 151
11. 올멕과 그들의 발명품 _ 166
12. 페루 평원의 고대인들 _ 181
13. 티아우아나코의 거대한 도시 _ 201
14. 차빈 문명과 고대 신들 _ 237
15. 금세공인 _ 248
16. 아메리카의 첫 번째 사람들 _ 262

4부 : 결론을 향하여
17. 신세계로의 문명 전파 _ 270
18. 백인 신, 크레타인과 페니키아인 _ 277
19. 백인 신의 흔적을 발견하다 _ 289

역자 후기 301 / 찾아보기 306 / 참고문헌 316

제 1 부

미스터리

1. 백인 신의 전설 · · · · · · · · · · · · · · 8
2. 콜럼버스 이전 백인들 · · · · · · · · 13
3. 백인 신은 크레타 문자를 썼다 · · 38

01
백인 신의 전설

　전령들은 20km 전진하여 약 1,000명의 원주민이 사는 마을을 발견했다고 보고했다. 원주민들은 성대한 환영식을 베풀었으며 마을에서 가장 멋진 집에 머물게 한 후 전령들의 팔을 두르고 이리저리 다니며 손과 발에 입을 맞추었다. 한마디로 그들이 아는 모든 방법으로 전령들이 신으로부터 온 백인이라는 것을 확인하려고 했다. 50여 명의 남녀들은 전령들에게 영원한 신들의 하늘나라로 돌아갈 때 동행할 수 있는지 물었다.

- 콜럼버스, 1492. 11. 6.

　그들은 실제로 별 어려움 없이 무엇이든 할 수 있었다. 그들은 녹옥을 자르고 금을 녹였는데 이 모든 기술과 지식은 케찰코아틀에게서 왔다.

- 프레이 베르나르디노 데 사아군(1499~1590)

　고대 인디언들의 전설은 우리에게 선사시대 언제인가 수염 있는 백인 신이 신세계 해안에 상륙했다고 말한다. 그들은 인디언들에게 과학과 건축술, 규율 그리고 높은 수준의 문명을 전달했다. 이들은 인디언들의 나라에서 백인 신이 되었다.

  그들은 반짝이는 선체에 백조의 날개를 가진 거대한 이국적인 배를 타고 마치 거대한 바다뱀이 물 위를 미끄러지듯 해변에 닿았다. 배가 해변에 도착하자 흰 피부에 파란 눈, 짧지만 넓은 소매에 목 주위가 둥글게 열려 있는 거친 소재의 검고 긴 옷을 입은 낯선 사람들이 나타났다. 낯선 이들은 이마에 뱀 모양 장신구를 착용하고 있었다.

  특별한 백인 신에 관한 전설은 모든 중남미 고대문명으로부터 오늘날까지 살아남았다. 멕시코의 톨텍Toltec과 아즈텍Aztec인들은 그를 케찰코아틀Quetzalcoatl이라 불렀으며 잉카인들은 비라코차Viracocha라고 불렀다. 마야인들에게는 규율과 문자를 주었으며 신처럼 숭배되는 쿠쿨칸Kukulcan이었다. 칩차족Chibchas에게 그는 '빛나는 하얀 망토'를 입은 보치카Bochica이며, 페루의 아이마라Aymara족에게는 휴스터스Hyustus였는데 오늘날도 사람들은 그가 흰 피부에 파란 눈을 가졌다고 이야기한다.

  케찰코아틀(깃털 달린 뱀)은 사실 톨텍의 다섯 번째 왕(977~999)이었다. 그는 태양이 떠오르는 땅에서 왔으며 긴 옷을 입고 있었다. 그는 톨란Tolan에서 통치했으며 그의 집은 금, 보석, 깃털들로 가득했다. 그는 사람들에게 과학과 도덕을 가르쳤으며 현명한 규율을 주었고 농사짓는 법을 가르치며 희생제의를 금하고 평화를 설파했다. 사람들은 먹기 위해 더 이상 동물을 죽이지 않게 되었으며 곡식과 채소를 먹으며 삶을 영위했다.

  황금시대는 오래가지 않았다. 전설에 의하면 악마가 케찰코아틀을 사치와 술독에 빠뜨려 자신의 의무를 태만하게 만들었다고 한다. 그는 자신의 악행이 너무 부끄럽고 슬퍼 보물들을 땅에 묻고 추종자들과 함께 떠나기로 했다. 떠나기 전 새들을 멀리 날려 보냈고 나무들을 가시가 돋은 아카시아로 바꿔버렸다. 그는 백성을 떠나 멕시코만 남부 해안으로 갔다.

어떤 전설에 의하면 그는 자신의 영광을 위하여 거대한 피라미드를 건설한 촐룰라Cholula에서 20년 동안 머물렀다. 20년이 지난 후 해변으로 가서 백성에게 한 번 더 연설한 후 바다로 가서 스스로를 불태웠다. 그의 심장은 아즈텍인들이 세-아카틀Ce-acatl이라 부르는 샛별이 되었다. 다른 전설은 해변에서 왔던 곳으로 돌아가는 배를 탔으며 출발하기 전 다시 돌아오겠다고 약속했다고 한다.

멕시코에는 이런 이야기가 정말 많다. 남미에 관한 스페인 연대기 저자 중 한 명인 시에자 데 레온Cieza de Leon(1520~1554)은 잉카시대 훨씬 이전에 티티카카호수에 수염 있는 백인이 나타났다고 기록했다. 그는 사람들에게 규율과 문명을 가르친 전능한 사람이었다. 그는 모든 사물의 창조자였으며 백성에게 폭력 없이 살 수 있는 선한 사람이 되라고 명령했다. 그의 이름은 티키-비라코차Tiki-Viracocha였으며 투아파카 혹은 아루나우Arunau라고도 불렸다.

수염 있는 백인 신은 신전이 있는 큰 도시들을 건설했는데 신전에는 자신의 모습을 한 수많은 조각상이 있었으며 다른 모든 신전들도 마찬가지였다. 나중에 그가 떠나게 되었을 때 자신의 가르침을 따르라고 강력하게 한 번 더 권고하였다. 전설은 그를 태양과 별을 창조한 신으로 만들었는데 그가 오기 전에는 어둠이 지구를 덮고 있었기 때문이었다. 그는 커다란 돌들을 인간과 동물로 변화시켰으며 인간이 왕이 되게 하였다.

2명의 또 다른 연대기 저자들에 따르면 수염 있는 백인들이 티티카카호수에 나타나 큰 도시를 세웠으며 원주민들에게 보다 문명화된 생활 방식을 가르쳐주었다. 인디언들은 백인 신이 잉카시대 2,000년 전에 도시를 건설했다고 말한다.

나중에 백인 신은 코킴바Coquimba의 카리Cari 추장과 전쟁을 벌였으나 패하여 도시는 파괴되었고 여자와 아이들만 목숨을 구할 수 있었다. 비라코차는 소수의 추종자와 함께 달아나 바닷가에 도착했고 다시 돌아오겠다고 약속한 뒤 파도를 따라 움직이는 마술 양탄자를 타고 떠났다. 문자 그대로 옮기면 비라코차는 바다의 거품이고 볼리비아 코야Colla족에게는 여전히 바람의 신이다. 티티카카호수에 폭풍이 몰아쳐 하얀 파도가 일 때 노인들은 '비라코차가 온다'라고 말할 것이다.

백인 신 전설은 중남미 모든 곳에 있고 이야기는 언제나 같은 방식으로 끝난다. 백인 신이 언젠가 돌아오겠다는 신성한 약속을 하고 떠났다는 것이다. 그러나 전설은 인디언들이 급속히 몰락하는 주된 원인 중 하나가 되었다. 사람들은 정형화된 백인 신의 이미지를 갖게 되어 스페인 침략자들을 돌아온 백인 신으로 받아들였기 때문이다.

멕시코의 아즈텍 사제들은 세-아카틀 해에 떠난 백인 신이 다시 세-아카틀 해(1주기)가 되면 돌아올 것이라고 생각했다. 아즈텍 달력에서 세-아카틀 해는 52년마다 돌아온다. 사제들은 이때가 오기 바로 전 별들과 징후들을 주의 깊게 관측하고 새로운 주기의 첫째 날 백인 신이 돌아올 것인지 아닌지 예측했다.

우연의 일치였지만 새로운 주기가 시작되기 전 아즈텍인들 사이에 '해안을 떠도는 백조의 날개를 가진 물의 집'이란 소문이 퍼졌다. 곧이어 새로운 '1주기'가 시작되었고 코르테스Cortes(1485~1547)가 멕시코 해안에 상륙했다. 심지어 백인 신이 돌아온 날은 사제 중 한 명이 고대 기록에서 '1주기' 해의 '9 바람'의 날 돌아온다는 계산과 정확하게 일치했다. 우리가 계산한 날짜로는 1519년 4월 22일, 세족식을 거행하는 목요일(부활절 직전 목요일)이었다.

오래전 인디언들에게 온 백인 신은 검은색 베레모와 가운을 입고 있었다. 코르테스는 이 둘을 모두 입었고 백인 신이 돌아오겠다고 약속하며 떠났던 거의 같은 곳에 상륙했다. 어떻게 인디언들이 그가 예전에 다스렸던 지역으로 돌아온 것을 의심했겠는가?

수염 있는 백인들은 대부분 하찮은 모험가와 용병 무리였지만 그들에게는 총과 칼이 있었다. 순진한 인디언들은 스페인인들로부터 고통을 떠안았고 얼마 되지 않는 모험가들은 대륙 전체의 고도 문명을 파괴하였다.

그들의 언어는 파괴에서 살아남았다. 200만 이상의 인디언들이 마야어를 말하고 50만 명 이상이 아즈텍어를 말하며 거의 100만 명이 오토미에 Otomies, 사포텍Zapotecs, 믹스텍Mixtecs 그리고 타라스칸Tarascan어를 사용한다. 수백만 명이 아이마라, 케추아Quechua 그리고 모치카Mochica어를 말한다. 1940년 페루 통계를 보면 40%의 학생들이 잉카 언어 중 가장 오래된 케추아어를 여전히 쓰며 또는 아이마라어를 쓰는데 1/3 이상이 스페인어를 이해하지 못했다.

페루 고원지대 사람들은 여전히 오래된 조각상이나 머리 모양 주전자를 가지고 있는데 마치 생명을 불어넣은 것 같다. 그리고 낯설지만 믿을 수 있는 이에게 경의를 표할 때 '백인 신' 즉 '비라코차'라고 말한다.

유카탄 정글에서 인디언의 원두막에 들어가 보자. 추운 볼리비아 고원에서 화롯불에 둘러앉은 노인들을 만나보자. 아마존 정글에서 인디언과 이야기해 보자. 어디를 가든 인디언들에게 와서 신세계의 신이 된 수염 있는 백인들의 전설을 들을 수 있다.

02 ─ 콜럼버스 이전 백인들

모든 역사책은 아메리카를 발견한 콜럼버스와 뒤를 이은 스페인인들이 신세계 최초의 백인인 것처럼 이야기한다. 그러나 스페인인들 스스로 이런 믿음에 반하는 증거를 제시한다. 그중 하나가 인디언들에게 들은 백인 신에 관한 전설이다. 몇몇 스페인인들은 백인들을 만났고 그들과 이야기했다고 한다. 그들은 인디언들과 완전히 달랐는데 스페인 사람 또는 북유럽인처럼 보였다.

백인 인디언에 관한 보고들은 신세계만큼이나 오래되었다. 콜럼버스는 훗날 산살바도르라고 이름 붙인 과나하니Guanahani 섬의 원시 인디언들에게 '하늘의 아들'이며 신으로서 환영받았다고 했다. 그리고 '스페인인들처럼 거의 백인'인 인디언들을 자주 보았다고 했다.

특히 페루의 잉카인들은 더 많이 '유럽인'의 영향을 받은 것처럼 보이는데 페드로 피사로Pedro Pizarro(1475?-1541)는 다음과 같이 썼다.

"페루의 지배층은 익은 밀 색깔 같은 금발 머리에 피부가 하얗다. 대부분의 고귀한 남녀들은 스페인인들처럼 보였다. 나는 이 나라에서 어린아이와 함께 있는 인디언 여인을 만났는데 둘 다 백인과 구별할 수 없을 정도로 하얀 피부였다. 사람들은 그들을 '신의 아이들'이라고 불렀다."

잉카 지배층은 인디언들이 사는 거대한 지역을 다스리는 총독, 장군, 고위관료들로 이루어진 하나의 대가족이었다. 귀족들은 인디언과 결혼을 피했으며 실제로도 거의 금발의 백인들이었다. 그들은 자신들만의 언어로 말했고 인디언들보다 더 나은 교육을 받았다. 스페인인들이 도착했을 때 이런 '로열 패밀리'는 500명이었다.

훗날의 여행자들은 과거의 연대기 저자들처럼 아마존의 백인들을 자주 언급했다. 예를 들어 잉카 왕조의 여덟 번째 지배자 비라코차 잉카Viracocha Inca는 수염 있는 백인이었고 부인은 '달걀처럼 하얗다'고 했다.

잉카 공주의 아들이며 연대기 저자인 가르실라소 데 라 베가Garcilaso de la Vega(1539~1616)는 소년 시절 무엇인가 보기 위해 폴로 데 온데가르도Polo de Ondegardo(1517?~1575, 훗날 연대기 저자가 됨)에게 이끌려갔던 평생 잊을 수 없는 경험을 인상적으로 묘사했다. 온데가르도는 쿠스코에 있는 그의 집 어느 방으로 소년을 데려가 벽에 기대어 있는 몇 개의 미라를 보여주었다. 온데가르도는 그들이 잉카 황제들이라고 말하며 자신이 파괴로부터 지켰다고 했다. 어린 가르실라소는 그렇게 자신의 조상들을 보았다.

본능적으로 그는 다른 미라들과 대비되는 '눈처럼 흰' 머리카락을 가진 미라 앞에 섰다. 온데가르도는 태양의 여덟 번째 지배자인 백인 잉카의 미라라고 했다. 백인 잉카는 젊은 나이에 죽은 것으로 보이므로 머리색이 노인의 흰색일 수 없었다. 다른 미라들은 옅은 색깔로 변했지만 원래 검은 머리카락이었던 반면 백인 잉카의 머리카락은 처음부터 검은색이 아니었고 시간이 경과하며 색이 옅어진 것도 아님을 의미했다.

인디언들은 스페인인들이 오기 오래전부터 백인들을 알고 있었지만 콜

케찰코아틀, 신비한 유산을 찾아서

럼버스와 그의 계승자들이 스스로를 신세계에 온 문명의 첫 번째 백인들이라고 믿은 것은 당연하다. '백인들'은 마음속으로 '문명'과 자신들을 동일시하였다. 콜럼버스는 처음 상륙한 섬에서 여전히 석기시대에 살고 있는 벌거벗은 인디언들을 보았으며, 자신이 산타마리아 데 과달루페Santa Maria de Guadalupe라 불렀던 섬에 상륙했을 때 식인 풍습을 발견했다. 인디언들은 붙잡은 아라와크 소년들을 거세하고 동굴에 가둔 다음 돼지처럼 살찌웠다. 콜럼버스는 순전히 먹힐 어린아이를 낳을 목적으로 붙잡힌 젊은 여인들을 보았다. 신생아는 별미로 여겨졌다.

콜럼버스는 앵무새, 신기한 동물과 식물, 야만족의 도구, 6명의 인디언과 함께 스페인에 돌아왔을 때 엄청난 환대를 받았으며, 과달루페 성모(아메리카 대륙의 수호자, 라틴 아메리카의 여제, 복중 태아의 수호성인)에게 가는 순례길에서도 왕실과 백성들로부터 엄청난 환대를 받았다. 그러나 그의 일기는 국가기록보관서로 사라졌고 이를 읽은 몇몇 사람들은 자신들이 야생의 인디언들보다 훨씬 뛰어나다고 느꼈다. 그들의 대표들이 신세계에서 백인 신으로 받아들여진 것을 당연하게 여겼다. 신세계에서 백인과의 만남 외에 훗날 스페인 정복자들은 놀랄 만한 또 다른 경험들을 했다.

수 세기 동안 유럽의 궁정 화가들은 황제나 왕, 왕자, 주교, 귀족의 초상화를 그려왔는데 이런 초상화들은 지위를 나타내는 일종의 계급장으로 인식되었다. 황제나 왕들은 대개 교외에서 말을 타는 모습을 그렸다. 그들은 한 손에 홀(권력과 위엄을 나타내는 상징물. 길이는 1m 이상이다.)을 들고 어깨 아래로 흘러내리는 자주색 망토를 둘렀다. 보통 그림 한쪽 구석에는 문장 상징물을 그려넣었다.

때때로 지배자들은 황금 장식으로 꾸미고 값비싼 천을 두른 커다란 왕좌에 앉았다. 또는 지붕이 있는 편안한 의자에 기대어 앉기도 했다. 의자는 귀족들이 장대를 이용해 옮겼는데 그들은 의자를 메고 구보하면서도 결코 피곤해하지 않았다. 왕좌나 가마, 홀과 왕관, 흐르는 휘장, 자주색 망토, 문장 동물 같은 것들은 구세계의 상징이었다.

에번스가 크노소스 궁전에서 유럽에서 가장 오래된 점토로 만든 가마를 발견하였다. 가마는 왕관과 홀처럼 구세계 모든 문명에서 볼 수 있다. 가장 오래된 홀은 크레타의 아기아 트리아다Hagia Triada에서 나온 동석(가공이 용이하여 예부터 공예나 조각 재료로 쓰였다.)으로 만든 성배에서 발견되었다. BC 1650년 만들어진 성배에서 크레타 왕은 홀을 들고 있다.

지배자들은 까마득한 과거부터 왕좌에 앉았고 구세계의 왕좌 형태는 언제나 동물에게서 가져왔는데 다리는 메소포타미아나 이집트, 그리스, 로마시대의 사자나 그리폰Gryphon(사자 몸에 독수리 머리와 날개가 있는 신화 속 동물)의 발톱이었다. 그러나 크레타의 미노스 왕좌는 달랐다. 마치 나무로 만든 것처럼 보이도록 양각으로 다듬은 돌이었다. 다시 말하면 지배자들에게는 언제나 상징 문장이 있었다. 구세계 모든 문명은 왕을 위한 색으로 오직 자주색만 사용하였다. 이런 권력의 상징들은 한 사람에서 다른 사람으로 이어졌으며 인류 초기부터 나라에서 나라로 전해졌다.

스페인인들은 신세계에서 이런 상징들을 발견했다. 그들은 연관성을 설명할 수 없었지만 서로 멀리 떨어진 두 지역에서 독립적으로 발명되었다는 것을 믿기 어려웠다. 인디언들은 분명히 스페인인들이 오기 전부터 그런 상징들과 백인들에 대해 매우 친숙했다.

예를 들어 인디언들은 백인 신의 왕관인 깃털로 만든 두건을 알고 있었다. 두건은 몬테수마Montezuma(1466~1520)에게 최고의 보물이었는데 어느 시점에 백인 신의 가면과 함께 스페인인 부대에 보냈다. 코르테스에게 그가 정당한 주인에게서 왕관을 받았음을 보여주려는 의도였다. 오늘날 아메리카 원주민(Red Indian) 소년들은 두건을 사용할 때 그것이 고대 크레타 문명으로 거슬러 올라가 유럽에서 기원한 것임을 인식하지 않는다. 물론 크레타 문명은 당시 스페인인들에게 완전히 알려지지 않았으므로 그들이 두건을 보았을 때 인디언들에게 무언가 특별한 것이라고 생각했다. 코르테스는 몬테수마의 보물들을 스페인 궁전에 보내는 것은 단지 인디언들이 갖고 있는 특이한 것을 보여주기 위함이라고 했다.

크노소스 궁전에 있는 채색된 1.8m 크기의 장식용 조각에서 크레타 왕자는 공작 깃털로 장식한 백합 왕관을 쓰고 있다. 아기아 트리아다 석관에도 깃털 왕관을 쓴 사람이 있다. 인디언 황제의 왕관은 이국적인 새의 긴 꼬리 깃털로 장식되어 있다. 깃털 모양 장식에 얇게 금을 입힌 황금 왕관도 발견되었다. 그러나 크레타에서 깃털 달린 실물 왕관은 발견되지 않았다. 인디언들의 백인 신이 썼던 깃털 왕관은 오스트리아 빈 인류학박물관에 중요한 보물로 보관되어 있다. 왕관은 꼬리를 펼친 새처럼 생겼다. 빈의 왕관이 459개의 깃털을 갖고 있는 반면 케찰Quetzal(멕시코 남부, 과테말라, 코스타리카에 서식하는 새)은 단지 2개에서 4개의 녹색 꼬리 깃털을 가지고 있다. 중간에는 코팅가Cotinga의 깃털처럼 만든 193개의 금으로 세공된 깃털들이 4개의 둥근 띠를 형성하고 있다.

몬테수마가 테우틀리레Teuhtlile라는 귀족을 스페인 진영에 보냈을 때 흥미로운 작은 사건이 있었다. 테우틀리레는 황제의 선물로 금 장신구를 가득 채운 바구니를 가지고 갔다. 그가 코르테스 앞에 선물을 펼쳐놓자 군인들이 진귀한 물건들을 보기 위해 다가섰고 테우틀리레는 그들 중 한 명의 투구가 얇은 금박으로 되어 있음을 보았다. 투구에 매료된 그는 코르테스가 몬테수마에게 줄 답례품을 거절하고 단지 그 투구만 요구했다.

"저는 이 투구를 황제에게 보여줘야 합니다. 왜냐하면 이 투구가 옛날 백인 신이 썼던 것과 정확하게 똑같아 보이기 때문입니다."

'그는 기꺼이 황제에게 투구를 보낼 것이며, 대신 금으로 보답하기를 바란다는 희망을 은연중에 내비치며 황제가 투구와 금의 가치를 비교할 수 있을 것이라고 했다. 그는 또한 귀족에게 스페인 사람들이 마음의 병으로 고통받고 있는데 금이 특효약이라고 했다.' 〈라스 카사스(Las Casas. 1484~1566)〉

스페인인들이 본 첫 번째 가마는 몬테수마의 조카이며 테스코코Tezcoco의 주인 까까마Cacama의 것이었다. 그는 스페인 군대가 수일에 걸친 행군 후 아즈텍 수도 테노치티틀란Tenochititlan에 접근했을 때 그들을 만나러 갔다. 귀족들이 메고 있던 가마는 금박과 진귀한 보석으로 장식되었고 황제가 내리자 관리들이 땅을 쓸며 앞서갔다.

코르테스는 테노치티틀란 외곽에서 몬테수마의 영접을 받았다. 그 역시 가마를 타고 있었다. 스페인 지휘관과 아즈텍 황제의 첫 번째 만남이었다. 당시 설명은 다음과 같다.

'군중 한가운데 3명의 관리가 앞에 서고 인디언 귀족이 황금 지팡이를 들고 뒤에 서 있었다. 스페인인들은 황금으로 번쩍이는 왕의 1인용 가마를 보았는데 은으로 치장한 테두리에 깃털과 보석 가루로 덮인 지붕의 가마는 4명의 수행원이 메고 있었다.'

몬테수마는 가마에서 내려 2명의 귀족과 함께 있는 코르테스에게 다가갔다. 코르테스도 가마에서 내려 역시 두 관리의 호위를 받는 황제와 만났다. 몬테수마는 망토를 입고 금을 입힌 허리띠를 찼으며 바닥이 황금으로

가마에 앉은 잉카

된 신발을 신고 있었다. 망토와 신발은 진주와 진귀한 보석들로 수놓아 있었다. 황제는 키가 크고 늘씬했으며 40세 정도 되어 보였다. 그는 검은 직모에 수염이 별로 없었으며 피부는 다른 인디언들보다 밝았다.

　나중에 스페인 정복자들은 페루의 잉카 왕국에서 또 다른 가마를 보았다. 잉카의 지배자들은 여행할 때 언제나 가마를 사용했고 우리는 여전히 그 그림을 가지고 있다. 그 역시 아즈텍 황제처럼 자주색 옷을 입었다. 근엄함을 보여야 할 때 잉카는 삼지창처럼 큰 황금 홀을 들었으며 커다란 가죽 방패는 문장 새인 송골매로 장식되어 있었다. 우리는 왕좌와 홀이 아즈텍과 잉카 제국뿐 아니라 고대 마야 화병과 보남팍Bonampak(멕시코 치아파스주에 있는 마야 유적지)의 채색된 벽화에서 역시 왕권의 상징임을 알고 있다.

잉카 사제들은 머리에 황금 태양으로 장식된 왕관 같은 것을 썼다. 그래서 잉카는 주교관(mitre)을 쓴 스페인 주교처럼 고위 사제로 인식되었다. 19세기 역사가 윌리엄 프레스콧William Prescott(1796~1859)은 『정복Conquista』에서 몬테수마를 이렇게 설명했다. '그는 머리에 교황의 삼중관과 닮은 멕시코의 왕관 혹은 코필리copilli를 썼다.' 그리고 스페인인들은 테노치티틀란의 몬테수마 궁 정문 위에서 구세계에서 이미 알고 있던 발톱이 있는 퓨마와 함께 독수리가 새겨진 돌을 발견했다.

스페인인들은 아즈텍에서 발견한 것에 꽤 깊은 인상을 받았는데 코르테스의 모든 탐험에 동행했던 베르날 디아스 델 카스티요Bernal Diaz del Castillo(1496~1584)는 '구세계에서 로마인들이 했던 것이 멕시코인들에게 있다'라고 기록했다. 코르테스는 카를 5세에게 보낸 편지에 '몬테수마의 궁전은 너무 거대하고 아름다워서 말로 표현할 수 없을 정도입니다. 스페인에는 견줄 만한 것이 없다고 확신합니다'라고 썼다.

몬테수마의 궁이 스페인인들이 본 가장 큰 것은 아니었다. 테스코코 왕의 궁은 가로 800m 세로 1km에 방이 300개가 넘었으며 거대한 공원으로 둘러싸여 있었다. 한 스페인인은 고향에 보낸 편지에 이렇게 썼다.

'정원에는 한 번 방향을 잃으면 나가는 길을 찾을 수 없는 수많은 미로가 있었다. 공원의 분수와 작은 연못, 꽃과 나무들의 관개를 위한 물은 샘에서 끌어왔다. 수로는 놀라울 정도로 먼 거리에서 언덕과 골짜기를 지나 공원 가장 높은 곳에 있는 크고 두꺼운 벽까지 이어져 있었다.' 〈익스틀릴소치틀(Ixtlilxochitl) 왕자〉

코르테스와 부하들은 처음 몬테수마의 궁에 들어갔을 때 수정 같은 물을 공중으로 내뿜는 분수가 있는 정원을 몇 곳 지나갔다. 그들은 천장 전체를 향이 좋은 나무들을 조각해 장식한 커다란 방으로 인도되었다. 기분이 좋은 향 태우는 냄새가 퍼지며 구석구석까지 파고들었다.

 황제의 방 옆 대기실에서 스페인인들은 신발을 벗고 거친 망토 아래 예복을 숨긴 귀족들의 환영을 받았다. 그러고 나서 맨발에 눈을 내리깔고 황제가 있는 곳으로 겸손하게 발걸음을 옮겼다. 마침내 몬테수마 앞에 서자 스페인인들은 놀라움에 속삭였다. 황제는 구세계의 통치자들처럼 왕좌에 앉아 있었다. 귀족들은 스페인인들이 고향에서 했던 것과 똑같은 방식으로 왕좌 앞에서 경의를 표했다.

 이 만남에서 몬테수마는 그의 백성에 대해 이야기했다. 그는 위대한 백인이 아주 오래전 백성을 이 땅으로 인도하였고 그들의 법을 주었으며 어느 날 자신이 왔던 방향으로 떠나며 반드시 돌아올 것을 약속했다고 했다. 심지어 몬테수마와 백성은 지금 온 백인들이 분명히 돌아온 백인 신이라 믿는다고도 했다. 황제의 입에서 직접 들은 전설은 스페인인들이 이미 자주 들었던 내용이었다.

 그들이 본 또 다른 '유럽'의 물건은 사령관 군기였다. 사실 그것은 아즈텍의 마지막 황제 쿠아우테목Cuauhtemoc(1495?~1525)이 20,000명의 병력으로 스페인인들의 퇴로를 막았을 때 테노치티틀란에서 대탈출했던 '슬픔의 밤Noche Triste' 이후 그들을 구한 상징(emblem)이었다. 결과는 이미 결정된 것처럼 보였다. 스페인인들은 단지 수백 명이었으며 수십 명이 죽고 이미 포위된 상태였다. 그때 코르테스는 근처 언덕에서 인디언 지휘관이 부대기 옆에 있는 것을 보았다. 그는 말에 올라 기수에게 따라오라고 소리쳤다. 그는 공격자들을 위한 좁은 길을 따라가며 말을 보고 후퇴하는 인디언 병사들을 향해 칼을 휘두르며 전진했다. 코르테스는 언덕 위까지 질주해 아즈텍 지휘관을 단칼에 쓰러뜨리고 깃발을 움켜잡아 흔들었다. 그러자 20,000명의 인디언들은 돌아온 백인 신의 공포에 휩싸여 달아났다.

스페인인들의 기록은 신세계의 특별한 경이로움인 피라미드를 많이 다루고 있다. 이집트 파라오 쿠푸Khufu(BC 2575?~BC 2465?)의 피라미드는 건축하는 데 20년이 걸렸으며 10만 명이 동원되었다. 그들은 200만 개의 석회암 블록을 꼭대기까지 차곡차곡 쌓아올렸는데 각각의 크기는 1㎡였다. 10만 명의 인부가 감독관의 채찍 아래 원통 위를 구르는 썰매를 끌며 나일강부터 건축지역까지 거대한 블록들을 날랐다. 20년 동안 피와 땀, 눈물 그리고 수천 명의 희생을 치르며 '에쳇 쿠푸Echet Chufu'는 구세계에서 가장 큰 피라미드가 되었는데 각 변이 230m에 면적은 53,000㎡에 달했다.

피라미드는 신이면서 왕이었던 쿠푸가 강력하게 추진하여 자신을 위한 무덤으로 건설되었다. 나일강뿐 아니라 메소포타미아 등 과거 모든 문명에서 지배자는 자신의 신성을 나타내기 위해 광적으로 거대한 무덤이나 신전, 조각상들을 건설하는 야만적인 결정을 하였다. 이런 현상은 신세계에서도 똑같이 일어났다. 촐룰라의 피라미드는 세계에서 가장 크다. 높이는 쿠푸 피리미드의 절반이지만 밑면은 거의 두 배다. 수만 명의 일꾼이 백인 신의 영광을 위해 이 하나의 건축물에 동원되었다.

코르테스가 촐룰라에 도착했을 때 그는 푸른 목초지와 함께 충분한 물이 공급되는 400여 개에 이르는 신전 경관에 감탄했다. 그러나 자신들에 대한 음모를 알게 되자 궁전 마당에서 3,000명의 인디언들을 총으로 죽였으며 번성했던 도시의 대부분이 화염에 휩싸였다.

'인디언들은 절망했다. 전설에 따르면 피라미드에서 특정 돌을 깨트리면 물이 몰아치고 도시는 홍수에 잠긴다고 했다. 그들은 돌을 깨트렸지만 물은 한 방울도 나오지 않았다. 그들이 무엇을 할 수 있었을까? 불은 이미 신전을 파괴하고 있었다. 주 신전에 머물던 한 인디언이 스페인인들에게 항복했고 다른 이들은 총과 칼에 죽었다. 많은 사람들이 신들로부터 버려졌다고 생각했기 때문에 피라미드에서 뛰어내려 죽음을 택했다.'〈페르난도 베니테즈(Fernando Benitez. 1912-2000)〉

피라미드는 4개의 커다란 단으로 이루어졌으며 120개 계단은 상단까지 이어진다. 이곳은 백인 신의 조각상을 모신 구역이다. 촐룰라를 지나 테노치티틀란으로 가는 길에 코르테스는 이 계단을 올랐던 것으로 보인다. 왜냐하면 '깃털 달린 왕관을 쓴 칙칙한' 조각상에 대한 묘사를 남겼기 때문이다. 조각상은 목에 둥그런 황금 띠와 터키석 귀걸이를 했으며 한 손에 보석이 박힌 홀을 들고 다른 손에는 채색된 방패를 들고 있었다.

각지에서 수많은 순례자들이 고귀한 신의 조각상에 몰려들었다. 피라미드는 그들에게 메카였고 신봉자와 가난뱅이 무리들이 그 아래에 머물렀다. 매년 6,000명의 사람들이 희생제물로 바쳐진다는 것을 알았을 때 코르테스는 백인 신이 인디언들의 수많은 우상 중 하나라고 확신하였다. 그는 거대한 테오칼리Teocalli(위에 신전이 있는 피라미드) 피라미드를 방문한 이후 더욱 확신하게 되었을 것이다.

피라미드는 사각형으로 둘러친 벽 안에 있는데 충분히 넓었으므로 코르테스는 그 안에 집을 500채 지을 수 있다고 했다. 바깥쪽 벽에는 돋을새김으로 뱀들이 장식되어 있었다. 동서남북 4개의 문이 중앙을 향해 나 있고 각 문에는 군대를 위한 무기고들이 있었다.

몬테수마는 피라미드를 보여달라는 스페인인들의 요청을 받고 오랜 시간 망설였다. 코르테스는 거울처럼 부드러운 광택이 나는 돌판으로 포장된 마당을 지나갔다. 그는 황제의 안내를 받으며 피라미드 계단을 올랐다. 코르테스가 상단에 올랐을 때 가장 먼저 주목한 것은 사각의 커다란 벽옥(고대부터 장신구 및 보석으로 사용되었다.) 덩어리였다. 기이한 생김새는 가련한 희생자가 제물로 바쳐지기 위해 드러눕는 곳임을 나타내고 있었다.

코르테스는 이렇게 기록했다. '상단 맨 끝에 2개의 탑이 있다. 각각은 3개의 층으로 구성되어 있는데 아랫부분은 돌과 치장벽토이고 위쪽 두 부분은 섬세하게 깎인 나무이다. 가장 낮은 부분에 그들의 신상이 있다. 각각의 신성한 장소 앞에는 로마 베스타 여신의 불처럼 꺼지지 않는 한 나라의 불행을 막아주는 영원한 불꽃이 있는 제단이 있다 … 우리가 서 있는 신전은 다른 모든 건물보다 높아서 장엄하고 굉장한 경관을 보여주었다. 도시는 피라미드 중심부터 마치 지도처럼 뻗어나갔다.'

스페인인들은 신전의 한 곳에 들어갔다.

'이곳 신성소 제단 앞에 아즈텍의 전쟁의 신이며 수호신인 거대한 우이칠로포츠틀리Huitzilopochtli 조각상이 있었다. 조각상 표정은 상징적 의미의 흉칙한 윤곽선으로 일그러져 있었다 … 진주와 보석으로 구성된 거대한 뱀의 주름이 허리를 감쌌고 동일한 귀한 재료들이 조각상 위로 사치스럽게 흩뿌려져 있었다. 가장 눈에 띄는 장식은 목에 걸려 있는 금과 은이 번갈아 연결된 사슬이었다. …' 〈프레스콧〉

조각상 위에 황금 지붕이 있고 제단에는 방금 봉헌된 인간의 심장이 놓여 있었다. 치장벽토 벽은 사람의 엉긴 피로 덮여 있었다.

'카스티야(스페인 중부의 옛 왕국)의 도축장보다 악취가 심해 참을 수 없었다 … 가장 큰 것을 원형으로 건설된 몇 개의 테오칼리가 더 있었다 … 다른 지역에 건설된 수많은 신전의 가장 상단 제단에는 꺼지지 않는 불이 있어 밤 동안 거리를 밝게 비추었다. 울타리에 둘러싸인 테오칼리 중 하나는 케찰코아틀에게 봉헌되었는데 피가 떨어지는 날카로운 송곳니를 곤두세운 용의 입을 모방한 원형 입구가 있었다.'

역시 제단에 피를 떨어뜨리는 도구가 있었고 사제들의 옷은 말라붙은 피로 딱딱했다. 스페인인들은 케찰코아틀 신전을 간단하게 '지옥'이라고 언급했으나 최악은 아니었다. 그들은 돌아오면서 상단에 처형대가 있는 진흙 제단과 마주쳤을 때 하얗게 빛나는 섬뜩한 무언가를 보았다. 가까이 다가가자 희생제물이 된 수천 개의 전쟁포로 해골로 뒤덮인 커다란 선반을 발견했다. 대량 학살된 흔적들은 스페인인들이 야만적 사회를 파괴하는 것에 도덕적 정당성을 느끼도록 만들었다. 또 마음속에서 이미 백인들이 유럽에서 신세계에 왔을지도 모른다는 의구심도 지워야 했다.

그들은 피라미드에서 어울리는 것을 전혀 볼 수 없었는데 왜냐하면 구세계의 피라미드에 관해서 알지 못했기 때문이다. 수 세기 지나서 나폴레옹이 이집트를 침략했을 때 유럽인들은 피라미드에 관해 듣게 되었다. 오늘날 우리는 백인 신이 나일강에서 사용한 방법을 동일하게 사용하여 이집트 왕보다 거대하고 인상적인 피라미드를 건설했다고 강력하게 주장할 수 있다.

스페인인들은 테노치티틀란에 들어갔을 때 대부분 식물로 가득한 지붕 정원이 있으며 구멍이 많은 붉은 돌로 만든 커다란 집들 사이의 넓은 도로를 따라 성큼성큼 걸었다. 평민들의 진흙과 골풀로 만든 오두막을 지났으며 돌 또는 치장벽토 기둥들의 열로 경계를 이룬 커다란 광장을 건넜고 제단에 연기가 피어오르는 수백 개의 피라미드를 통과했다.

그들이 아즈텍 심장부로 행군하면서 경이로워한 것은 한두 가지가 아니다. 그들의 언급에서 우리는 인디언 나라에서 그들에게 익숙하거나 스페인에서 알았던 비슷한 것들을 많이 본 것에 대한 놀라움을 읽을 수 있다. 그들은 기둥과 현관, 회랑이 있는 아즈텍 건물들을 '살라망카처럼 … 바르셀로나처럼 … 세비야의 집에서처럼' 등으로 자주 스페인과 비교하였다.

베르날 디아스는 『정복의 진실된 역사Historia verdadera de la Conquista』에서 다음과 같이 썼다.

'물 위에 있는 수많은 도시와 마을들 그리고 더 많은 것을 보았을 때 놀라움에 사로잡혔고 우리들은 마술이라고 말했다 … 왜냐하면 모든 곳에 엄청난 탑과 신전, 피라미드들이 물에서 솟아 있었으며 대부분 병사들은 분명히 꿈을 꾸는 것이라고 생각했다.'

스페인인들 도착 당시의 테노치티틀란

코르테스도 놀라워하며 다음과 같이 기록하였다.

'당신은 약제사들이 운영하는 것 같은 집을 발견한다. 그곳에서 마시는 약, 연고, 고약들을 살 수 있다. 당신은 이발소를 보면 머리를 깎거나 목욕을 할 수 있다. 당신은 돈을 주고 먹거나 마실 수 있는 집들과 우연히 마주칠 수 있다.'

정복자들의 행렬은 피라미드가 우뚝 솟은 가장 큰 신전 앞에서 멈추었다. 반대편은 커다란 건물 단지인데 황제의 아버지 악사야카틀Axayacatl의 궁전으로 코르테스와 병사들이 묵을 곳이었다. 단지 입구에서 손님들을 맞으려 기다리던 황제와 코르테스의 두 번째 만남이 있었다. 황제는 코르테스와 인사하며 금 장신구가 달린 금 고리에 금으로 만든 작은 게들의 껍데기가 달려 있는 목걸이를 코르테스 목에 걸어주었다.

지금도 스페인 왕은 무거운 황금 목걸이를 착용한다. 더욱이 (스페인인들은 알지 못했지만) 권력과 왕가의 상징으로서 황금 목걸이는 가장 오래된 문명에서도 확인할 수 있다. 예를 들어 미케네의 지배자는 쌍독수리가 보이는 고리들로 연결된 목걸이를 착용했다.

테노치티틀란에는 약 6만 호의 집과 30만 명의 원주민이 있었다. 스페인인들은 깨끗이 청소되고 잘 씻겨진 거리들을 보았다. 강력한 수로가 차풀테펙산에서 도시 중심부까지 신선한 식수를 운반했다. 최고 번성기에 도시는 활기차고 풍족했다. 도시에는 무기고, 곡물창고, 조류 사육장, 사육사가 보호하는 야생동물들을 위한 (오늘날 동물원 같은) 우리, 수많은 분수와 연못, 대리석으로 만든 체크 무늬의 커다란 급수장이 있었다. 또 외부 방문객들을 위한 숙박 시설, 학교, 사제들이 사는 특별한 구역과 큰 건물들, 훌륭한 시장이 있었다. 베르날 디아스는 '우리는 틀라텔롤코Tlatelolco라 부르는 광장에 도착했을 때 놀라기 시작했다. 수많은 사람들과 다양한 상품들뿐 아니라 우리가 전에 결코 본 적이 없을 정도로 모든 것이 질서정연했기 때문이다'라고 기록했다.

코르테스도 시장을 보고 충격을 받아 '또 다른 시장이 있는데 … 살라망카의 시장보다 두 배 크고 전체는 상가로 둘러싸여 있었다. 매일 60,000명의 사람이 물건을 사거나 팔기 위해 모였다'라고 기록했다. 그에게 그라나다의 비단 시장을 떠올리게 만드는 장면이었다.

스페인인들은 매일 수만 명이 모이는 시장의 환상적인 장면을 충분히 설명할 수 없었다. 목 주위에 묶여 한쪽 어깨 위로 흘러내리는 망토를 입은 사람들, 넓은 허리띠로 장식한 예복, 술, 장식품들과 온갖 종류의 보석들…. 여자들은 장식 리본과 아름답게 수놓은 여러 벌의 치마를 겹겹이 입었다. 많은 사람들이 알로에 섬유소 또는 토끼털로 만든 얇은 베일로 얼굴을 덮었으며 모든 여자들은 길게 땋은 머리를 하고 있었다.

신세계에서 생산한 모든 것은 테노치티틀란 시장에 있었을 것이다. 시장에는 촐룰라의 보석상, 옹기장이, 아즈카포찰코Azcapotzalco의 금세공인, 테스코코의 화가, 테나유카Tenayuca의 석공, 실로테펙Xilotepec의 사냥꾼, 쿠이틀라우악Cuitlahuac의 어부, 쿠아우티틀란Quauhtitlan의 바구니와 의자 제작공, 소치밀코의 원예가들을 위한 특별한 가판대가 있었다. 약재용 허브와 약제사의 상품 심지어 이발사(인디언들은 비록 수염을 기르지 않았지만 머리를 밀어서 이발사들은 매우 바빴다.)도 있었다.

시장에는 호기심을 자극하는 매우 다양한 물건들이 있었다. 작은 황금 비늘이 있는 황금 물고기, 황금 깃털과 움직이는 머리의 황금새, 광택을 내거나 도금한 온갖 종류의 나무로 만든 배, 청동 도끼, 상단에 동물 머리가 있는 투구, 전사들을 위해 목화로 누빈 조끼, 깃털로 만든 갑옷, 칼날을 흑요석으로 만든 칼, 돌을 갈아 만든 면도칼과 거울, 온갖 종류의 가죽 제품, 짐승 가죽이나 목화 또는 용설란 속 식물 섬유로 만든 부채, 길들여진 야생동물들 그리고 노예들이 있었다.

음식 가판대에는 수많은 닭과 오리, 물고기가 있고 게임을 할 수 있으며 고급 야채들, 옥수수, 제빵사의 물건들, 빵, 코코아 그리고 취하는 음료인 풀케Pulque가 있었다. 또한 스페인인들이 본 어느 것보다 화려하고 광채 나는 다양한 꽃이 있었다. 그들에게 이곳은 꽃의 나라였다. 야만의 땅으로 불리는 멕시코보다 꽃을 아끼고 대우하는 나라는 세계 어디에도 없었다.

스페인인들은 테노치티틀란 시장의 활발함과 부산함에 매료되었다. 고대 크레타섬과 이집트도 비슷했을 것이다. 인디언 귀족이 입는 옷과 고대 그리스의 차림새는 매우 비슷했다. 우리는 연대기 저자들의 묘사와 특별히 마드리드 박물관에서 발견된 오래된 그림에서 이미 알고 있다.

일반적으로 유럽에서는 16세기 후반까지 접시와 숟가락, 포크를 사용하지 않았다. 그때까지 사람들은 손가락으로 공용 접시에 있는 음식을 먹었다. 그러나 인디언 문명에서 이러한 필수품들은 스페인인들이 신세계를 발견하기 적어도 1,000년 전부터 사용하였다.

스페인인들에 따르면, 몬테수마는 포로가 되었을 때 혼자서 식사를 하곤 했다. 그를 위하여 도기와 금, 은으로 만든 그릇들에 담겨 수백 가지 음식들이 준비되었다. 그가 가장 좋아하는 음식들은 특별한 그릇들에 담겨 뜨겁게 데워졌다. 그는 낮은 탁자를 앞에 두고 커다란 쿠션에 앉았다. 접시들과 잔은 도기로 만들어졌다. 그가 한 번이라도 사용한 그릇은 시종들이 치웠다. 그는 또한 신성한 날만 사용할 수 있는 황금으로 만든 그릇들

아즈텍 귀족 전사의 머리. 로댕(Rodin)은 자신은 결코 그러한 걸작을 만들 수 없을 거라고 말했다.

을 갖고 있었다. 황제가 식사하는 동안 송진이 많은 나무의 횃불이 커다란 방을 밝혔다. 방 가장 먼 끝에는 대여섯 명의 귀족들이 조용히 서 있었다. 어린 소녀들이 황제의 음식 수발을 들었다.

　식사가 끝나면 방 한쪽에서 소녀들이 구운 빵, 케이크 그리고 모든 종류의 과자, 예를 들면 둥근 빵과 '와플' 같은 것이 나왔다. 그리고 나서 황제는 황금 숟가락으로 황금 잔에 담긴 꿀같이 끈적이는 초콜릿 음료를 마셨

백인 신 케찰코아틀의 깃털 달린 왕관이 아즈텍인들에 의해
수 세기 동안 보존되었고 후에 코르테스에게 선물로 보내졌다.
합스부르크 왕가의 왕관과 함께 빈에 왔고
빈의 인류사박물관에 최고 보물로 보존되어 있다.

마야의 수염 있는 사제

다. 그는 은 그릇 물에 손을 살짝 담갔다 꺼낸 후 파이프로 담배를 피웠고 요술사와 기예사, 광대들의 여흥을 즐긴 다음 잠시 낮잠을 잔 후 고관과 사신들을 위하여 연회를 열었다. 그들은 황제 앞에서 눈을 내리깔고 맨발에 털이 많은 긴 옷을 입었으며 물러갈 때는 뒷걸음으로 걸었다.

이런 절차는 페루의 잉카에서도 비슷했으며 또한 순금으로 만든 숟가락과 접시, 컵이 있었다. 이런 생활필수품들이 유럽에서 사용하기 전부터 있었다. 더 놀라운 것은 그것들이 이미 고대 이집트와 그리스 문명에서 사용되었다는 것이다. 이집트인들은 기원전 3,000년 전부터 숟가락을 사용했다. 그러므로 이 도구들은 언젠가 구세계에서 신세계로 들어갔으며 따라서 아주 오래된 고대문명에서 나온 것 중 하나일 것이다.

창세기 7장에서 '그 날에 큰 깊음의 샘들이 터지며 하늘의 창문들이 열려 사십 주야를 비가 땅에 쏟아졌더라 … 물이 백오십 일을 땅에 넘쳤더라…'라고 하였다.

코르테스 이전 스페인인들은 대부분 인디언들과 좋은 관계였다. 스페인인들의 초기 탐험에서 몇몇 사람들이 포로로 잡혀 해변의 섬에서 수년간 잡혀 살며 마야어를 접했다. 코르테스 부하들은 이들을 통역사로 데리고 다니며 인디언들과 이야기할 수 있었고 교육받은 인디언 중 한 명은 비둘기 이야기까지 포함한 구약성서의 홍수 이야기와 놀라울 정도로 비슷한 전설을 자세히 이야기했다.

전설에 따르면 고대에 타피Tapi라고 불리는 독실한 사람이 아내와 멕시코 계곡에 살았는데 어느 날 신이 자신을 드러내며 이상한 명령을 하였다. 타피는 곧바로 배를 만들어 아내와 그의 모든 재산 그리고 모든 종류의 짐승 두 마리를 실어야 했다. 그는 이웃 사람들의 미쳤다는 조롱을 무시하며 신의 명령을 지켰다.

그는 간신히 배를 만들었고 멕시코에 이전에는 없었던 엄청난 비가 시작되었을 때 아내와 재산, 모든 짐승들을 실었다. 여러 날 끊임없이 비가 왔고 강물은 불어났으며 곧바로 홍수가 났다. 비는 멕시코 계곡에 끊임없이 내렸고 배는 물 위에 떴다. 둑에 살던 사람들의 오두막이 물에 잠겼고 사람과 짐승들은 산으로 도망치려고 했다. 그러나 산이 범람할 정도의 높이까지 물이 불었고 광대한 바다가 되었으며 모든 것들 중 단지 배 안에 있는 생명들만 살아남았다.

마침내 멕시코 계곡에 비가 그쳤을 때 태양이 다시 비추었고 물은 멈췄다. 배에 있던 사람들이 마른 땅을 보기 전에 타피는 비둘기를 내보냈다. 새는 날아갔고 땅을 발견하였기에 돌아오지 않았다. 타피는 배를 세웠고 마른 해변을 발견했다. 그는 모든 짐승들을 배에서 내리게 했고 인류의 조상이 되었다.

이 이야기가 들어 있는 오래된 연대기가 발견되었을 때 사람들이 생각할 가능성 있는 설명은 인디언들이 성경을 알고 있었다는 것이다. 어떤 이들은 사도 중 한 명이 신세계로 가는 길을 발견했을 것이라고 추측하기도 했다. 비평가들은 아마도 스페인인들의 정복 이후 어느 시점부터 연대기가 쓰인 시대까지 인디언들이 교회와 수도원 학교를 통해 구약성서의 홍수 이야기와 친숙하게 되었을 것이라고 지적했다. 그러나 연대기가 나중에 쓰였다 하더라도 전설은 '정복' 이전부터 알려졌을 것이다.

스페인인들이 인디언들에게 들은 이상한 것은 또 있었다. 사람들이 꼭대기가 하늘을 찌를 만큼 커다란 탑을 세우기 시작했던 고대 왕국에 관한 이야기였다. 그러나 신이 불경한 작업을 파괴했으며 왕국을 쓸어버려 아무 흔적도 남지 않았다.

　스페인 연대기 저자들은 인디언들 사이에서 발견한 몇몇 이상한 관습들을 기록했다. 그들은 구세계 교회에서처럼 인디언들이 테노치티틀란의 한 신전에서 어린아이에게 물을 끼얹고 이름을 지어주는 '세례'를 묘사했다. 사제는 "받아라. 이 땅에서 너는 물로 살게 될 것이다. 물은 너를 자라게 하고 번성시킬 것이다. 물은 우리에게 필요한 것을 줄 것이다. 이 물을 받아라"라고 말했다. 아즈텍인들은 향도 사용했다(잉카인도 사용했다.). 그들의 공물 목록에서 볼 수 있듯이 향을 피우기 위한 많은 양의 송진을 받았다.

　스페인인들은 아즈텍 사제들이 '죄를 용서하는' 것을 보았다. 이 의식에서 작은 빵 조각들이 신전의 신자들에게 나누어졌다. 인디언은 매우 조심스럽게 빵 조각을 먹었으며 그렇게 함으로써 신들을 달랜다며 의식을 설명했다. 스페인인들 최초의 '고해성사' 형태가 인디언 신전에서 여전히 시행되고 있었다. 스페인인들은 결혼식에서 사제들이 축복하는 것을 보았고 신전에서 신성한 십자가를 보았으며 순결하게 잉태된 인디언들의 백인 신 이야기를 들었다.

　스페인인들이 사제 또는 관리자, 법관으로서 정착했을 때 마야의 관습과 더 친숙하게 되었고 몇몇 새롭고 놀라운 발견들을 했다. 마야인들은 수세기 동안 그들과 같은 방식으로 축원하고 있었다. 축원은 가톨릭 축제들과 이상하리만큼 비슷했으며 거의 똑같은 날 행해졌다. 예를 들어, 5월 16일은 마야인들이 물의 축복을 받는 날이고 유럽에서는 물의 성인 성 요한 네포묵St. John Nepomucen(보헤미아의 수호성인)의 날이다. 9월 8일은 마야인들에게 백인 신의 어머니 탄생일인데 가톨릭에서는 성모 마리아 탄생일이며 백인 신의 탄생일은 12월 25일로 찬양되었다. 오늘날 11월 2일이 되면 가톨릭 교인들은 사랑했던 사람들의 묘지를 방문하여 무덤에 꽃을 바치는데 마야인들도 죽은 자들의 무덤에 가서 꽃으로 장식했다.

물론 이런 신성한 날들은 스페인인들에 의해 마야인들에게 소개되고 고착화되었을 것이다. 그럼에도 그들이 성경을 알고 있었을 가능성은 있다. 비슷한 점이 너무 많고 우연이라고 하기에는 너무 놀랍다.

오늘날 약 100개의 화학 원소가 알려져 있다. 화학이 과학이 되기 전까지 고대 그리스 철학자들에게 원소는 단 4개로 흙, 물, 불 그리고 공기였다. 힌두인들은 그들의 신성한 책 특히 『바가바타 푸라나 Bhagavata Purana(힌두교 비슈누파의 하나인 바가바타파 성전, 10세기경)』에서 이전 4개의 시대가 어떻게 지나갔는지 묘사했다. 시대들은 나침반의 네 방향과 상응하는데 흙, 물, 불 그리고 공기의 시대이다. 마야인들 또한 네 시대를 갖고 있는데 각각은 다섯 기간으로 나뉘며 각각의 신에 의해 지배되었다. 이렇게 마야 신화에는 20명의 신이 있었다. 그들은 마야의 20개 상형문자로 상징화되었고 마야 월月의 이름이 되었다.

마야인들은 천국과 지옥을 알고 있었다. 그들은 신에 의해 지배되는 13개 하늘을 구분했다. 가장 낮은 것이 지구였다. 지구 아래 9개의 머리를 가진 신이 다스리는 9개의 지하세계가 있었고 아홉 번째 지하세계 또는 가장 낮은 곳은 죽음의 신 아푹 Ahpuk의 영역이었다.

마야인들은 나침반의 네 방위를 갖고 있었고 마치 구세계에서 아틀라스가 하늘의 지붕을 떠받들도록 저주받은 것처럼 네 방향에서 하늘의 지붕을 떠받드는 4명의 거인을 알고 있었다. 거인들은 마야 연대기와 신화, 인디언의 전설들에서 발견된다. 그들은 북유럽의 발할라궁과 키클롭스의 장벽 건설자이며 신과 싸웠던 타이탄 같은 거인들이다.

종교에 관한 인디언의 사고와 관습 중에서 많은 부분이 놀라울 정도로 구세계나 극동과 비슷하다. 고고학자들이 신화, 제례 그리고 인디언 예술의 요소들을 동남아시아 예술과 비교했을 때 매우 유사한 형태들이 발견되었다. 양쪽의 중심 사상은 빛과 어둠, 생과 죽음의 이중 구조였다. 중앙아메리카와 중국 양쪽에서 어둠은 뱀 또는 용의 형태로 표현되었다.

유사성은 마야는 물론 때때로 태평양의 다른 지역을 포함해서 세세한 숭배 행위까지 광범위하다. 예를 들면 소년들은 태어난 후 5일째 세례를 받고 이름을 받았으며 3개월에서 4개월 사이에 신성한 의식으로 할례를 받았다.

종합하면, 인디언들이 왕관, 왕좌, 가마, 문장 도구, 군기 … 컵, 접시, 숟가락과 포크 … 하늘의 빵, 세례, 고해성사, 물의 축복 … 대홍수와 바벨탑 이야기를 발굴하고 '발명'했다는 것은 믿기 어렵다. 따라서 이런 것들은 구세계에서 아주 초기에 아메리카에 온 사람들이 가져왔을 것이다. 이 문제는 3,000년이 지나도 사라지지 않을 증거인 '문자'를 연구하면 확실한 결론을 도출할 수 있다.

03
백인 신은 크레타 문자를 썼다

스페인인들이 멕시코에 왔을 때 아즈텍 문자는 단지 소리를 표현하는 원시 상태의 상형문자에 지나지 않았다. 오늘날 다른 대륙 사람들이 동시에 신세계를 발견한다면 그들은 분명히 인디언에게 자신들의 문자를 가르칠 것이다. 구세계의 어떤 문자도 아즈텍의 상형문자보다 발전되어 있었는데 이것은 자주 문명 이동 이론에 대한 증거로 사용되었다. 그러나 사라진 초기 인디언 문명에 고도로 발전한 문자가 있었다고 가정해 보라. 그럴 것 같지 않지만 마야인들은 실제 고도로 복잡한 문자를 가지고 있었다.

복잡한 문자는 일반적으로 점진적인 발전 과정을 밟는데 반드시 문명의 시작과 함께하지는 않는다. 마야의 가장 오래된 도시(AD 300년) 우악사툰에 있는 건축물, 석비, 조각상들은 여전히 서투르고 비례가 맞지 않는 반면 문자는 이미 완벽했다. 심지어 이전 원시 유목 부족에게는 어떤 형태의 문자도 없었다. 학자들은 '마야의 히파르코스(고대 그리스 천문학자이며 수학자)'라는 알 수 없는 천재의 작품으로 갑작스런 마야 문자의 출현을 설명하려고 시도했다. 그러나 마야인 스스로는 그들에게 문자를 가져다준 것은 백인 신 쿠쿨칸이라고 했다.

마야 문자에서 자주 보이는 상징들 중 날과 달에 관한 것들이 있다. 예를 들어 추엔Chuen, 에브Eb, 아크발Akbal, 벤Ben, 마닉Manik, 카반Caban, 에즈납Eznab 등인데 분명히 셈(함족, 아리안족과 함께 유럽 3대 인종. 노아의 맏아들 셈의 후손이라 전해진다.)어이다. 실제로 고대 페니키아, 그리스 문자 이름들과 매우 유사하며 사실 어떤 것은 거의 일치한다. 몇 가지 예가 있는데 그리스, 페니키아, 마야 문자를 순서대로 보자.

그리스	페니키아	마야	그리스	페니키아	마야
Albha	aleph	ahau	Iota	iud	ik
Beta	bejt	baaz	Kappa	koph	queh
Gamma	gimel	ghanan	Lamda	lamed	lamat
Epsilon	eh	eb	Tau	tav	tihax

많은 경우 페니키아와 마야는 같은 글자에 대해 아주 비슷한 특징을 가지고 있고 의미 또한 비슷하다.

오늘날 마야 문자를 보고 페니키아 알파벳에서 매우 유사한 이름과 의미를 떠올리는 것은 불가능하지 않다. 그러므로 마야 문자를 처음 볼 때 마치 페니키아에서 온 것처럼 보일 수 있다. 그러나 페니키아 문자들은 마야의 복잡한 상징성에 비해 매우 단순하다. 따라서 양쪽 문자는 페니키아 문자보다 오래된 어떤 문자에서 나와 발전했다고 볼 수 있다.

오래된 어떤 문자는 분명 그림을 이용한 상형문자였을 것이다. 왜냐하면 페니키아 문자보다 마야 문자에 상형문자 같은 상징들이 더 많기 때문이다. 상징들이 이집트에서 오지는 않았을 것이다. 왜냐하면 이집트 상형문자는 아주 다른 원리에 기초하기 때문이다. 그러나 둘은 고대 크레타 문자의 상징들과 너무 유사하다. 두 문자에는 어디서 가져왔는지 알 수 없는 추상적인 상징들도 많지만 공통적으로 원, 십자가, 손, 눈 등의 단순한 상징들도 있다. 거의 일치하는 추상적 상징들이 서로 다른 세계에서 독립적으로 발명되지는 않았을 것이다.

만일 양쪽 상징에 대한 동일한 음성값을 증명할 수 있다면 큰 의미를 부여할 수 있겠지만 그것만으로 만족하기에는 이르다. 크레타의 '선형문자 B'에 대한 광범위한 연구는 있었지만 아직도 마야의 상징이나 오래된 형태의 '선형문자 A'에 대해서는 알지 못한다. 그러나 몇몇 경우에서 크레타와 마야 상징들의 음성값(예를 들면 'p'와 't')이 일치한다.

그러므로 우리는 백인 신 쿠쿨칸이 백성에게 문자를 가르쳤다는 마야의 전설이 맞다고 자신 있게 말할 수 있으며 그 문자는 크레타 문자였다.

스페인인들은 신세계를 정복했을 때 로마 문자로 쓰인 그들의 언어를 가지고 왔다. 로마 문자는 원래 라틴어를 위해 발명되었지만 오늘날 많은 언어에서 사용하고 있다. 마야인들(여전히 수백만 명이 현존한다.) 역시 그들의 언어를 쓸 때 로마 문자를 사용했다.

크레타 역시 로마 문자를 사용했다. 이론적으로 다른 언어들은 크레타 문자로 쓸 수 있다. 마야의 언어를 쓸 때 크레타 문자가 포함된 마야의 상형문자가 실제 조금이라도 사용되었는지 의문이 생긴다. 당시의 흡착음, 김 빠지는 소리나 격정적인 소리들을 우리(로마) 글자의 음성값으로 재현하기는 불가능하다. 그러나 크레타 음절 기호로는 보다 쉽지 않았을까? 아마 더 어려웠을 것이다. 왜냐하면 크레타어는 자음이 풍부한 반면 마야어는 모음이 많기 때문이다. 따라서 마야어는 크레타 문자로 표현하기 대단히 어려우며, 마야 문자로 재현되었다면 원래 크레타 문자의 발음값은 상당히 바뀌었을 것이다.

　물론 왕과 사제들이 백성이 알 수 없도록 백인 신의 언어 비밀을 지키면서 후손과 후계자들에게 넘겨주었다면 마야 문자는 크레타 문자로 재현할 수 있을 것이다. 그러나 이 경우 순수 크레타 문자 상태로 남아 있지 않았을 것이다. 왜냐하면 마야의 상형문자는 크레타 문자가 온 후 1,500년이 지나 발생했는데 수많은 세대가 지나며 인디언 왕과 사제들이 조금씩 왜곡된 형태로 문자를 물려주었을 가능성이 많기 때문이다. 이런 환경에서 문자가 그렇게 오랫동안 원형을 유지할 수 있었을까?

　스페인 정복자들에 따르면 페루의 잉카 왕족과 귀족들은 백성이나 통역자들이 이해할 수 없는 자신들만의 언어를 사용하였다.

　크레타 문자는 처음에는 단순한 그림 문자였는데 BC 1700년경 간단한 상징으로 변화했고 BC 1450년경에는 보다 더 단순화되었다. 같은 시기에 하나의 문자에서 분리되어 발전한 3개의 문자가 크레타에서 발견되었다. 가장 오래된 것은 해독할 수 없는 그림 형태이다. 다음 것은 보다 작은 상징들이 있는 선형문자 A로 알려져 있다. 선형문자 A의 절반은 크레타 전성기의 문자인 선형문자 B에서 다시 발견되었다. 선형문자 B는 원래의 상형문자에서 발전한 단순한 상징들로 구성되어 있는데 오늘날 우리는 80개 문자 중에서 65개를 읽을 수 있다.

　문자를 해독한 사람들은 놀랍게도 크레타인에게 그리스 문자가 있음을 발견했다. 아마도 선형문자 A가 그리스 단어를 사용할 수 있도록 선형문자 B로 변형되었을 것으로 보이는데 그리스 정복자들에 의해 크노소스 궁전이 파괴되는 쇠퇴기(BC 1425)였을 것이다.

　선형문자 B는 음절 문자이다. 금은 'kuru-so'(그리스 krusos), 왕은 'va-anka'(그리스 anax)이며, 'a-ta-na-po-ti-ni-ya'(그리스 Athena Potnia)는 아테네 여신, 'po-se-da-o'는 포세이돈Poseidon, 'Di-vo-nu-si-yo'는 디오니소스 Dionusos이다.

선형문자 A와 선형문자 B는 BC 1400년경 크레타에서 더 이상 사용하지 않게 되었다. 선형문자 B는 그리스에서 BC 1100년경까지 지속되었으나 이후 역시 잊혔다. BC 800년 이전의 그리스 문자는 추적할 수 없다.

마야의 상형문자와 크레타 문자를 비교하면 매우 놀라운 사실이 나타나는데 마야 문자는 선형문자 B보다 선형문자 A와 비슷하다. 그렇다면 마야 문자는 선형문자 A로부터 왔을 것이다. 이것으로부터 잃어버린 시간을 추정할 수 있다. 마야에 전해진 크레타 상형문자는 BC 1700년경 더욱 단순한 선형문자로 변형되었으며 나중에 단순화된 크레타 문자는 눈에 띄게 페니키아 문자와

데 란다가 그린 마야의 상형문자와
고대 크레타의 선형문자 A

비슷해졌다. 따라서 우리는 페니키아 문자 역시 크레타 상징으로부터 발전했다고 추정할 수 있으며 또한 이것으로 왜 마야와 페니키아 문자가 서로 닮았는지 설명할 수 있다. 크레타의 오래된 상형문자가 신세계로 전해진 시기는 BC 2000년 중반이었을 것이다.

백인 신이 처음 인디언에게 왔을 때 사물들과 개념들을 가져왔는데 그때까지 인디언들에게 알려지지 않은 것들이었다. 가령 옥, 호박, 모르타르, 피라미드, 미라뿐 아니라 왕, 구리, 금, 청동, 납, 땜납, 합금, 주물, 끈, 주석, 납땜 등이었다.

우리가 외국에서 특정한 것을 들여올 때 외국 단어를 사용하는 것처럼 인디언들도 유럽에서 전수받는 이름과 단어를 그대로 사용했다. 백인 신이 가져온 중요한 것들은 원래의 언어 특히 크레타어였다. 예를 들어 잉카인들은 금을 선형문자 B의 'ku-ru-so'와 비교하여 'kuri'라 불렀고 치무Chimu의 왕 중 한 명인 포타 카우리Pota Kauri의 이름이 여신 'Potina'와 비슷한 것은 우연이라고 보기 어렵다.

셈어 단어 외에도 마야 문자에는 더 많은 신비가 있다. 마야 문자에는 날에 대한 기호인 20개의 촐킨Tzolkin이 포함되어 있는데 이 기호들은 날의 숫자이기도 했다. 그러므로 마야 문자의 조합은 어떤 단어나 숫자였을 것이다. 오늘날 많은 언어에서 '말하다'는 의미의 단어와 셈하는 단어들은 비슷하거나 동일하다. 예를 들어 영어의 teller와 tally, 프랑스어의 (ra)conter와 compter, 독일어의 erzahlen와 zahlen, 덴마크의 taelle와 fortaelle, 포르투갈어의 contar와 contar가 그렇다.

마야 문자의 이런 이중 기능은 문자가 오래되었음을 보여주고 또한 다른 곳에서 개발되었다는 증거이기도 하다. 왜냐하면 원래 히브리와 그리스 상형문자는 둘 다 이중 기능이 있었기 때문인데 BC 100년 후반까지도 그리스인들은 여전히 문자를 사용하여 월(Month)을 표시했다. 히브리인들은 숫자의 상징주의를 더욱 따르고 있다. 1년을 뜻하는 히브리 단어 'shanah'에서 각 글자의 상징 숫자 값을 더하면 365였다.

분명히 지중해의 수많은 문화들이 매우 이른 시기에 인디언에게 전해졌고 그중 하나가 크레타 문자였다.

마야문명은 BC 300년과 AD 300년 사이에 시작되었다. 그러나 크레타 문자는 BC 1400년경 사라졌으며 지중해의 크레타 계승자는 크레타 문자에 대해 알지 못했다. 그러나 마야인들은 크레타가 여전히 존재하던 시기에 구세계로부터 피라미드, 석비, 신성한 아치, 치장벽토 같은 문화들을 받아들인 더 오래된 사람들에게서 수 세기 후 이런 문화를 물려받았을 것이다. 만일 우리가 그런 사람들을 발견할 수 있다면 메소아메리카 문명의 기원은 마야가 아니라 구세계라는 것을 명확하게 밝힐 수 있을 것이다.

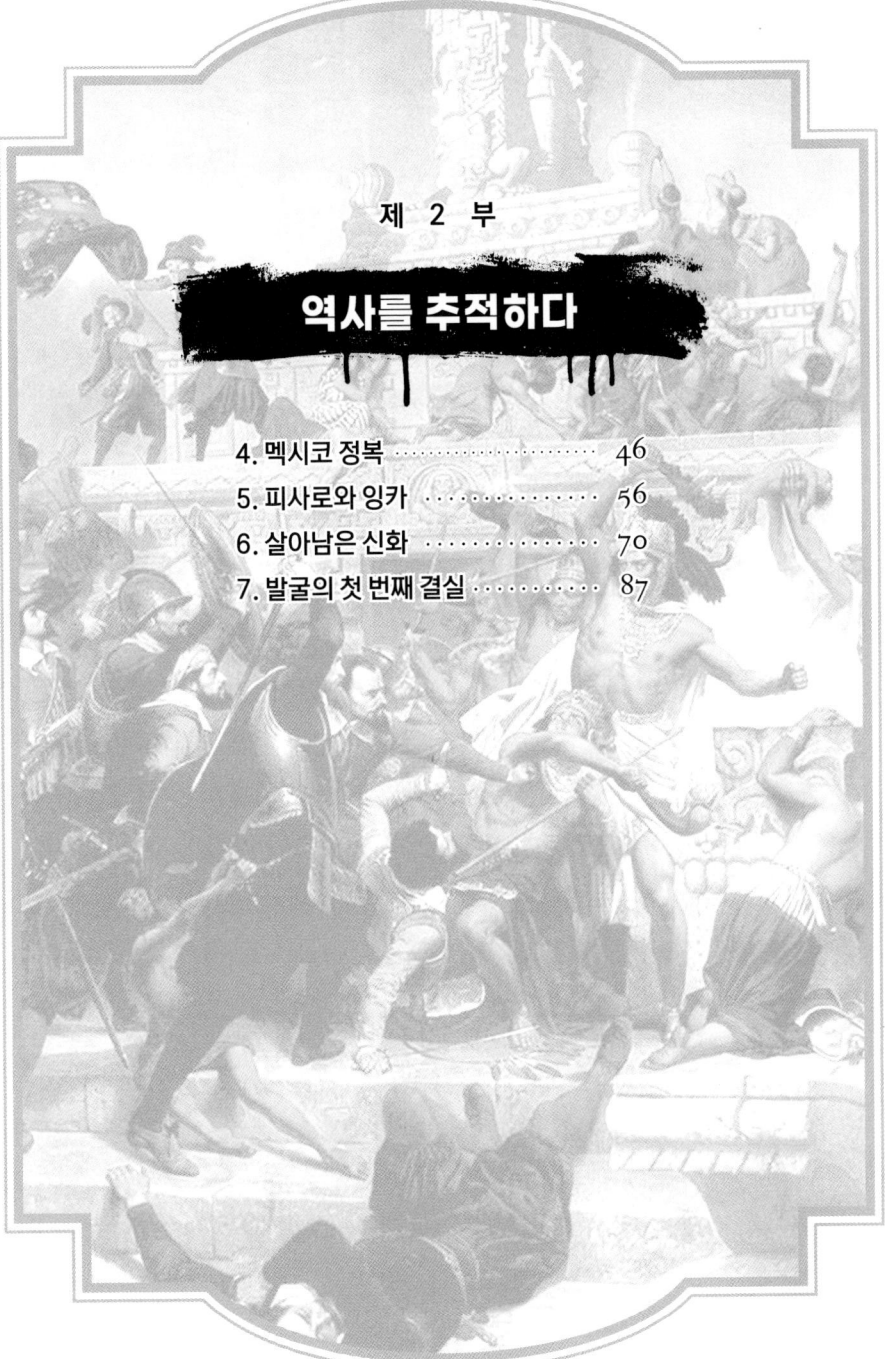

제 2 부
역사를 추적하다

4. 멕시코 정복 ·················· 46
5. 피사로와 잉카 ············· 56
6. 살아남은 신화 ············· 70
7. 발굴의 첫 번째 결실 ········· 87

04
멕시코 정복

　　　　제군들이여, 신성한 십자가의 표시인 우리의 깃발을 따르자. 깃발과 함께라면
　　　　우리는 정복할 수 있다.

　　　　　　　　　　　　　　　　- 틀락스칼라(Tlaxcala) 전투 전 코르테스가 부하들에게 한 연설

　　　　모든 것이 땅바닥에 쓰러져 널브러져 있다. 똑바로 서 있는 것은 하나도 없다.

　　　　　　　　　　　　　　　　　- 아즈텍 도시의 파멸에 관한 베르날 디아스의 기록

　　　　나는 돈을 벌기 위해 왔다. 농부처럼 땅을 갈지 않을 것이다.

　　　　　　　　　　　　　　　　　　　　　- 코르테스가 신세계에 도착해서

　　　　1492년 10월 12일, 콜럼버스는 산살바도르라고 불리는 바하마 제도의 작은 섬(오늘날 와틀링섬)에 상륙했다. 이날 스페인인과 인디언이 처음 만났다. 콜럼버스는 스페인 궁에 보낸 편지에 '나는 폭력보다 관대함으로 우리의 신성한 종교로 개종시킬 수 있는 사람들을 보았습니다. 그리고 그들을 매우 즐겁게 하고 그들이 우리에게 신속히 친근감을 느껴 안전해지도록 유

리구슬과 색깔 있는 모자를 주었습니다'라고 썼다.

20년 후, 다른 이들이 남아메리카 해안에서 라플라타강까지 탐험했다. 세바스티안 카봇Sebastian Cabot(영국, 1476?~1577)은 멀리 플로리다까지 갔다. 바스코 누에스 데 발보아Vasco Nunez de Balboa(1475?~1519)는 파나마 지협을 횡단한 후 태평양 해변에 스페인 국기를 꽂았다. 그러나 드넓은 멕시코만 너머의 도시들이 알려지기 전이라 아직 이렇다 할 발견은 없었다. 그때까지 스페인인들은 안전한 해변의 섬에 머물렀다.

1504년, 콜럼버스의 강력한 후원자였던 카스티야 왕국의 이사벨라가 죽었을 때 서인도 제도에 많은 스페인 정착지가 있었으며 스페인으로 염료를 채취하는 목재와 금속, 사탕수수를 수출했다. 스페인 총독 벨라스케스Velazquez(1465~1524?)는 쿠바에 거주하였는데 좌초했던 경험이 있는 한 상인 모험가가 그에게 부유한 인디언 도시에 관해 이야기했다. 1518년 그는 몇 척의 배를 보내 중앙아메리카의 한 해변에 도착하기도 했다. 그러나 섬의 원시 인디언들은 서쪽으로 더 가야 황금의 땅이 있다고 했고 벨라스케스는 황금의 땅을 찾기 위한 탐사를 결정했다.

1519년 2월 18일, 선원 110명, 군인 553명, 인디언 200명, 말 16마리, 대포 10문과 작은 대포 4문을 실은 11척의 선단이 전설의 엘도라도를 찾아 쿠바를 떠났다. 탐험대는 33세의 스페인 귀족으로 1511년 쿠바에 정착하여 토지와 사금으로 부를 쌓은 에르난 코르테스가 지휘하였다.

'정복자(역사에 알려진 그대로 코르테스)'는 유카탄반도 해변을 따라 무장한 인디언 전사들과 만났던 타바스코강 입구까지 항해했다. 그들은 나중에 유명해지는 팔렌케 유적에서 멀지 않은 세우틀라Ceutla 평원에서 전투를 했다. 뛰어난 무기를 가진 스페인인들은 승리하여 타바스코 마을을 점령했다.

인디언들은 항복했고 속죄 선물을 가져왔는데 선물 중에 20명의 젊은 인디언 여자들이 있었다.

이들 중 한 명이 코르테스의 통역자가 되었다. 그녀는 코르테스의 정부였는데 똑똑하고 충직하며 믿을 수 있어서 코르테스는 모든 곳에 그녀를 동반했다. 그녀는 아즈텍 고원의 추장 딸이었는데 아버지가 죽은 후 그녀의 계부는 유산을 주지 않으려 엄마와 합의하여 그녀를 멕시코에 노예로 팔았다. 스페인인들은 존경을 나타낼 때 '도냐 마리나Doña Marina'라는 표현을 쓰는데 같은 의미로 아즈텍인들은 그녀를 '말린친Malintzin'이라 불렀다.

연대기에 따르면 그녀는 독특한 매력의 귀족 성품 여성이었을 것이다. 연대기는 또 '그녀는 자신의 의지로 인디언들을 굴복시킬 수 있기 때문에 우리에게 매우 중요했다'라고 기록했다. 그녀는 인류 역사에서 가장 중요한 사건 중 하나인 이제 막 시작하려는 모험에서 중요한 역할을 했다.

아즈텍은 힘으로 광활한 제국을 지배했다. 황제 몬테수마는 스페인인들의 상륙을 이미 알고 있었다. 그는 선물과 함께 코르테스에게 사자를 보내 나라에서 떠날 것을 요청했다. 물론 코르테스에게는 따르려는 의사가 없었다.

스페인인들이 신세계에서 발을 들여놓은 첫 번째 큰 도시는 30,000명이 거주하는 토토낙Totonac의 수도 셈포알라Cempoalla였다. 이곳 사람들은 섬에 있는 야만에 가까운 사람들과 달랐다. 그들은 화려하게 수놓은 옷을 입었으며 돌과 진흙으로 집과 신전, 궁전들을 지었다. 그들은 빛나는 갑옷을 입은 코르테스와 부하들 특히 사람과 동물의 괴기한 혼합체처럼 보이는 기병들을 경외심에 찬 눈으로 보았다.

여기서 코르테스는 잔인하게 정복된 지역의 지도자들이 아즈텍을 증오

한다는 것을 알았다. 그는 아즈텍인들이 토토낙의 30개 도시와 마을에서 무자비하게 공물을 거둔다고 들었다. 제때에 공물을 바치지 않으면 아즈텍 전사들이 멕시코 고원에 있는 아즈텍 수도 테노치티틀란의 제단에 바칠 제물로 청년과 소녀들을 잡아간다고 했다.

코르테스는 셈포알라에서 해안을 따라 베라크루스로 돌아왔다. 여기서 그는 카를 5세에게 편지를 써 제국을 정복할 가능성에 대해 상세하게 설명했다. 그러나 편지를 실은 배가 스페인으로 떠나기 전 자신에 대한 벨라스케스의 음모를 알아냈다. 그는 음모에 동조한 자를 사형에 처한 후 바깥 세계와 연결 고리를 끊고 병사들이 고향으로 돌아가려는 시도를 차단하기 위해 배들을 파괴했다.

케찰코아틀, 신비한 유산을 찾아서 49

배들은 그렇게 불태워졌고 군대는 해안에서 거친 산을 통과하며 서쪽으로 행군했다. 며칠 후 그들은 적대적으로 반응하는 틀락스카텍Tlaxcatecs에 도착했다. 한바탕 격전을 치른 후 소규모 접전이 이어졌는데 인디언들은 큰 손실을 입은 후 스페인인들에게 평화를 요청하며 항복했다.

코르테스가 그라나다를 떠올릴 만큼 아름답고 화려한 틀락스칼라에 있을 때 또다시 황제 몬테수마가 보낸 전령들이 호화로운 선물들을 가지고 왔다. 그들에게 테노치티틀란에 있는 황제를 방문할 수 있는 기회가 주어졌다. 조건은 스페인인들이 촐룰라까지 오는 것이었다.

코르테스와 동맹이 된 틀락스카텍인들은 코르테스에게 가는 길은 매복이 기다리는 함정이라고 경고했다. 그는 주저했지만 촐룰라에서 초대하자 결국 가기로 결정했다

함정이었다. 촐룰라에서 낯선 침입자들을 기다리는 것은 20,000명의 병사들이었다. 그러나 코르테스의 기병과 대포, 새로운 동맹군은 그 많은 군대보다 더 강했다. 인디언들은 달아났고 촐룰라는 공포, 살인과 함께 무너진 집들, 불타는 대들보, 타오르는 화염에 휩싸였다. 거대한 신전에 방어막을 쳤던 사제들은 전투에서 지는 것을 보자 지붕에서 뛰어내려 죽음을 선택했다. 전투가 끝났을 때 촐룰라의 대부분이 파괴되었다. 거리에는 6,000구의 시체가 너부러져 있었다.

이 같은 처참한 패배는 인디언들에게 백인 신의 심판을 의미했다. 코르테스는 부근의 많은 마을에 항복을 종용하는 전령들을 보냈으며 시에라 오리엔탈을 넘어 만년설을 따라 오늘날 멕시코시티인 수도 테노치티틀란을 향해 진군했다.

테노치티틀란은 테스코코호수의 섬에 세워졌고 3개의 거대한 둑방길

크레타에서 나온 깃털 달린 왕관
(크노소스 왕자의 프레스코화)

유카탄 팔렝케의 인디언 지배자
(킹스보로 경으로부터)

로 육지와 연결되어 있었다. 작은 인디언 배들이 무리 지어 멕시코의 베네치아라고 불릴 만한 길인 운하를 따라 내려갔다. 최고의 광경은 높은 암벽 위에 세워진 황제의 성과 함께 호수의 서쪽 둑에서 솟아 있는 차풀테펙의 왕실 산이었는데 멕시코 계곡 아래쪽으로 환상적으로 아름다운 경관을 보여주었다. 오늘날 왕실 산은 두꺼운 관목과 거대한 삼나무들로 덮여 있는데 스페인인들이 도착했을 때 이미 수백 년 동안 동화 같은 성이 서 있던 곳이었다.

성에는 암울함과 낙담이 가득 차 있었는데 모든 징조들이 황제의 힘이 거의 다했음을 보여주기 때문이었다. 그의 전령들은 네 대의 수레에 금을 가득 채워 코르테스에게 가져갔고 스페인인들이 단지 떠나기만 한다면 해

멕시코 쿠에르나바카(Cuernavaca) 근처 테오판졸코(Teopanzloco)의
아즈텍 계단형 피라미드

마다 공물을 바치겠다고 제안했다. 황제의 동생은 즉시 이방인들을 물리칠 군대가 출동하기 원했지만 몬테수마는 그들을 평화적으로 받아들이기로 결정한 후 절망한 채 물었다. "만일 신들이 우리들에게 대항한다고 선언하면 저항이 무슨 소용인가?"

1519년 11월 8일, 코르테스는 군인 400명, 기병 12명 그리고 몇 대의 대포를 가지고 테노치티틀란에 들어갔다. 군대는 둑방길을 따라 들어왔고 도시 중심부에 있는 몬테수마의 아버지 궁전에 거처했다. 황제는 그들을 받아들였고 그들은 원하는 모든 것을 얻었다. 그러나 풍족한 도시는 그들이 움직이는데 불편했는데 특히 모든 전투에서 결정적인 역할을 했던 말들이 영향을 많이 받았다.

스페인인들은 곧 거만하게 행동하기 시작했다. 새로운 동맹이나 아즈텍에 의해 노예가 된 사람들을 자극하였으며 희생제의 규모에 관해 너무 많은 질문을 던졌다. 만일 그들이 적개심을 드러낸다면 용감한 모험가들은 방어하기 어려운 호수 중앙의 섬에 포위될 것이 분명했다. 그러면 월등한 무기도 무용지물이 될 것이다.

코르테스는 대담한 일격을 시도했다. 사소한 사건을 일으켜 황제를 포로로 잡은 후 궁으로 데려갔다. 코르테스에게 요긴하게 활용할 수 있는 인질이 생긴 것이다. 그러는 동안 사건의 경과를 보면서 경악한 귀족들은 백인 신에 대한 처음의 경외심이 격렬한 증오로 바뀌었다. 그들은 황제를 구출하기 위한 계획을 세우기 시작했다.

코르테스는 스페인으로부터 병력 증원을 희망하고 있었다. 판필로 데 나르바에스Panfilo de Narvaez(1478?~1528) 지휘 아래 벨라스케스가 보낸 병사 900명, 기병 85명, 12문의 대포를 실은 18척의 선단이 베라크루스에 상륙했다. 나르바에스는 나중에 반역자로 몰린 코르테스를 쿠바로 압송한 후 정복을 이어갔다.

코르테스는 황제를 지키기 위해 병사 140명을 남겨놓고 나머지 군대를 이끌고 스페인에서 온 군대를 만나러 갔다. 그는 베라크루스에서 군대와 조우하였는데 나르바에스의 일부 용병들은 코르테스에게 가기를 원했다. 코르테스는 셈포알라 근처에서 짧은 전투를 치른 후 나르바에스를 사로잡았다.

이로써 초기 전투에서 최악으로 줄어든 군대는 중무장한 대규모 군대로 바뀌었다. 코르테스와 부하들은 위험을 제거하며 즉시 수도로 돌아갔다. 수도에 있던 부지휘관은 몇몇 아즈텍 귀족을 처형해 원통해하는 세력들을 만들어놓았다. 코르테스가 도시에 거의 도착할 즈음 전투가 벌어졌다. 강력한 힘으로 궁전을 포위하자 스페인인들은 요새에서 쏟아지는 화살이나 날아오는 돌들과 마주했다.

몬테수마는 백성을 설득하겠다고 했다. 수많은 전쟁에서 빛나는 승리를 거둔 전쟁의 신이며 자부심 강한 황제는 초유의 적에게 허리를 굽히고 백성 앞에서 콧대를 꺾었다. 그러자 백성은 몬테수마를 더 이상 지배자로 생각하지 않게 되었다. 성벽에 올라 연설하는 그에게 돌아온 것은 야유였다. 그리고 돌 하나가 날아와 그의 관자놀이를 때렸다. 그는 스페인인들의 치료를 거절했고 먹지도 않았다. 몇 주 후 그는 죽었다.

코르테스의 상황은 절망적이었다. 1520년 6월 30일 밤, 그는 호수의 한 둑방길을 따라 위험천만한 후퇴를 감행했다. 탈출 과정에서 거의 모든 무기와 화약, 대부분의 말과 그간 모은 막대한 보물들을 잃었다. 그는 절반도 안 되는 부하들과 육지에 도착했다. 이것이 그와 부하들이 극적으로 생명을 구하고 탈출한 'Noche Triste', 즉 '슬픔의 밤'이다.

섬을 탈출하면서 그들은 화염에 휩싸인 테노치티틀란을 보았으며 대량 학살된 동료들의 비명을 들었다. 심지어 그들은 육지에서조차 모든 퇴로가 막힌 것을 발견했다. 아즈텍인들이 다시 막아선 것이다. 코르테스는 매우 강력한 추격을 받으며 호숫가를 따라 전진했다. 단 한 명의 부상자도 없었으며 자신도 몇몇 곳에 상처만 입었다. 새 황제 쿠아우테목의 군대는 나날이 강해졌고 모든 예비 병력을 투입하고 있었다.

7월 8일, 오툼바 마을 근처에서 최후의 결정적인 전투가 벌어졌다. 코르테스가 몇몇 기병과 함께 필사적으로 공격할 때 스페인인들은 패한 것처럼 보였다. 그러나 인디언들은 말과 그 위에 올라탄 병사에 대한 미신적인 공포 때문에 다시 패했다. 그들은 당황하며 달아났다. 코르테스를 돕는 인디언들이 남은 자들을 처리했다.

몇 주 후 정복자는 한 번 더 수도를 향해 전진했다. 아즈텍인들은 쿠아우테목의 지휘 아래 용감하게 저항했지만 거의 1,000명에 이르는 스페인인들과 그들의 대포는 아즈텍인들에게 너무 버거웠다. 거리에는 10만 명 이상의 죽은 시체들이 나뒹굴고 위대한 도시는 화염에 휩싸였으며 궁전과 신전들은 파괴되었다.

거대한 제국의 지배자였던 아즈텍인들은 노예가 되었으며 그들의 수도는 완전히 파괴되었다.

05
피사로와 잉카

아즈텍을 정복하고 제국을 접수했지만 스페인인들은 여전히 인디언들이 말하는 전설의 엘도라도를 발견하지 못했다. 발보아는 엘도라도를 찾기 위해 파나마에서 시작하여 남쪽으로 간 첫 번째 인물이다. 1513년 그는 파나마 지협을 횡단했던 첫 번째 탐사에서 '또 다른 바다'인 태평양을 발견했다. 그러나 페루까지 가는 것은 실패했고 이후 18년 동안 다른 탐험가들도 시도했지만 모두 실패했다.

태평양으로 향하던 발보아 용병 중에 1478년경 스페인에서 태어난 프란시스코 피사로Francisco Pizarro가 있었다. 대위와 하녀 사이에 태어난 그는 문맹에 돼지치기였다. 그는 군인이 되어 이탈리아에 갔으며 신세계에서 자신의 행운을 시험하기 위해 발보아를 만났고 파나마에서 코르테스도 만났다. 예전의 돼지치기는 정복 과정에서 무자비하고 엄격하며 용감하고 대담한데다 지략도 풍부한 야망에 찬 모험가가 되었다.

1524년 말, 피사로는 처음 파나마 아래 남쪽으로 탐사 항해를 나섰지만 식량 부족과 역경으로 실패했다. 1년 후 두 척의 배로 다시 항해에 나섰고 극도의 어려움 속에 페루 해안에 도착했다. 그러나 감히 쳐들어가기에는 사람들이 너무 많았다. 그는 절반의 부하들과 함께 돌아왔다. 나머지는 배고픔, 뜨거운 햇빛 또는 인디언의 독화살에 죽었다. 그러나 일부는 약탈하고 일부는 하찮은 잡동사니와 교환하며 약간의 금과 은을 모았다.

1528년 그는 스페인으로 돌아가 카를 5세에게 그가 극복한 위험과 페루의 부에 대해 생생하게 묘사했다. 황제는 그를 이름뿐인 직위인 총독으로 임명했다. 피사로에게 선원과 하인들을 모집할 수 있는 권한이 주어졌지만 탐사 비용은 스스로 부담해야 했다. 1529년 7월 그는 페루를 정복하고 총사령관으로서 종신토록 지배해도 좋다는 공식 허가서를 받았다.

1531년, 그는 작은 배 세 척에 180명을 태우고 파나마에서 세 번째 탐험을 시작했다. 그는 툼베즈섬 해안에 상륙했고 첫 번째 금 획득 소식은 파나마에서 많은 모험가들이 그와 합류하기 원할 정도로 영향력이 있었다. 그러나 이러한 증원에도 불구하고 거대하고 인구가 많은 나라에 내부 갈등이 없었다면 피사로는 결코 페루를 정복할 수 없었을 것이다.

피사로가 페루에 도착하기 몇 해 전 11대 잉카 우아이나 카팍Huayna Capac(1468?~1525)이 죽었다. 그는 인접한 키토Quito 왕국을 정복했고 그 왕의 딸과 결혼했다. 이 결혼에서 그는 아들 아타우알파Atahualpa(1502?~1533)를 얻었는데 첫 번째 부인이 낳은 아들 우아스카르Huascar(1491~1532)도 있었다. 우아이나 카팍은 자신이 죽은 후 두 왕자가 나라를 나누어 통치하기를 바랬지만 이러한 권력 분할은 잉카 전통에 반하는 것이었고 우아스카르도 받아들이지 않았다. 내전이 발생했다. 아버지 군대의 지원을 받은 아타우알파는 이복형을 포로로 잡았고 모든 경쟁자를 처형했다. 이러한 혼란스러운 시기에 피사로는 심각한 저항 없이 제국 깊숙이 들어갈 수 있었다. 그는 아타우알파가 거주하고 있던 카하마르카를 향해 출발했다.

스페인인들은 숲을 통과했고 험한 경사지를 올랐으며 급류를 통과하고 현기증 나는 절벽들을 지나갔다. 그들은 공기가 매섭게 차가운 코르디예라 고원 능선에 있는 좁은 바위 통로를 올라갔다. 산 동쪽에서의 등정은 이틀이 걸렸고 카하마르카의 푸른 계곡이 펼쳐지자 그들 눈에 보인 전경은 용감한 사람조차 등줄기에 식은땀이 흐를 정도였다. '능선을 따라 눈조각같이 땅을 덮고 있는 하얀 천막들이 나타났다.' 수천 명의 노련한 잉카 군대였고 스페인인들은 단지 106명의 보병과 62마리의 말뿐이었다.

1532년 11월 15일 저녁, '스페인인들은 약 10,000명의 거주민이 있는 엄청난 크기의 카하마르카로 들어갔다 … 대부분의 집은 불에 구운 점토로 지어졌고 지붕은 짚이나 통나무로 덮여 있었다. 몇몇의 보다 거대한 저택들은 돌을 잘라 만들었다.' 〈프레스콧〉

잉카 군대에서 백인 신의 존재를 믿지 않았던 사람들은 의심을 버려야 했을 것이다. 왜냐하면 지금 다가오는 이상한 무리들이 괴기한 콧김을 내뿜는 동물과 천둥과 번개를 내뿜는다고 알려진 신비한 장치를 갖고 있는 실제 신들이었기 때문이었다. 잉카는 정찰병으로부터 보고를 받고 백성에게 그들이 도착했을 때 저항하지 말라고 경고했다. 낯선 이들은 신이었기에 백성은 이 경고를 의식했을 것이다. 인디언 병사들과 귀족들은 거대한 인디언 왕국을 관통하여 행군하는 소수의 스페인 군대의 대담함에 다른 어떤 생각도 할 수 없었을 것이다.

피사로는 마을 중심에 들어서자 동생 에르난도(1504~1578)를 기병들과 함께 잉카 진영으로 보냈다. 에르난도는 잉카가 추종자들에 둘러싸여 있는 것을 발견하고 이렇게 기록했다. '그를 구별하는 것은 어렵지 않았다. 그는 이마를 감싸고 눈썹까지 내려온 진홍색 술을 달고 있었다.' 에르난도

페루의 쿠스코 하툰코야 거리에 있는 잉카 성벽은 공공 기물 파손과 내전, 지진에도 오늘날 여전히 서 있다. 이들의 건축 기술은 너무 완벽했다.

는 우아스카르의 패배 이후 페루 통치권의 상징이라고 추측했다.

잉카의 복장은 스페인인들에게 그들이 제국에서 기대할 수 있는 부를 미리 맛보게 해주었다. 그의 왕관은 깃털, 금과 은으로 만들어졌으며 다이아몬드, 터키석, 자수정, 루비 그리고 에메랄드로 상감되었으며 비둘기 알보다 큰 에메랄드와 커다란 물방울 크기의 황옥 목걸이를 착용했다.

에르난도 피사로와 장교들은 말을 타고 잉카에게 가까이 가서 가볍게 고개를 숙이며 경의를 표했다. 그들에게 펠리필로Felipillo라는 통역자가 있

구세계와 신세계 모두에서 발견되는 사다리꼴 형태

← 페루 비트코스(Vitcos)의 잉카 도시. 마추픽추 출입구

↓ 아가멤논 무덤의 문

킹스보로 경의 『멕시코의 고대』에 있는 건축물 삽화(오늘날 많은 것이 더 이상 존재하지 않는다.)

↓ 테페세(Tepexe) 근처의 계단 피라미드

없는데 피사로가 두 번째 탐험에서 데려간 인디언으로 그동안 스페인어를 배웠다. 그들은 펠리필로의 도움을 받아 잉카에게 자신들은 바다 건너 위대하고 강력한 왕의 사자들이라고 설명하려고 했다. 그들은 잉카의 위대한 승리 소식이 그에게 봉사하고 진정한 믿음을 가르치도록 자신들을 이곳으로 인도했다고 했다. 피사로는 자신의 진영으로 잉카를 초대했다.

이 모든 것에 잉카는 한 마디도 대답하지 않았고 이해했다는 표시조차 하지 않았다. 그는 땅바닥에 시선을 고정하고 조용히 있었다. 그러나 옆에 서 있는 귀족 중 한 명이 대답했다. "좋다." 스페인인들과 그들 사이에 큰 산맥이 있었던 것처럼 페루 군주의 실제 의향을 확인하기는커녕 당황스런 상황이 되었다.

에르난도 피사로는 침묵을 깨며 정중하고 존경스런 태도로 잉카가 자신들에게 그의 기쁨이 무엇인지 직접 알려주기를 요청하였다. 아타우알파가 얼굴 위로 희미한 미소를 띠며 대답했다.

"너희 대장에게 내가 지금 단식 중이며 내일 아침 끝난다고 전하라. 그런 후 족장들과 함께 방문하여 어떻게 할 것인지 명령을 내리겠다. 그때까지 광장에 있는 공공건물에 머무는 것을 허락한다."

데 소토De Soto는 피사로 부대에서 가장 말을 잘 탔다. 아타우알파가 앞에 있는 불같은 군마에 약간의 흥미를 보이며 관찰하는 동안 군마는 맹렬한 기세로 재갈을 우적우적 씹으며 앞발로 땅바닥을 차고 있었다. 스페인인들은 데 소토에게 고삐를 주었고 뒷굽의 박차로 측면을 때리자 말은 평지를 맹렬한 기세로 질주했다. 그리고 나서 뛰어난 솜씨로 말이 빙글빙글 돌게 하며 군마의 아름다운 움직임을 시연했다.

갑자기 데 소토가 말을 몰아 잉카에게 다가가자 말에 묻어 있던 흙 일부가 잉카의 의복에 살짝 튀겼다. 데 소토가 지날 때 호위하는 몇몇 병사들이 두려움에 당황하여 뒤로 물러섰지만 아타우알파는 냉정한 자세를 유지했다. 스페인인들이 주장하듯 만일 아타우알파가 낯선 이들에게 황제로서 어울리지 않는 유약함을 드러냈다면 그날 저녁 병사들은 죽음으로 값비싼 대가를 치를 수 있는 경솔한 행동이었다.'〈프레스콧〉

수천 명의 군대와 마주한 스페인인들의 작은 군대는 잉카의 자비로움 앞에 있는 것을 깨달았다. 피사로는 과감하고 예상할 수 없는 움직임이 그들이 다치지 않고 탈출할 수 있는 유일한 방법이라고 생각했다. 그는 코르테스가 멕시코에서 했던 것처럼 힘으로 인디언 지배자를 사로잡기로 결정했다. 그가 자신들 진영으로 아타우알파를 초대한 이유였다.

잉카는 귀족들이 어깨에 멘 금과 은으로 반짝이는 가마를 타고 이방인들 부대로 들어갔다. 피사로의 군목 도미니크회(1216년 스페인의 성 도미니크가 설립한 탁발 수도회) 수도사 발베르데Fray Vicente de Valverde(1499?~1541)는 그에게 다가가 성경을 펼치고 기독교 복음을 설명하기 시작했다. 그러나 진실된 믿음을 향한 복종과 스페인 왕의 통치권을 이야기할 때 잉카는 수도사 손에서 성경을 빼앗아 몇 페이지를 넘기더니 분개하며 바닥에 던졌다.

"너희 동료들이 내 땅에서 행한 것들을 설명하라. 그들이 행한 잘못들에 대해 만족할 만한 설명을 할 때까지 여기서 떠나지 않겠다."

분개한 수도사가 성경을 주워들고 피사로에게 보고하자 그는 병사들에게 사전에 약속된 신호를 보냈다. 스페인인들의 숨겨둔 총이 군중을 향해 발포되었고 용병들이 숨어 있다 나왔으며 기병들은 그들을 막는 모든 이들을 짓밟았다. 페루 병사들은 당혹함과 공포로 수천 명의 죽음을 뒤로하고 흩어졌다. 잉카의 마지막 왕 아타우알파는 포로가 되었다. 스페인인들은 아타우알파를 궁전 숙소에 가두었으나 부인과 함께 지낼 수 있게 했으며 '신하'들의 방문을 허락했다. 이제 페루의 지배자는 피사로였다.

잉카는 곧 금을 향한 침략자들의 욕망을 간파했다. 그는 자신을 놓아준다면 막대한 양의 금을 주겠다고 제안했다. 피사로는 이 거래에 동의했고 잉카는 나라 전체에서 엄청난 양의 금을 가져오게 했다. 그러나 피사로는 잉카가 자유를 되찾았을 때 자신과 부하들이 직면할 상황을 잘 알았기에 잉카를 계속 잡아두었다. 얼마 후 '황제는 임시 재판에 회부되었는데 똑같이 거짓되고 경솔하게 행동하여 고통스런 죽음을 선고받았다.'〈프레스콧〉

1533년 8월 잉카 제국 지배자는 교수형에 처해졌다. 다음 날 매우 엄숙한 가운데 장례식이 거행되었다. 피사로와 주요 기병들은 장례식에 참석하였고 발베르데 신부에게서 죽은 자에 대해 경건한 주의를 들었다. 잉카는 죽기 전 신부가 그에게 세례 주는 것에 동의했다.

'아타우알파의 유해는 … 산 프란시스코San Francisco 공동묘지에 안치되었다. 그러나 그때부터 알려지기로 스페인인들이 카하마르카를 떠난 뒤 그들은 비밀리에 황제가 바라던 대로 시신을 키토로 다시 옮겼다. 나중에 식민지 주민들은 얼마만큼의 보물이 그와 함께 묻혔을 것이라고 추측했으나 무덤을 발굴했을 때 보물은 물론 아무것도 발견되지 않았다.'

아타우알파가 죽은 후 스페인인들은 수도인 쿠스코로 가는 깨끗한 도로를 보았다. 1년 후 그들은 쿠스코로 가서 그들을 이곳에 오게 하고 수개월 동안 끔찍한 고생을 감내하며 그토록 찾던 금을 발견했다. 잉카 사람들은 바다를 건너온 이방인들이 백인 신이 아니라 도둑이고 살인자들이라는 것을 너무 늦게 알아차렸다.

피사로의 꼭두각시인 새로운 잉카는 바로 자연사한 것으로 보인다. 그러자 우아스카르의 동생 망코가 왕위를 요구하며 피사로에게 왔다. 피사로는 '젊은이를 진심으로 받아들였으며 경쟁자의 왕위 찬탈을 응징하고 우아스카르의 왕권을 이어받는 것을 정당화하기 위해 카스티야의 통치자 이름으로 그를 나라에 보낸다고 망설임 없이 확인하여 주었다.'

1534년, 망코는 '고위 사제가 아니라 정복자 피사로로부터 페루의 술 장식이 있는 왕관을 받았다.' 그러나 망코는 꼭두각시가 될 마음이 없었다. 그는 스페인인들에게 두 번이나 체포되었지만 쿠스코에서 탈출하여 '믿음의 도시'인 비트코스산으로 갔다. 이곳에서 그는 스페인인에 대항하는 저항군을 조직했다. 수천 명이 군대에 합류했고 쿠스코로 진군하면서 지나는 산을 모두 점령했다. 1536년 초 수도는 거대한 군대에 포위되었다.

일진일퇴 공방 속에 포위는 5개월 이상 지속되었다. 스페인인들은 큰 손실로 고통받았지만 결국 젊은 잉카의 반란은 실패했고 그는 비트코스산으로 도망쳤다. 스페인인들은 수년 동안 안데스산맥에서 그의 비밀 은신처를 찾았지만 허사였다.

나중에 피사로는 오늘날의 리마에 새로운 수도를 건설했다. 그는 쿠스코에서 반란을 진압하고 5년 후 반역죄로 처형했던 동료 알마그로Almagro(1475?~1538)의 부하에게 살해되었다. 그는 '믿음의 도시'를 보지 못했는데 정복 이후의 스페인 이민자들과 고대 잉카 유적을 방문한 관광객 역시 마찬가지였다. 비트코스는 거의 400년 동안 정글에 묻혀 있었다.

망코의 패배와 도주 이후 스페인인에게 더 이상 심각한 도전은 없었으므로 그들은 또 다른 제국을 파괴하였다. 제국은 지리적으로 나눌 수 있는데 하나는 아르헨티나에서 볼리비아와 페루를 넘어 에콰도르 북쪽까지 이르는 두 산맥 사이의 안데스고원에 있는 시에라Sierra이다. 시에라의 고도는 3,000m에서 4,900m이고 많은 산들이 깊은 골짜기로 분리되어 있다. 다른 하나는 해변의 평지인데 북쪽에서 남쪽으로 시에라와 평행하게 있으며 사막의 좁고 긴 땅 한 쪽은 안데스산맥, 다른 쪽은 태평양과 경계를 이루고 있다.

제국은 지형적으로 분리되고 수천 km 길게 뻗어 있었지만 오늘날까지 많은 부분이 남아 있는 놀라운 도로망으로 연결되어 있었다. 도로망은 안데스산맥을 넘고 가파른 산과 골짜기를 따라가거나 급류를 지나고 태평양으로 가는 평지를 통과하며 실처럼 연결되었다. 잉카는 다른 나라를 정복하면 돌로 도로를 만들어 쿠스코와 연결하여 제국의 일부로 만들었다.

스페인인들이 잉카의 도로망을 따라 쿠스코를 향해 진군할 때 거대한 규모의 토목공사를 발견하고 놀라워했다. 모든 스페인 연대기 저자들은 고대 로마의 길보다 낫고 심지어 유럽 어디에서도 만날 수 없는 놀라운 길이라고 기록했다. 그때나 지금이나 걷기 위한 길이었기에 스페인 말들은 곤란함을 겪었다.

어떤 길은 4.5m 높이의 돌벽으로 떠받쳤고 몇몇 길은 굴을 통해 이어졌다. '건축 구역'에는 기둥이나 말뚝 또는 낮은 벽으로 경계를 세워놓았으며 늪지에는 제방을 쌓았다. 평지는 기병 여섯이 나란히 갈 수 있을 만큼 넓었으나 골짜기와 산등성 길은 폭이 1m였다. 주요 도로 중 하나는 안데스 고원을 따라 나 있고 이와 평행하게 해안을 끼고 북쪽에서 남쪽으로 난 길도 있었다. 두 길은 특정 지점에서 연결되었다. 그러나 이러한 토목기술도 수도의 건축물에 비하면 그렇게 대단한 것은 아니었다.

800년 전 기자Giza(이집트 카이로 부근의 도시)의 피라미드를 방문했던 압둘 라티프Abdul Latif(1162~1231)는 '머리카락이나 핀'조차 들어갈 수 없을 정도로 거대한 돌들이 정확하게 맞춰진 쿠푸 피라미드의 거대한 방에 대하여 언급했다. 1880년 플린더스 페트리(1853~1942) 경은 밤새도록 통로를 따라서 다니며 피라미드의 종단면과 횡단면, 각도와 평면을 스케치했다. 그는 엄청난 규모의 건축임에도 기울기와 측량 실수는 '엄지손가락으로 가릴 만큼' 매우 적음을 발견했다.

스페인인들은 쿠스코에서 같은 정도의 정확성과 완성도를 보았다. 그들의 설명은 오늘날 전쟁과 화재, 지진, 반달리즘(문화 예술 파괴 행위)에도 불구하고 여전히 서 있는 잉카 궁전을 묘사한다. 벽은 정확히 잘려지고 아무런 접합 면을 보이지 않으며 위보다 아래가 더 넓은 다각형 또는 사각형 돌들로 구성되어 있었다. 일반적으로 모놀리스 상인방(창문 위 또는 벽 위쪽을 가로지르는 석재)이 있는 좁은 사다리꼴 구멍은 창문과 문이다.

현대 여행자들은 이 돌벽과 비교하여 '로마의 벽은 조잡하다'고 했다. 페르구손Fergusson은 쿠스코의 건축물이 그리스나 로마 또는 중세보다 뛰어났다고 썼으며 벨라르데Velarde는 '기하학적으로 결정화된 지구crystallized earth shaped into geometrical forms'라고 묘사했다.

쿠스코의 건물보다 더 인상적인 것은 스페인인들에 대항하기 위해 결성했던 저항군의 오래된 요새이다. 예를 들어 수도의 문 바로 바깥에 있는 거대한 삭사우아망 요새와 안데스산맥 정글 깊숙이 있어 살아남은 거대한 유적인 오얀타이탐보이다. 우리는 유럽 초기 문명인 미케네와 그리스로 돌아가서 잉카의 건축물과 비교할 수 있는 무언가를 찾아야 한다.

피사로 부하들은 코르테스 부하들이 멕시코에서 보고 경탄했던 것과 매우 비슷한 보물을 페루에서 발견했다. 더구나 잉카인들은 아즈텍인들조차 갖고 있지 않은 저울을 갖고 있었다. 측정은 과학의 기본이다. 잉카인들은 고대 로마인들처럼 측정 단위를 갖고 있었고 저울대를 사용했다. 고대 로마인들과 비슷한 것은 또 있었다. 로마 군단처럼 병사를 10명, 100명, 1,000명 단위로 나눴다. 잉카인들 또한 10진법을 사용한 것이다.

오늘날 유럽 여자들은 6개 혹은 12개씩 6개 단위로 달걀을 산다. 그리고 우리 시계는 12진법과 60진법으로 돌아간다. 우리가 일상에서 사용하는 이런 수학 체계는 옛날 바빌로니아 수학의 오래된 수메르(바빌로니아 남부에 있으며 기원전 3,000년경 세계 최고 문명이 발생한 지역) 60진법 체계인데 나중에 셈족이 십진법과 결합시켰다.

10진법은 4,000년 이상 되었다. 그보다 오래전 이집트에 이미 알려졌고 크레타에는 BC 1700년경 알려졌다. 그리스인들은 크레타에서 10진법을 들여왔고 로마는 그리스에서 도입했으며 이후 수백, 수천 명이 행군하는 로마 군단에 의해 유럽 전역으로 퍼졌다. 그러나 유럽에서 자연과학이 발달하기까지 수 세기가 지나는 동안 널리 사용되지는 않았다.

잉카인들은 나이에 따라 신생아부터 시작해 100살로 끝나는 10개 단위로 구분되었으며 전체 사회는 10진법으로 관리되었다. 잉카인들은 오랫동안 그들을 지배했던 치무 제국으로부터 10진법을 전수받았는데 치무인들은 잉카인들이 나타나기 수 세기 전 이미 10진법에 능숙했다.

10진법은 가장 독창적 개념인 '아무것도 없음'을 나타내는 숫자 0을 고안했던 힌두인들이 발명했을 것이다. 이 개념은 아라비아를 지나 이집트로 갔으며 나중에는 스페인을 정복한 무어인(711년부터 이베리아 반도를 정복한 아랍계 이슬람교도)에게까지 전해졌다. 그러나 15세기까지 유럽에 잘 알려지지 않았다. 인디언들은 스페인인들이 도착하기 오래전인 거의 기원 전부터 0을 알고 있었다.

스페인인들은 쿠스코에 입성하며 굉장히 익숙한 것을 또 보았다. 거의 모든 인디언 귀족들이 터번을 쓰고 있었다. 구세계에서 단지 아랍인들만 터번을 쓰는 것으로 생각하지만 사실 두건은 이슬람보다 오래되었다. 히타이트나 바빌로니아, 이집트의 그림과 조각상에도 터번을 쓴 사람들이 있다.

스페인인들 중 일부는 쿠스코에서 특이한 경험을 했다. 그들은 잉카 제국 모든 곳에서 '비라코차'로 불리며 환영을 받았다. 처음 그 말을 들었을 때는 의미를 몰라 인사의 한 형태로 생각했다. 그들은 곧 '비라코차'가 아주 오랜 옛날 인디언들에게 와서 온갖 지식을 전한 위대한 백인 신의 이름이라는 것을 알게 되었다.

정복자들은 도시 외곽에 있는 모든 신보다 위대한 신에게 바친 신전에 관해 들었다. 막대한 양의 금을 찾을 수 있다는 희망을 품고 탐색대가 서둘러 신전으로 갔다. 신전은 가로 38m 세로 30m의 단층 건축물이었다. 그들은 미로 같은 통로에 들어섰다. 신전에는 12개의 좁은 통로가 있었다. 그들은 이 방에서 저 방으로 계속 나아갔으며 마침내 검은 석판으로 포장된 작은 방인 신성소를 뚫고 들어갔다.

멀리 있는 벽의 작은 선반에 조각상이 하나 있었다. 그들이 조각상 앞에 섰을 때 사납고 거칠며 딱딱한 군인들조차 황급히 모자를 벗고 십자성호를 그었다. 스페인에 있을 때 성당과 예배실에서 보았던 조각상이었는데 수염이 있고 똑바로 서 있으며 한 손에 사슬을 들고 있는 노인이었다. 사슬은 땅바닥에 앉아 있는 우화 속 동물의 목을 감고 있었다. 바로 바르톨로메(12사도 중 한 명) 조각상이었다.

그들은 놀라움에서 벗어나 천천히 줄지어 통로를 지나 밖으로 나갔다.

보물은 발견하지 못했다. 거대한 신전에는 단지 신의 조각상만 있었다. 그들은 쿠스코로 돌아와 다른 이들에게 보았던 것을 이야기했다. 더 많은 스페인인들이 인디언들이 백인 신이라고 부르는 수염 있는 이상한 성인을 보기 위해 신전으로 달려갔다.

그럴 즈음 쿠스코는 포위되었고 잉카인들은 나팔을 불거나 북을 치고 종을 울리거나 피리를 연주하며 도시를 반복해서 공격했다. 스페인인들은 처음에 치열하게 전투할 때조차 이런 팡파르가 들려 놀랐다. 인디언들은 승리를 축하하거나 공격할 때도 똑같은 악기를 사용했다.

물론 이런 도구들은 아주 오랜 고대문명 시대로 거슬러 올라간다. 구약성서에서 여호수아의 군대가 여리고 성 바깥에서 나팔을 불었고 '성벽이 무너졌다.' 잉카인들은 스페인인들이 오기 오래전부터 나팔을 알고 있었다. 티아우아나코의 태양의 문에도 나팔수가 묘사되어 있다. 잉카인들은 또한 골풀과 점토 또는 돌로 만든 12개에서 15개의 관으로 구성된 안타라 Antara라는 양치기의 피리를 가지고 있었다. 지중해의 모든 초기 문명은 그리스신화에 나오는 시링크스의 피리를 알고 있었고 피리는 페루에서 가장 대중적인 악기였다. 치무의 수많은 화병 그림에서 정확히 그리스 피리와 닮은 것들을 볼 수 있다.

스페인인들은 친숙했던 악기나 터번, 10진법, 저울 등을 주기적으로 언급했지만 어느 것에도 특별한 주의는 기울이지 않았다. 우리는 이들의 설명에 의지해야 하는데 진실 여부는 확인할 수 없다. 왜냐하면 스페인인들이 직접 보고 기록한 거의 모든 것들이 없어졌기 때문이다. 스페인인들이 신세계를 정복했을 때 단 하나의 마을도 파괴를 피할 수 없었다.

06
살아남은 신화

16세기 초 태어난 페르난도 데 알바 익스틀릴소치틀은 테스코코 원주민이었고 국왕의 직계 혈통이었다.

- 『역사가 익스틀릴소치틀에 관해』(프레스콧)

케찰코아틀의 후손들이 동쪽에서 이 땅을 차지하기 위해 올 때가 되었다.

- 『테스코코의 지배자 네자우알필리(Nezaualpilli)』에서 인용(프레스콧)

그들은 곧 자신들이 상대하는 존재가 신이 아니라는 사실을 깨달았다.

- 『연대기』(데 라스 카사스 주교)

수 세기 후 중앙아메리카에 도착한 고고학자들은 오래된 멕시코시티의 실체를 알기 위해 힘들게 돌들의 파편을 맞춰야 했다. 정복자들과 추종자들은 매우 거칠었다. 인디언 지도자들은 대부분 죽임을 당했다. 코르테스는 테노치티틀란을 정복한 후 이렇게 썼다. '너는 인디언 주검을 밟지 않고는 한 발자국도 움직일 수 없을 것이다.' 더구나 피사로와 부하들은 황금을 얻기 위해 대체할 수 없는 예술품들까지 녹였다.

그럼에도 정복 이후 몇십 년 동안 거대한 많은 신전과 건축물, 조각상, 문서들과 인디언 문명의 여러 증거물들이 남아 있었다. 그러나 용병들은 모든 우상을 뿌리 뽑기로 한 광신도들의 결정을 충실히 따랐다. 광신도들은 신전과 조각상, 무엇보다 문서들을 악마의 작품으로 여겨 태울 수 있는 것은 모두 불태웠다. 1531년, 멕시코 최초의 주교 후안 데 주마라가Juan de Zumarraga(1468~1548)는 툴루즈(프랑스 남부 가론강가에 있는 도시)에 있는 프란체스코(1209년 프란체스코가 세운 최초의 탁발 수도회) 사제단에 보내는 보고서에서 혼자 500개의 신전을 무너뜨리고 20,000개의 우상을 파괴했다고 했다.

새로운 스페인(멕시코) 전역에서 불길이 타올랐다. 주마라가는 틀라텔롤코 시장 광장에 특별히 만든 큰 화형대를 갖고 있었는데 그 위에서 테스코코의 고문서들이 사라졌다. 1562년, 마니Mani 마을에서 유카탄의 두 번째 주교 디에고 데 란다Diego de Landa(1524~1579)에 의해 마야를 추적할 수 있는 문서들이 불타버렸다. 나중에 그는 자신의 행위를 속죄하려고 노력했다.

1564년, 비스카야(스페인 바스크에 위치한 주)에서 태어난 파블로 호세 데 아리아가Pablo Jose de Ariaga가 15살 되던 해 신세계에 도착했고 페루의 여러 학교를 거쳐 예수회 대학교 수장이 되었다. 그는 신세계의 관세와 공물 목록, 왕실과 제국의 고문서, 법전, 신전의 고문서와 역사적 기록들의 파괴에 대한 책임이 있다. 문서들은 묶음으로 화형대에 건네졌고 군인들은 태우기 위한 문서들을 더 많이 모으려 궁전과 건물을 샅샅이 뒤졌다.

고대문명에 대해 마지막으로 쓰인 약간의 문서들만 우리에게 전해졌는데 옥스퍼드, 뉴욕, 마드리드, 멕시코, 볼로냐, 빈 그리고 드레스덴의 도서관에서 귀중한 보물로 조심스럽게 보호되고 있다. 몇몇 사소한 것들을 제외하고 20개의 긴 문서들로 구성된 '스페인 이전 고문서Pre-Spanish Codices'라고 불리는 문서들은 스페인인들이 도착하기 오래전부터 쓰였다. 이들 중 4개는 아즈텍 제국의 것이고 3개는 마야의 것이다. 아즈텍 문서 중 3개는 종교를 다루었고 한 개는 역사를 다루고 있다.

높은 수준의 문명에 대한 기억들은 지워졌다. 새로운 땅의 발견과 정복은 스페인으로부터 거대한 이주를 야기했고 이주민들은 무너진 건물이 있던 자리에 새로운 스페인 마을을 건설하여 더 이상의 신전, 인디언 황제,

킹스보로 경은 자신의 대표작에 훌륭한 그림들을 남겼다.
산티아고 과투스코(Santiago Guatusco) 마을 근처의 피라미드

추장 또는 귀족들을 찾을 수 없게 되었다. 이주자들은 인디언을 단지 원두막에 사는 원시적 인간으로 보았으며 노예 노동을 강요하고 마지막 남은 잔재와 우상들을 박살 내도록 압력을 가했다.

재앙이 닥친 이후 인디언들은 아무것도 할 수 없었고 그들이 스페인 사제들에 의해 천주교로 개종했을 때 그들의 오랜 신들을 허구의 악마로 간주하게 되었다. 사람들은 계속 선반 위의 수많은 두개골과 제단 위에 인간 심장이 놓이는 무시무시한 희생제의를 이야기했다. 그러한 잔인한 관습 때문에 천주교도들은 숭배 행위와 유적을 파괴하는 것이 도덕적으로 옳은 일이라고 주장했다.

당시에는 소수의 사람만 읽고 쓸 줄 알았는데 고도의 인디언 문명들을 언급한 다른 보고서들이 있었다 해도 역시 소수만 읽었을 것이다. 따라서 인디언 문명에 관한 어떤 것도 알 수 없었던 이주민들은 인디언 노예들은

아즈텍 문명의 증거(돌)들이 멕시코시티의 번잡한 도로 바로 아래 놓여 있다.

스페인인들은 힘든 노력에도 믿음의 도시인 비트코스를 발견하지 못했다.
1913년이 되어서 고고학자 빙엄이 우루밤바 계곡의 위쪽 정글을 뚫고 들어갔고
신비한 유적과 마주했다.

전설에 따르면 잉카 왕족은 3개의 창문이 있는 집에서 시작되었다.
잉카 지배자의 마지막 역시 이곳이었을까?

미개한 야만인이고 항상 그랬다고 믿고 싶었을 것이다.

수 세기 지나 연대기 저자들의 글이 알려지고 신세계에서 더 많은 유적들이 발견되었다. 전설이나 역사적 지식 없이 삽만 가지고 문명을 복구할 수는 없다. 슐리만이 '일리아드' 내용을 알지 못했다면 트로이를 발굴할 수 있었을까? 에번스가 미노타우로스의 전설을 듣지 못했다면 크레타의 미로를 발견했을까?

고고학이 과학이 되기 이전 구세계 역사는 일반적으로 5,000년 이상이었다고 알려져 있었다. 발굴자가 무언가 발견했을 때 그들은 역사와 서사시 또는 구전과 연결하고 설정하여 역사적 해석을 할 수 있다. 반대로 인디언들이 구세계를 침략해서 모든 마을을 파괴하고 모든 기록을 불태웠다고 가정해 보자. 스페인인들처럼 대륙은 얻었지만 역시 스페인인들처럼 문명과 역사를 쓸어버렸다고 가정해 보자. 나중 세대들은 이집트인들이 있었다는 것을 알지 못한 채 놀라움으로 이집트의 피라미드를 바라볼 것이다. 로마라는 이름의 나라가 있었는지조차 모른 채 캐피톨(로마의 주피터 신전)을 보고 경탄할 것이다.

시간이 지나며 신세계 특히 남아메리카에서 고고학자들은 수많은 고대 건축물 유적과 마야의 거대한 도시 유적들을 발견했다. 그러나 이것만 가지고 인디언 문명을 재건할 수는 없었다. 그들의 작업은 옛 연대기를 참고하고 인디언들의 역사에 기초해야 했다.

연대기 저자들은 대부분 취미로 인디언의 노래와 신화, 전설, 동화, 법, 행정, 조직, 종교에서 찾을 수 있는 모든 것을 수집했다. 학자들이 이 자료들을 통해 아메리카 대륙 고고학의 기초인 인디언 역사를 연구하기 약 200년 전이었다.

연대기는 모든 도서관을 꽉 채울 만큼 많다. 현존하는 원본과 편집본들은 거의 마드리드의 도서관과 박물관에 있으며 모두 스페인어로 쓰였다. 저자는 사제, 법학자, 공무원, 귀족, 군인, 모험가들이었는데 사제들이 가장 많으며 모든 것에 관하여 기록했다. 법학자들은 법 테두리에 자신들을 가두지 않고 노래와 무용담, 전통, 전설, 심지어 식물과 동물까지 묘사해 놓았다.

일부 연대기 저자들은 인디언들의 업적을 손상시켰다. 이들은 사르미엔토Sarmiento 같은 스페인 총독의 궁정 역사가들이었다. 사르미엔토는 인디언들을 미개인으로 간주하고 '하나님이 그렇게 만드셨다'고 인디언들에게 알리는 것이 새로운 사명이라고 주장했다.

일부 저자는 자신에게 인디언의 피가 흐른다며 고대문명에 자부심을 가졌다. 코르테스 사례에서 볼 수 있듯이 많은 스페인 장교들은 인디언 부인을 얻었고 혼혈 아이들은 인디언 가족과 관계를 유지했다.

일부 연대기 저자는 인디언 왕족 혈통이었다. 가르실라소 잉카 데 라 베가의 어머니는 왕족 공주였으며 후안 데 베탄조스Juan de Betanzos(1510~1576)는 키토 왕자의 딸과 결혼했다. 이들은 스페인어를 배웠고 로마 문자로 연대기를 썼다. 그들은 인디언 제국의 왕과 왕자, 전쟁, 승리와 패배, 신, 신전, 종교 교리, 축제와 관습에 관한 모든 것을 알고 있었다. 그들은 잉카의 비밀 회의에서 논의된 것들까지 기록으로 남겼다.

그들은 자연스럽게 조상이 관심을 두었던 것을 이야기로 꾸몄으며 파괴된 문명이 야만적이지 않다는 것을 보여주기 원했다. 그들은 영겁의 역사 속으로 사라진 오래된 제국에 관해 썼다. 그들은 올만Olman의 툴라 또는 톨란의 오래된 전설들을 기록했으며 사포텍과 '신이 만든 장소'라는 뜻의 테오티우아칸 사람들에 관해서 썼다.

연대기들은 광범위하고 상세하지만 매우 불충분하고 부정확하게 인디언의 고대 역사와 문명으로 안내한다. 그들의 자료는 대부분 전설과 공상이며, 공정하거나 전혀 체계적이지 않다. 몇몇은 진지하고 요령 있게 썼으나 일부는 지루하거나 또는 지나치게 상상하도록 만든다. 때로는 오직 하나의 특별한 사건만 기록했으며 대부분 소소하고 제한된 지역이나 그들이 흥미를 느꼈던 주제들만 다루었다.

우리의 문명과 함께 모든 기록들이 사라졌다고 가정해 보자. 그래서 후세 연대기 저자들이 구전과 전설, 동화, 소박한 사람들의 기억들을 통해 먼 과거를 밝히려 노력한다고 가정해 보자. 그들은 고대 로마, 아마도 줄리어스 시저에 관해 듣겠지만 특정 날짜 같은 것은 알 수 없을 것이다. 사람들은 연대기 저자에게 로빈후드나 엘리자베스 여왕에 관한 전설을 이야기할 수 있으며 구세주로 태어나 지혜와 친절함을 설교하고 선한 사람이 되라고 가르쳤으며 사람들에게 죽임을 당하고 승천하며 언젠가 돌아온다고 약속했던 한 남자에 관한 이야기도 할 것이다. 꼼꼼하게 기록하겠지만 연대기 저자들은 이 이야기가 전설인지 역사인지 아니면 두 가지가 섞인 것인지 확신할 수 없다. 이것은 마치 신세계의 연대기 저자들이 생존자들의 이야기를 듣고 과거를 재조명한 것과 같다.

자료들이 뒤얽혀 있어 사실인지 의심스럽겠지만 학자들은 통합하고 편집하고 분류하며 가미된 상상력을 제거하거나 사건들의 실체를 확인하려 노력할 것이다. 이런 학자 중 가장 매력적인 책을 쓴 사람이 윌리엄 프레스콧이다. 그는 1796년 뉴잉글랜드 살렘에서 태어나 하버드에서 법학을 공부했다. 학생들과 장난 치다 거의 실명했음에도 비범함과 근면성으로 연대기에서 발견한 모든 것을 조사하고 하찮은 기록이나 암시조차 추적하며 책을 썼다. 그와 또 다른 비슷한 학자들은 수년간 연구를 계속하여 '정복' 이야기와 인디언 제국들의 전체 역사는 점차 조각이 맞추어졌다.

잉카 제국의 역사는 전설의 망코 카팍에서 시작하여 겨우 수 주간 통치했던 아타우알파에서 끝나는 12명의 잉카 왕조 역사이다. 그가 승리하여 이복형 우아스카르를 사로잡고 자주색 머리 술을 착용한 날 그는 백인들이 제국 해안에 상륙했다는 이야기를 들었다. 피사로가 지명한 후계자들은 진정한 잉카 왕으로 불릴 수 없다.

〈잉카 왕 연대표〉

	이 름	통치 기간
1대 잉카	망코 카팍	AD 1080년경
2대 잉카	신치 로카	1150년경
3대 잉카	요케 유팡키	1180년경
4대 잉카	마이타 카팍	1200년과 1300년 사이
5대 잉카	카팍 유팡키	1200년과 1300년 사이
6대 잉카	잉카 로카	1340년경
7대 잉카	야우아르 우아캌	1340년과 1400년 사이
8대 잉카	비라코차 잉카	1340년과 1400년 사이
9대 잉카	파차쿠텍	1400년과 1500년 사이
10대 잉카	투팍 유팡키	1400년과 1500년 사이
11대 잉카	우아이나 카팍	1485 ~ 1525년
12대 잉카	우아스카르와 아타우알파	1525 ~ 1530년

잉카는 전사의 왕조였고 그들의 역사는 정복 역사였다. 작은 지방 국가였으나 페루와 안데스산맥의 모든 사람을 정복하고 거대한 제국의 중심이 되었다. 거대한 군대는 구세계 어느 군대와도 비교할 수 있는데 규모가 40,000명 혹은 80,000명 심지어 10만 명이었다고 한다.

연대기는 세력과 권력, 반역과 골육상잔, 반역자의 아들과 궁전의 음모, 엄격한 규율과 승전 축하연에서의 강제노동을 이야기한다.

여덟 번째 왕 비라코차 잉카는 특별히 흥미를 끈다. 그는 영국에서 흑사병이 창궐하던 1350년경 '태양의 왕좌'에 올랐다. 그의 아버지는 왕족 중에서 가장 힘이 약해 죽음을 맞이할 때 피눈물을 흘렸다. 그래서 연대기는 비라코차의 아버지 야우아르 우아칵Yahuar Huacac을 '피눈물 흘리는 사람'이라고 적었다. 비라코차의 초상화가 전해지는데 우리는 수염이 있는 하얀 몸에 대한 연대기 저자의 묘사를 의심할 이유가 없다. 가르실라소에 의해 알려진 전설에 따르면 그는 평범하지 않은 환경에서 왕좌에 올랐다고 한다.

전설은 그가 신의 조각상을 깨트리고 신전을 불태우자 아버지 야우아르 우아칵이 궁 밖으로 추방할 정도로 다루기 힘든 왕자였다고 한다. 수년 동안 수도 근처에서 소를 쳤는데 어느 날 환영을 보고 궁으로 가서 아버지에게 본 것을 이야기했다. 인디언과 '많이 다른' 얼굴의 남자가 나타났을 때 그는 바위 아래서 잠을 자고 있었다. 그는 긴 수염에 발까지 내려오는 긴 옷을 입고 가죽끈으로 처음 보는 동물을 잡고 있었다. 그는 자신이 태양의 아들이고 망코 카팍의 형제이며 이름은 비라코차라고 했다.

비라코차는 추방된 왕자에게 즉시 아버지에게 달려가 쿠스코를 멸망시킨 북쪽 부족들의 대대적인 침략이 임박했음을 경고하라고 명령했다.

툴룸의 마야 신전. 배가 좌초하여 마야의 노예가 되었다가 탈출하여
코르테스의 통역사로 활동한 제로니모 아길라르가 발견했다.

아버지는 아들의 이야기를 묵살하며 터무니없다고 했다. 그러나 예언은 정확하게 증명되었다. 북쪽의 두 부족이 반란을 일으켜 30,000명의 군사를 이끌고 수도를 향해 진군했다. 젊은 왕자가 다시 나타나 며칠 만에 적에 대항할 20,000명의 병사를 모집했을 때 '피눈물 흘리는 사람'은 항복하기 직전이었다. 전투가 벌어지기 전 젊은 왕자는 군사 5,000명을 선발해 산 뒤편에 매복시켰다. 하루 종일 격렬한 전투를 치른 후 매복해 있던 병사들이 움직였고 전세는 변하여 젊은 왕자가 승리했다. '피의 평원' 야우아르 팜파에 30,000명의 시신이 나뒹굴었고 그는 새로운 통치자가 되어 환호 속에 쿠스코에 입성했다. 나중에 그는 남쪽으로 제국을 확장하였는데 안데스산맥을 넘고 계속 남진하여 칠레 국경까지 이르렀다.

그는 잉카가 되자 쿠스코에서 26km 떨어진 곳에 바위 아래에서 보았던 수염이 있고 흘러내리는 옷을 입었던 남자에게 경의를 표하는 신전을 지었다. 신전에 잉카의 설명을 토대로 만든 비라코차 조각상이 있었는데 바로 피사로의 군인들이 보았던 성 바르톨로메 조각상이었다.

잉카 우아이나 카팍은 죽기(1525년) 몇 년 전 거대한 제국 해안에서 백인들을 보았다는 소식을 접했다. 전령들은 밤낮으로 달리며 다음 전령에게 소식을 전달했다. 몇 주 몇 달 동안 그들이 받은 암호는 광대한 도로망을 통해 울려퍼졌고 다시 궁전까지 전해졌다. 암호는 '비라코차'였다.

잉카와 신하들은 그 말을 들었을 때 걱정하였고 사람들은 돌아올 것이라는 백인 신 비라코차에 관한 오래된 전설을 떠올렸다. 밤에는 별똥별이 하늘을 밝혔고 전보다 더욱 격렬하게 지진이 나라를 뒤흔들었으며 불타는 고리가 달 주위에 무지개 색깔로 나타났다. 쿠스코에서 뇌우가 치는 동안 궁전에 벼락이 떨어져 불이 났다. 그러나 가장 나쁜 징조는 가장 높은 곳의 신이며 태양의 새인 콘도르였다. 콘도르가 쿠스코 시장 광장 한가운데 떨어져 죽었고 매들에게 사냥을 당하여 갈갈이 찢겨졌다.

우아이나 카팍은 사제들을 모두 불러 제국의 장래를 예언하게 했는데

↑ 현재까지 가장 오래되었다고 알려진 마야의 피라미드. 미국의 고고학자 리켓슨(Ricketson)이 우악사툰에서 발견하였다.

↑ 오늘날 촐룰라 피라미드 아래로 6.5km나 뻗어 있는 터널

← 피라미드는 또한 비밀의 방을 가지고 있다. 터널을 뚫다가 발견된 해골. 같은 곳에 여자 해골도 있었다.

신탁은 제국이 열두 번째 잉카 뒤 백인에 의해 멸망할 것이라고 했다. 잉카는 사제들에게 하늘의 명령을 거역하지 말고 그들에게 복종하라고 명령했다.

잉카의 노장군 쿠시 왈파Cusi Hualpa는 그때의 회합을 조카인 연대기 저자 가르실라소에게 잉카의 표현 그대로 설명했다.

"태양이신 우리의 아버지는 열두 번째 잉카 이후 알 수 없는 태양의 자녀들이 우리나라에 와 우리를 예속할 것이라고 하셨습니다. 의심의 여지없이 그들은 우리 해안에서 목격된 사람들이며 … 이 이방인들이 우리나라에 와서 신탁을 행할지 확인할 수 있도록 허락하소서."

인디언 왕자는 백인 신이 상륙했다는 소식이 테노치티틀란에 전해졌을 때 몬테수마 궁전에서 일어난 일도 묘사했다. 그리고 아즈텍의 설명과 잉카의 설명 사이에는 충격적인 유사성이 있다.

황제 후손인 연대기 저자 중 한 명은 몬테수마가 왕관을 썼을 때 사제들이 그에게 전통적인 경고를 했다고 기록했다. "이것이 당신의 왕관이 아님을 명심하시오. 단지 빌려준 것이며 언젠가 돌려줄 날이 올 것입니다." 스페인인들이 상륙했을 때 몬테수마는 백인 신이 왕관을 되찾기 위해 돌아왔다고 확신했다. 그는 사제들을 소집했고 일부는 즉각적인 저항을 지지했다. 그러나 몬테수마와 테스코코 왕은 싸울 의지가 없었으며 저항은 소용없다고 했다.

몬테수마는 대신과 귀족들에게 이렇게 말했다.

"나와 여러분은 우리 조상들이 우리가 사는 이 나라에서 환영받지 않았음을 알고 있다. 우리 조상들은 멀리 떨어진 곳에서 위대한 왕자의 인도하에 이곳에 왔다. 왕자는 몇몇 추종자들과 함께 다시 나라를 떠났지만 오랜 시간이 지난 뒤 돌아왔다. 그는 우리 조상들이 마을을 만들고 이 나라에서 아내를 선택하고 그들로부터 아이들을 낳는 것을 보았다. 조상들은 새로운 땅에 정착했고 왕자와 함께 돌아가지 않았다. 조상들이 더 이상 그를 지배자로 원하지 않았기 때문에 왕자는 오랜 시간이 지난 미래 어느 날 거대한 군대와 함께 돌아오거나 그의 이름으로 누군가를 보내 당연한 권리를 되찾을 것이라고 말하고 혼자서 떠났다. 여러분 역시 우리가 항상 그를 기다리고 있음을 알고 있다. 우리는 이방인 지휘관과 우리 조상의 왕자가 돌아간 방향인 해 뜨는 곳에서 바다 건너 우리에게 그들을 보낸 황제에 관해서 들었다. 모든 것이 분명히 우리가 기다리던 위대한 지도자라고 믿게 만든다….”

연대기에 따르면 아즈텍인들은 나우아Nahua족에서 가장 큰 부족이었는데 북아메리카에서 멕시코로 이주하여 세계의 중심인 툴라 혹은 톨란으로 왔다. 그곳에서 그들은 고도로 발전한 문명의 모든 기술들을 얻었으며 유목생활을 청산하고 정착민이 되었다. 테노치티틀란은 1324년에 건설되었는데 채 200년이 지나지 않아 중앙아메리카의 지배 세력이 되었다.

처음에는 추장들이 다스렸고 이후 왕이 다스렸다. 최초의 왕은 아카마피치Acamapich(1376)였다. 모든 왕들은 스스로를 툴라의 백인 신 케찰코아틀의 후계자라고 불렀다. 네 번째 왕 이츠코아친Itzcoatzin(검은 돌뱀)은 테파넥스Tepanecs 왕국을 멸망시켰다. 다섯 번째 왕 몬테수마 일우이카미나Montezuma Ilhuicamina(천상의 사냥꾼)는 테스코코와 틀라코판Tlacopan 왕들과 함께 삼자 협정을 체결한 후 제국을 정점에 올려놓았다. 이츠코아친의 손자인 몬테수마 소코요친Montezuma Xocoyotzin은 스페인인들과 만난 황제였고 코르테스의 포로가 되어 죽음을 맞이한 후 형제 쿠이틀라우악Cuitlahuac이 왕위를 승계했지만 스페인인들이 가져온 천연두에 걸려 죽었다. 그러고 나서 쿠아우테목(잠수하는 독수리)이 황제가 되어 전체 나라를 스페인인들에게 대항하도록 했지만 결국 테노치티틀란에서 패했다.

아즈텍 제국은 단지 정복되어 착취당하는 수많은 지역들의 집합체였으며 멕시코 깊은 계곡의 문명 발전에 기여하지 않았다. 아즈텍은 조직 대부분을 이전 문명인 톨텍과 믹스텍에서 가져왔는데 연대기는 때때로 그들을 '재능 있는 창업자들'이라고 불렀다. 아즈텍의 부의 원천은 전쟁, 무역, 해적 행위였는데 무엇보다 강력한 군대에 의해 예속된 부족에게서 무자비하게 거두어들이는 공물이었다. 38개 지역에서 코코아, 옥수수, 목화, 담배, 재규어 가죽, 깃털, 코펄 나무, 천연고무, 금, 은 그리고 보석을 공물로 바쳤다. 실제 세 왕국의 연합인 제국은 페루의 잉카 왕국처럼 내부의 강력함과 응집력이 없었다. 그리고 역사적으로 1430년에서 1521년경에 이르는 짧은 기간만 존속했다.

연대기는 또한 스페인인들이 왔을 때 오래전 멸망했던 보다 오래된 왕국을 이야기했다. 예를 들어 한때 야생의 사냥 부족이었다 나중에 믹스텍의 영향 아래 평화롭고 문명화된 후 곧 농경생활을 시작한 치체멕Chichemecs이 있다. 그들의 이야기는 톨텍을 멸망시킨 전설의 소로틀Xolotl 왕으로부터 시작한다. 그는 12세기에 멕시코를 정복했고 테나유카는 그의 첫 번째 근거지가 되었다. 연대기는 다음으로 테스코코를 수도로 만든 위대한 지배자 키난친 틀랄테카친Quinantzin Tlaltecatzin(1298~1357)을 언급했다.

이러한 전설적인 역사들은 다양하고 수많은 형태의 백인 신 신화로 모아진다. 연대기 저자들은 여기에 백인 신이 사람과 빛을 창조했고 돌로 사람을 만들었다 다시 돌로 변화시키고 다른 신과 싸웠으며 원산지(Food Mountain)에서 옥수수를 훔쳐 사람들에게 주었다고 각색했다.

　이 모든 것이 먼 이야기이고 환상적이라면 연대기 저자들은 백인 신이 인디언들에게 목화뿐 아니라 문자와 달력을 전했으며 녹옥 가공 기술을 가르쳤고 직조 기술을 가르쳤으며 보치카 신은 베틀 도면을 남겼는데 사람들은 도면을 보존하였다는 사실적인 부분만 표현했을 것이다. 사회에 대한 백인 신의 실질적 기여는 이야기꾼들의 상상으로만 보이지 않는다. 그들은 역사적 사실에서 백인 신의 존재 근거를 제시한다.

07
발굴의 첫 번째 결실

그러나 훌륭한 뱃사람들이었던 니네베(고대 아시리아 수도)는 멸망했다. 아무 흔적도 남아 있지 않으며 누구도 그곳이 어디였는지 말할 수 없다.

- 루시안(Lucian, AD 150년경)

아타우알파의 성과 궁전은 거의 남아 있지 않다. 사람들의 금을 향한 욕망은 파괴 속도를 앞당겼으며 심지어 16세기 말이 되기 전 보물을 얻기 위해 벽을 무너뜨리고 모든 주거지의 기반을 무모하게 파헤쳤다.

- 알렉산더 폰 훔볼트, 『남아메리카 여행』(1799)에서

정복자들 이후 정부의 위탁을 받거나 개인적인 부를 위해 금을 찾으려는 '탐험가들'이 왔다. 그들은 태평양 연안 사막과 깊은 골짜기를 통과하고 안데스산맥을 넘어 새로운 스페인 전역을 다녔다.

그들의 기록은 대부분 오래된 마을, 신전, 궁전의 규모 정도이다. 그들은 훗날 여행자들이 단지 잔해만 보았으며 현대 고고학자들이 아무것도 볼 수 없었던 곳에서 온전한 상태의 마지막 건물들을 보았다. 왜냐하면

400년이 지나면서 피라미드 잔해들이 흙더미 속으로 사라졌기 때문이다. 최초의 탐험가들은 건물 또는 예술 작품에 흥미가 없었으며 금을 얻기 위해 벽과 집, 신전, 궁전을 파괴하는 것에 양심의 가책 따위는 없었다.

18세기 후반 최초의 과학적 탐험가들이 연대기에 쓰인 고대 인디언 나라들을 직접 보기 위해 나섰다. 그들은 해안에서 테노치티틀란까지 코르테스가 진군했던 길을 따라갔다. 처음에는 단지 몇 명이었으나 전임자들의 보고서에 매료되어 19세기 동안 더 많은 이들이 몰려왔다. 그리고 연대기와 발견들로 서서히 드러나는 모든 증거들은 많은 저자들이 인디언 문명이 먼 과거의 구세계에서 왔다고밖에 설명할 수 없다고 느꼈던 구세계 문명과의 놀랄 만한 유사성을 제기하였다.

증거들은 피라미드는 이집트를 가리키며 백인 신에 관한 아즈텍 신화는 분명히 구세주를 가리킨다고 했다. 일부 사람은 이스라엘의 사라진 부족이라고 주장하고 다른 이들은 예수님의 12사도 중 한 명인 성 도마가 아메리카에 갔을 것이라고 했다. 다른 많은 사람들은 누군가 오래전 새로운 대륙을 발견해 정착했다고 주장했다. 역시 추측이지만 현재의 인류는 기본적으로 아메리카에서 왔거나 아니면 가라앉은 태평양상의 무Mu 대륙 혹은 서인도제도와 아프리카 사이에 있던 아틀란티스 대륙에서 왔다고 주장했다.

이러는 동안 많은 책과 논문에 기상천외한 가설과 이론이 등장했으나 작가들과 그들의 주장은 잊혔다. 그러나 이런 작가 중 한 명인 에드워드 킹스보로Edward Kingsborough 경은 우리에게 독특하고 가치 있는 자료를 제공한다. 그는 인디언 문명에 관해 발견할 수 있는 모든 것을 수집했으며 인디언들은 사라진 10부족의 하나임을 증명하는 아홉 권의 방대한 저서를 출판했다. 학자들은 이 논지를 단호히 거절했으나 그는 필생의 역작을 출간하느라 재산을 탕진하고 빚쟁이가 되었는데 채권자들이 아홉 권의 책을 인쇄한 비용이 해결되기를 기다리는 동안 감옥에서 생을 마감했다.

아홉 권으로 이루어진 『멕시코의 고대 유물Antiquities of Mexico』은 1831년과 1848년 사이에 출판되었다. 전체 비용은 3,500달러였고 당시 책을 찾는 어떠한 구매자도 없었다. 현재 이 책들은 극히 일부 도서관의 대단한 보물들 사이에서 볼 수 있는데 우리가 알고 있는 옛 잉카 문자에 관해서는 독보적이다. 또한 킹스보로는 특히 중요하고 과거 드레스덴에 있었던 고대 마야의 부호에 관한 책을 출간했는데 현재 어디에 있는지 아무도 모른다.

과학적인 아메리카 고고학은 1790년 8월 어느 날 멕시코시티의 배수공들이 길에서 구멍을 파고 있을 때 우연히 탄생했다고 할 수 있다. 90cm쯤 팠을 때 돌이 부딪혔다. 배수공들은 주위 흙을 파내 돌을 꺼내려 했다. 결국 돌을 들어내기까지 땅을 깊이 파는 고된 작업이 이어졌다. 돌은 거대해서 밧줄과 도르래로 들어 올려야 했고 꺼냈을 때 그들은 엄청난 무게에 높이가 2.8m나 되는 조각상을 보았다. 진흙을 긁어내고 물로 씻자 공포감에 숨이 멎을 듯했다. 뱀이 몸을 칭칭 감고 있는 섬뜩하고 야만적인 여신 조각상이었다.

첫 번째 발굴이 보고되었을 때 학자들은 엄청나게 흥분했다. 왜냐하면 그들은 뱀을 감고 있는 여신을 알고 있었기 때문이다. 돌로 된 그녀의 형상은 한때 테노치티틀란에 서 있었다. 이것은 멕시코시티가 아즈텍의 수도 유적 위에 세워졌다는 증거였다. 조각상 발굴 이후 멕시코에서 돌, 금, 은으로 만든 오래전 멸망한 고도 문명의 증거들이 많이 나왔다. 그러나 대부분의 19세기 탐험가들은 여전히 개별적으로 발굴에 몰두했는데 1922년이 돼서야 고고학자들은 체계적인 발굴을 시작했다.

그들은 수천 명이 거주하는 집들과 마천루가 있고 미로 같은 길이 있는 해발 1,800m의 멕시코시티 땅을 파헤쳤다. 그들은 집이 무너지거나 지반이 약해지지 않도록 조심했지만 유물들은 새 집을 짓기 위해 땅을 파거나 새로운 배관이 매설되는 지점에 있었다. 그들은 두더지처럼 도시의 어두운 지하에서 굴을 파면서 아즈텍의 오래된 건축물 기초나 잔해들을 찾아야 했다.

마침내 고고학자들은 테노치티틀란의 거대한 테오칼리 피라미드를 발견했다. 피라미드는 현재의 멕시코시티 중심에 서 있었고 밑변 100×80m에 높이는 31m였다. 서쪽 면 대부분은 4개의 흉벽과 함께 이중 계단으로 구성되어 있었다. 상단에는 사각형의 작은 신전이 2개 있는데 정면에 상당한 넓이의 깨끗한 공간이 있었다. 가장자리에는 2개의 낮은 돌 제단이 있으며 흉벽 아래쪽 끝에는 돌로 만든 왕관을 쓴 깃털 달린 뱀의 머리가 있었다. 피라미드 계단 정면에서 지름 2.5m의 거대한 원통형 티족Tizoc(일곱 번째 왕)의 돌이 발견되었는데 표면에 첫 번째 왕의 정복을 찬양하는 내용이 돋을새김으로 새겨져 있었다.

발굴자들은 지름 4m, 무게 24톤의 커다란 원반 모양의 돌도 발견했다. 돌은 한때 테노치티틀란에 있는 작은 태양의 신전 정면의 주춧돌 위에 서 있었다. 이 돌이 유명한 아즈텍 카렌다석Calendar Stone인데 표면은 모두 얕은 돋을새김으로 덮여 있고 중심에 태양이 있다. 태양신 얼굴, 네 방향의 상징들과 함께 '4개의 산' 기호가 있으며 바깥 둘레에는 20개의 아즈텍 날 이름에 대한 기호들이 있다.

티족의 돌   카렌다석

발굴은 점차 수도 외곽까지 확대되었다. 테오판졸코Teopanzolco와 쿠에르나바카Cuernavaca 피라미드 그리고 화산 분화구 가장자리에 있는 테포스틀란Tepoztlan 신전은 전쟁이나 파괴에 의해 손상되지 않았으며 수많은 장소에서 보다 잘 보존된 건축물들이 발견되었다. 1944년과 1948년 사이에 산타크루즈의 프란체스코 대학 앞마당 아래에서 신전이 발견되었다. 칼릭틀라우아카Calixtlahuaca와 우에소틀라Huexotla에서 둥그런 건물들이 발굴되었고 티자틀란Tizatlan에서 틀락스칼라Tlaxcala의 왕자들의 궁전이 그리고 또한 바위를 깎아 만든 조각과 상부 구조물, 테라스가 있는 신전이 발굴되었다.

기적적인 발견들은 더 이상 야만인이라고 여길 수 없는 인디언 세계에 대해 전체적으로 새로운 그림을 그리게 했다. 건물들은 아즈텍의 생활 방식, 거칠지만 정열적인 활동, 강력한 규율에 의해 통치되는 모습을 반영하고 있었다. 동물 조각상들은 사실적이었지만 발굴에 의해 되살아난 예술은 때때로 소름끼치도록 야만적이었다. 예를 들어, 테노치티틀란의 주 신전 전면에 누워 있는 재규어 조각상과 불구에 곱추인 노인 조각상이 그렇다. 대부분의 돌을새김은 추상적이고 상징적이며 분명히 예술적이고 역동적이지만 결코 자연의 단순한 모방에 그치지 않는다.

테스코코의 계단 난간을 장식한 깃발과 횃불을 든 석상이 발굴되었을 때 그들은 고대의 극소수 작품들과 대등한 예술적 완벽함을 보았다. 로댕(1840~1917, 프랑스 조각가)은 석상 앞에 섰을 때 감동으로 압도되어 비슷하게조차 창조할 수 없을 것이라고 말했다. 석상은 몇십 년 이내에 멕시코의 지배국가가 되겠다는 아즈텍인들의 의지의 표현이었다. 그러나 멕시코에서 발굴이 진행되면서 아즈텍보다 오래된 사람들의 흔적이 더욱 분명해졌다.

테스코코호수 북쪽의 멕시코 고원 중앙에 선인장류와 덤불이 무성하고 아래는 허물어진 돌더미 둔덕으로 둘러싸인 테나유카라 불리는 오래된 언덕이 있다. 1925년 고고학자들은 언덕 아래 무엇이 숨겨져 있는지 찾기 위해 발굴을 시작했다. 3년간의 고생 끝에 그들은 기대하지 않았던 비밀을 밝혀냈다. 거대한 피라미드를 발굴한 것이다.

피라미드의 본래 높이는 19m가 넘었고 밑변은 61m에 51m였다. 2열의 계단이 2개의 신전이 있는 상단까지 이어져 있었다. 계단 아래에서 돌로 된 뱀의 형상이 발굴되었다. 138개의 거대한 터키석 뱀이 주춧돌에서 돌출되어 피라미드 하단을 휘감고 있었다. 뱀은 마치 살아 있는 것처럼 보였다.

그러나 이것은 언덕의 비밀 중 하나일 뿐이었다. 큰 피라미드를 모두 파냈을 때 발굴자들은 두 번째 발견을 했다. 두 번째 큰 피라미드는 은폐물 같은 것에 둘러싸여 세워져 있었다. 그 아래에서 세 번째 피라미드가 나타났고 그 아래에서 네 번째 것이 다시 아래에서 다섯 번째 피라미드가 나타났다. 나중의 더 큰 피라미드가 아래의 작고 오래된 피라미드를 감싸고 있었다. 가장 나중의 그리고 가장 큰 피라미드를 다른 피라미드와 비교해 건축 연대를 추정했는데 스페인인들이 멕시코에 오기 몇 해 전인 1507년이었다.

테나유카의 '덮여 있는 피라미드들'의 건설자는 아즈텍이 아니라 톨텍이 멸망하고 아즈텍 제국 건국 전까지 250년 이상 멕시코 고원을 지배한 치치맥인들이었음이 밝혀졌다. 그들은 오래된 연대기에 언급되어 있지만 온전히 전설로 취급되고 있었다. 연대기 저자들은 이들 피라미드와 다른 피라미드들을 체계적으로 정리하고 비교하여 설명하였다. 다른 피라미드는 멕시코의 시인 페르난도 베니테즈가 『에르난도 코르테스의 흔적Traces of Hernando Cortez』에서 묘사한 촐룰라의 거대한 피라미드였다.

베니테즈에게 촐룰라 피라미드는 상징적으로 자연의 신성한 행위를 표현하는 신비한 작업이었다. 건설자들은 화산을 모방했다. 그들은 작은 신전을 하나 세웠다. 부족의 힘에 대한 첫 번째 표현이었다. 이것은 … 흙으로 덮은 후 신전 옆이 아니라 꼭대기에 세워진 피라미드에 의해 덮였다. 마치 화산 폭발 이후처럼 … 흙과 돌더미들이 새 건축물 위를 덮었다 … 그러자 건축가는 신성한 구역에 새로운 피라미드를 설계했다 … 단순하고 다소 거칠었다. 화산을 형상화한 2개의 띠로 테라스를 장식했다. 세월이 흘러 촐룰라는 아나우악Anahuac의 메카가 되었다 … 무덤을 파헤치는 사람들이 왔고 셀 수 없는 진흙 벽돌로 건물을 덮었다. 다시는 태양을 볼 수 없도록 계단, 테라스와 빛나는 프레스코 벽화들은 조심스럽게 덮어졌다. 이 미라 같은 피라미드 위에 바로크풍의 포포카테페틀Popocatepetl같이 순수하고 측면에 우아한 수많은 계단들이 있는 새로운 피라미드가 세워졌다.

한때 400개의 인디언 신전이 있었으나 350개의 성당이 세워진 촐룰라는 스페인인들에게 파괴된 후 조용하고 작은 시골 마을이 되었다. 거대한 피라미드가 묻혀 있으며 덤불로 덮인 경사진 언덕에는 바로크풍의 레메디오스Remedios의 성모교회가 서 있다.

어느 날 발굴자들이 이곳에 왔고 몇 곳의 경사지를 판 후 아래에 교회보다 더 가치 있는 멕시코 역사의 기념물이 있기 때문에 불행하게도 교회를 철거해야 한다고 했다. 소식이 알려지자 촐룰라의 농부들은 낙담했다. 신부들 또한 사악한 계획에 충격을 받아 발굴자들이 교회 파괴에 대한 허가를 받지 못하도록 하는 데 성공하였다. 베니테즈는 이것을 두고 '수 세기 동안 타올랐던 인디언과 스페인 신들 사이의 알려진 싸움이 피라미드의 발견과 부활이라는 새로운 단계에 접어들었다'라고 썼다. '인디언 후예들은 성당이 파괴될지 모른다는 공포감에 고고학 발굴지의 경비원들을 향해 총을 쐈다….'

실망한 발굴자들은 성당 밑으로 여러 개의 터널을 판 후 연결하여 갱도를 만들었다. 현재 교회 아래 산을 교차하는 6.5km 길이의 연결된 갱도들이 있다. 힘들고 지루한 굴파기로 어도비Adobe(짚을 섞은 점토) 벽돌로 만든 거대한 크기의 완전한 옛 피라미드가 드러났다. 이집트인들은 어도비 벽돌을 만든 후 굽지 않고 햇빛으로 말렸는데 나일강 진흙으로 만들어 나일 벽돌이라고 불렀다. 이 어도비 벽돌 위에 촐룰라 피라미드가 건설되었다.

촐룰라의 타는 듯한 태양 아래에서 터널의 시원함과 고요 속으로 내려가는 것은 놀라운 경험이다. 거의 끝이 없는 터널은 현재 수천 개의 등이 밝히고 있다. 그리고 그 위로 백인 신의 영광을 위해 세워진 거대한 피라미드의 흙더미들이 있다.

페루에서도 흥미로운 발견이 있었는데 발굴자 중 한 명인 하이럼 빙엄

Hiram Bingham은 '믿음의 도시'인 비트코스(또는 마추픽추)를 발견했다. 이전 수년 동안 스페인인들은 코르디예라의 크레바스(빙하 속의 깊이 갈라진 틈)를 찾아 광대한 지역을 헤맸지만 비트코스를 발견하지 못했었다. 다음 세기에도 여러 사람들이 수없이 안데스를 탐험했지만 모두 실패했다.

그 후 1911년 하이럼 빙엄을 포함한 한 무리의 탐험가들이 타는 듯한 더위 속에서 안데스산맥의 외진 골짜기를 통과하고 있었다. 그들은 수 주일 이상 여행을 했고 잃어버린 도시를 찾으려는 희망을 거의 포기하고 있었다.

어느 날 일행 중 일부가 우루밤바 계곡으로 수영하러 갔을 때 빙엄은 인디언 한 명과 덤불과 나무들로 무성한 가파른 길을 따라가기 시작했다. 그들은 헐떡거리고 땀을 흘리며 마체테(가지치기용 큰 칼)로 조금씩 길을 만들어 갔다. 고개는 골짜기보다 600m 높은 해발 2,440m였다. 꼭대기 근처 봉우리를 감싸고 있는 안개구름 속에서 두터운 덤불 아래 숨겨진 벽을 내리치는 순간 빙엄은 푹푹 찌는 더위를 잊었다. 정글 바깥으로 더 많은 벽과 계단들이 나타난 것이다.

그는 계속 올라가서 거대한 기초 위에 세워진 커다란 바위 조각들과 유적이 흐트러진 광경을 보았다. 2개의 신전이 있었는데 둘 다 한쪽이 개방되어 있었다. 반대편은 3~4m 높이의 벽이었다. 벽들은 안쪽에 사다리꼴 모양의 벽감(등잔이나 조각품 등을 세워두려고 벽을 둥글게 파낸 공간)이 있었는데 그곳에서 야자수가 자라고 있었다. 돌들은 차곡차곡 쌓여 있고 틈새는 거의 보이지 않았으며 어느 높은 벽에는 특별히 잘 만든 창문이 3개 있었다.

첫 번째 잉카 망코는 잉카의 생가에 3개의 커다란 창문이 있는 벽이 있다고 했다. 이곳이 스페인인들이 페루를 정복한 이후 마지막 잉카와 함께 왕조가 사라진 곳일까? 3개의 창문이 있는 이 집에서 잉카가 탄생했을까?

3,000개의 계단이 커다란 테라스(경기장의 관람석 같은) 형태로 솟은 벽 위의 거대한 건물 단지로 이어졌다. 상단에는 절벽을 향해 있으며 눈금이 있는 제단의 집, 바위를 조각해 만든 첨탑, 하늘을 가리키는 손가락 모양의 태양을 측정하는 돌이 하나 서 있다. 테라스에서 다음 테라스로 송수관이 이어지고 신분이 낮은 사람들의 주거지 사이에 2층짜리 건물이 있었다. 폐허 옆에는 가파른 바위 절벽이 있었고, 반대편도 주변 협곡으로 가파르게 깎여 있었다. 안데스산맥에서 빙엄이 발견한 '믿음의 도시'는 어떤 전설보다 환상적이었다.

최초의 큰 발견 이후 땅속에 중요한 보물들이 묻혀 있다고 믿게 되었다. 발견은 연대기들의 설명을 확신시켰고 거의 한 세기 동안 신세계에는 아즈텍과 잉카라는 고도의 두 문명만 있었다는 잘못된 생각이 지배했다. 다른 사라진 문명들의 이야기는 단지 전설로 여겼다.

그러나 이후 역사적으로 아즈텍 문명은 존속기간이 짧았고 주요 문명도 아니었으며 거대한 건축물과 신전, 궁전 잔재들 등 여전히 증명해야 하는 보다 이른 문명들의 수많은 증거들이 있었다. 연대기 저자들조차 알지 못했던 더 오래된 문명도 있었다. 그리고 새로운 발견은 백인 신의 미스터리를 증명했다.

제 3 부

백인 신의 문명

8. 마야 제국 · · · · · · · · · · · · · · · · · 98
9. 툴라와 치첸이차 · · · · · · · · · · · 129
10. 멕시코의 다른 고대인들 · · · · · 151
11. 올멕과 그들의 발명품 · · · · · · · 166
12. 페루 평원의 고대인들 · · · · · · · 181
13. 티아우아나코의 거대한 도시 · · 201
14. 차빈 문명과 고대 신들 · · · · · · 237
15. 금세공인 · · · · · · · · · · · · · · · · 248
16. 아메리카의 첫 번째 사람들 · · 262

08
마야 제국

멕시코 정복 이후 코르테스는 국경을 만들고 전리품인 황금과 여자들을 배분하고 총독처럼 나라를 지배하며 호화스런 생활을 했다. 그러나 곧 현재의 온두라스로 탐사를 나섰는데 식민지를 세우라고 보낸 대위 크리스토발 데 올리드Christoval de Olid(1487~1524)가 반기를 들었기 때문이었다. 올리드를 굴복시킨 후 그가 자리를 비운 동안 멕시코의 실정과 무정부 상태를 알고 1년 후 돌아왔다.

온두라스 탐사는 극도의 험한 곳으로 그를 이끌었으며 병사들은 또 한 번 극한의 고통에 시달렸다. 그는 '돌출한 나뭇잎들이 깊은 그늘을 만들어 병사들은 어디를 디뎌야 할지 볼 수 없었다'라고 썼다. 그리고 부하 한 명이 유카탄의 처녀림에 관해 보고했다. '이런 기후는 남자의 힘을 고갈시키고 첫 출산하는 여자들을 죽입니다. 수소는 살이 빠지고 암소는 우유가 나오지 않으며 암탉은 달걀을 낳지 못합니다.'

유카탄반도를 가로지르고 과테말라와 온두라스의 정글을 통과한 그들은 고대 사람들의 흔적과 마주쳤다. 그들이 지나왔던 어떤 곳보다 어느 정도 또는 어떤 종류의 문명도 존재할 수 있다고 생각하기 어려운 가장 야생적인 지역이었다. 특히 거주자들이 다른 멕시코 사람들보다 문명화되어 있지 않았다. 연대기 저자들이 아즈텍 제국보다 1,000년이나 오래되었고 1,500년 이상 지속하였으며 100만 명의 인구가 살았던 거대한 제국의 비참한 잔재라고 주장했을 때 사람들은 믿지 않았다. 비록 코르테스와 병사들이 보고 들었던 설명에 기반을 두었지만 연대기 저자들의 설명은 진실이라기에는 너무 터무니없어 보였다.

1785년, 말을 탄 포병 대위 안토니오 델 리오Antonio del Rio(1745~1789)의 지휘 아래 스페인 용병 부대가 북을 치고 나팔을 불며 치아파스Chiapas 정글을 난도질했다. 델 리오 대위는 완전히 알려지지 않았던 팔렌케의 유적을 발굴하고 조사하라는 명령을 받았다. 칼데론Calderon이 몇 년 앞서 도시 유적을 발견했지만 그의 설명은 거의 주목을 끌지 못했다.

여러 날 후 델 리오와 병사들은 탈진하고 모기에 물리면서 마침내 유적을 발견했지만 뒤엉킨 나무들과 정글 식물에 완전히 포위되어 한동안 조사가 불가능했다. 병사들이 거대한 나무에 구멍을 뚫고 화약을 채워 처녀림을 폭파하였다. 델 리오는 정보와 스케치 그리고 정글에서 발견한 몇 가지를 갖고 돌아왔고 그것들은 이전에 탐험가이고 용병이었던 장 프레데릭 발덱Jean Frederik Waldeck(1766?~1875)의 손에 들어갔다. 나폴레옹이 이집트 피라미드 옆에서 병사들을 내려다보며 유명한 연설을 할 때 발덱은 그곳에 있었다. 나폴레옹 몰락 이후 발덱은 괴짜인 코크레인Cochrane(1775~1860) 경에게 갔고 그의 지휘 아래 칠레의 독립을 위해 싸웠다.

그는 66세에 유카탄으로 가서 다시 고고학을 시작했다. 그는 그림 그리는 재능을 자랑스러워했는데 팔렌케에서 능력을 발휘할 기회를 얻었다. 그는 2년간 머물렀고 나중에 옛 건축물, 석비, 부조들의 청사진과 그림들

→ 캄보디아의 반기둥이 있는
  건물의 정면

↓ 슬라팍(Xlapac)의 마야 신전.
마야의 건축물에서 종종 동남아시아의
건물 형태가 발견되고 세부적인 것까지
완전히 동일하다.

↓ 이집트 사카라의 계단 피라미드는
  인디언 왕국 어디에서나 발견된다.

을 출간했다. 그는 당시의 신고전주의 스타일로 석비를 그렸는데 너무 많은 부분을 왜곡하여 실제 특성이 거의 남아 있지 않았다. 따라서 1875년 그가 죽은 후 남은 산더미 같은 그림들은 자연스럽게 마야 예술의 위조품이 되었다. 팔렌케의 18개 신전과 20개 건축물, 돌로 된 제단·신전과 함께 흙 속에 묻힌 커다란 방은 현대 고고학 시대가 오기 전까지 제대로 재발견되지 않았다.

오늘날 경이로운 신전들이 나무 꼭대기 위로 솟아 있는데 정글은 신전들을 보호하는 벽처럼 느껴진다. 팔렌케는 거대한 숲 중앙에 있는 커다란 섬이다. 650년, 거대한 신전과 피라미드가 이곳에 세워졌을 때 모하메드가 죽었고 아랍인들은 북아프리카와 중동을 지나며 승리의 진군을 시작했다. 알프스 북쪽 유럽에는 마야의 건축물이나 돌을새김과 조금이라도 비교할 수 있는 것조차 없었다.

1830년대 발덱이 『유카탄 지방의 그림과 고고학 여행Voyage pittoresque et archeologique de la province de Yucatan pendant 1834~36』을 출간하기 바로 전, 갈린도Garlindo(1802~1840) 대령이 과테말라의 작은 주 정부로부터 나라의 상황에 대한 보고서를 써달라는 의뢰를 받았다. 그는 1700년경 연대기 저자의 기록을 기억해 냈다. 저자는 코판강과 같은 이름의 마을 가까이 있으며 인디언들이 직접 보았다고 주장하는 유카탄 정글에 있는 엄청난 유적지에 관한 이야기를 했다.

과테말라 주재 미국 영사 존 로이드 스티븐스John Lloyd Stephens(1805~1852)라는 젊은이가 보고서를 읽었다. 그는 고대 세계에 대한 열정이 가득하여 근동과 중동을 광범위하게 여행한 경험을 두 권의 책으로 출간하기도 했다. 그는 유적지에 대한 설명이 어느 정도 진실인지 직접 확인하기로 했

카바(Kabah)에 있는 마야 신전은 (아시아) 인도 신전의 웅장함을 연상시킨다.

다. 1839년, 이집트 문명 학자이며 화가인 캐더우드Catherwood(1799~1854)와 몇몇 인디언들을 대동하고 탐사를 시작했다. 그들은 말을 타고 정글과 늪지를 통과했으며 길은 언제나 주위를 윙윙거리는 수많은 모기떼와 가시나무, 덩굴나무들로 막혔다. 축축한 열기에 억눌리고 갈증에 시달렸으며 진흙에 발이 잠기고 손과 얼굴은 부어올랐지만 코판Copan 마을이 있을 것으로 추정하는 곳을 향하여 차근차근 나아갔다. 이토록 살인적인 곳에 한때 번성했던 문명이 있었다는 사실이 믿기 어려웠다.

그들은 몇 개의 보잘것없는 인디언 오두막이 있는 작은 마을을 발견했다. 스티븐스가 거대한 유적지에 관해 물었을 때 가장 나이 많은 인디언은 멍하니 고개를 내저었고 마을 근처 정글을 탐험했던 진취적인 두 젊은이는 유적지 흔적을 본 적이 없다고 했다. 그러나 스티븐스는 단념하지 않았다. 그와 동료들은 마을을 떠나 정글로 말을 몰았다.

그들이 마을을 떠나 얼마 못 갔을 때 엉켜 있는 나뭇잎들 사이로 반짝이는 커다란 돌을 보았다. 마체테를 휘두르며 길을 만들자 돌이 모습을 드러냈다. 장식으로 뒤덮인 높고 납작한 돌이었는데 온갖 초목과 덩굴 때문에 정글의 한 부분처럼 보였다. 중앙에는 사람 형상이 거의 둥글게 조각되어 있었다.

그들은 있는 힘을 다해 계속 정글 속으로 들어가 두 번째, 세 번째, 네 번째 돌을 발견했다. 그들은 같은 종류의 장식이 있는 14개의 돌을 발견했는데 스티븐스는 이집트의 어떤 유물보다 뛰어나다고 했다. 거대한 돌들은 수 m 높이였고 나무가 자라면서 돌을 들어 올려 어떤 경우는 돌이 나무 뿌리에 매달려 있었다. 그들은 나무를 베어 주위를 깨끗하게 만들었다.

갑자기 한 혼혈인이 마을에서 달려왔다. 그는 "이봐요, 여기는 내 땅이고 당신들이 망가트렸어요"라고 소리쳤다. 그는 제시한 서류를 거칠게 가리킨 후 쫓아가며 격렬하게 항의했다.

결국 스티븐스는 진흙이 잔뜩 묻은 장화와 깃이나 타이도 없는 더러운 셔츠 위에 미국 영사 예복을 갖추어 입어야 했다. 그는 외교관다운 품위 있는 자세로 돈 호세 마리아라는 혼혈인에게서 서류를 받은 후 영사 증명서를 보여주었다. 빛나는 영사 예복에 깊은 인상을 받은 돈 호세 마리아는 50달러에 숲을 팔라는 스티븐스의 제안을 받아들였다. 그는 돈을 손에 넣자 춤을 추며 소리쳤다. "이 미국인이 정글의 일부를 사기 위해 나에게 50달러나 지불했는데 미친 게 틀림없다." 그리고 나서 코판 마을 사람들이 미친 이방인을 보기 위해 도착했고 협상을 축하하는 건배를 했다.

마을 사람들은 스티븐스가 왜 그들과 똑같이 기뻐했는지 알 수 없었다. 스티븐스는 단돈 50달러에 누구도 알지 못하는 신세계를 손에 넣었다. 그는 계속 정글을 뚫고 들어가 계단과 벽을 발견했으며 마체테로 주위 초목을 잘라낸 후 피라미드와 마주했다. 그가 뜨겁고 습한 대지 위에 세워진 31m 높이의 커다란 피라미드 상단에 올랐을 때 어떤 나무보다 높은 곳에 서 있었다.

아래 있던 캐더우드는 본 것을 도화지에 그리려고 했다. 그는 경험 있는 예술가였지만 처음에는 낯선 형태와 장식, 특이한 생김새를 제대로 그릴 수 없었다. 단 몇 번의 시도만에 이젤(그림 그릴 때 그림판을 놓는 틀)의 종이를 찢어 땅바닥에 던지기를 반복하였다. 그러나 며칠 만에 고대문명의 석비와 옛 건축물 유적에 대한 최초의 놀라운 묘사들을 그렸다.

스티븐스는 여기서 더 이상 발굴하지 않고 말을 몰아 과테말라, 치아파스와 유카탄으로 가서 더 많은 마야문명 증거들과 마주했다. 증거들은 발덱의 보고서 내용이 대부분 사실임을 확인시켜 주었다. 1842년 캐더우드의 그림이 실린 스티븐스의 책이 출간되어 세계적인 관심을 불러일으키자 정글에서 더 많은 마야의 경이로운 예술품들이 발견되기 시작했다.

미래의 고고학자들은 짧은 생을 살다 죽은 막시밀리안(1832~1867) 황제와 멕시코에서 태어난 독일인 테오베르트 말러Teobert Maler(1842~1917)에게 많은 빚을 지고 있다. 말러는 수년간 단 한 명의 인디언만 대동하고 유카탄 정글을 헤매며 발견할 수 있는 모든 것을 수집하여 방대한 양의 사진을 남겼다. 그러는 사이 스페인인들이 정복했던 때로 즉시 돌아갈 수 있는 새로운 자료들이 다시 발견되었다.

불꽃이 마야를 밝힐 수 있는 고문서들을 삼킬 때 광적인 젊은 사제가 화형대 옆에서 인디언들에게 더 많은 고문서들을 가져오라고 사납게 다그쳤다. 사제의 이름은 디에고 데 란다인데 나중에 유카탄의 주교가 되었다. 그는 나이 들어 이전의 파괴에 대한 열정을 몹시 후회했고 인디언 문명에 관한 작은 것이라도 보존하도록 돕는 것으로 속죄하기도 했다. 그는 남아 있는 인디언들의 오래된 기호를 조사했으며 날과 달에 대한 수많은 기호들과 마야 문자를 설명했다. 연구실에서 밤마다 기호들을 베끼며 그가 할 수 있는 설명들을 달았다.

그는 지도층 마야인들에게 작업을 도와달라고 요청했고 심지어 친구로 만들었는데 특히 주요 부족의 추장이었던 코콤Cocom은 교양 있고 지적이며 매우 명망 있는 인물이었다. 두 사람은 주교 연구실에서 파괴에서 살아남은 몇 권의 책들을 열심히 읽었으며 코콤은 스페인어 실력을 총동원하여 고대 구전들을 설명했다.

마야의 고위 사제 아들은 인디언의 역사와 문명에 관한 더 많은 정보를 주었고 주교는 이것들을 바탕으로 『유카탄에서 사물의 관계Relacion de las cosas de Yucatan』를 편찬했다. 그는 또한 마야어의 철자들을 그렸으나 언어적 장애에서 오는 착오 때문에 도움보다는 더 많은 수수께끼를 남겼다. 인디언들은 스페인어를 조금밖에 못 했고 주교는 그들의 언어를 전혀 알지 못했는데 오히려 그것이 주교가 인디언들이 사용했던 날과 달의 상징들을 모으고 주석을 달도록 작용했다. 그의 작업이 없었다면 우리는 여전히 마야 상징들의 의미를 알 수 없으며 마야 건축물들의 날짜를 알 수 없었을 것이다. 그의 원고는 300년 동안 사라졌다 우연히 다시 발견되었다.

19세기 중반 에티엔 브라쉐르 데 뷔르부르Etienne Brasseur de Bourbourg(프랑스, 1814~1874)라는 젊은이가 스페인 식민청에서 일한 후에 과테말라의 인디언 마을에서 사제와 선생이 되었다. 마드리드로 돌아온 그는 어느 날 도서관에서 책 한 권을 집어들고 책장을 넘기다 매우 흥미를 끄는 수많은 낱장 사진들을 접했다. 그는 책을 반납했지만 낱장 사진들은 반납하지 않았다. 사진들은 데 란다 주교 원고의 복사본으로 판명되었고 마야 문자의 비밀을 푸는 열쇠가 되었다.

데 뷔르부르는 언제나 자료들을 찾았으며 가끔 행운이 따르기도 했다. 예를 들어 옛 책들이 한 무더기씩 무게로 팔리는 어느 멕시코 시장에서 아직까지는 가장 포괄적이며 오늘날 우리가 알고 있는 마야-스페인어 사전을 불과 4페소(멕시코의 공식 화폐)에 사기도 했다. 그는 데 란다의 작업을 이야기하고 마야 문자를 설명했다. 그러나 단지 몇몇 전문가만 이 이야기를 읽었고 누구도 이것에 관해 듣지 못했다. 왜냐하면 위대한 발견의 시기는 끝났다고 생각했기 때문이었다. 사실 1850~1880년 사이에 신세계에서 주목할 만한 어떤 것도 발견되지 않았으며 오랫동안 마야에 관한 책도 출간

마야의 알파벳이 있는
데 란다의 원고

되지 않았다.

다시 관심이 고조된 것은 전적으로 중앙아메리카에 관한 모든 이야기를 읽은 영국 학자 알프레드 모즐리Alfred Maudslay(1850~1931) 덕분이다. 그는 정글에서의 작업과 건축물, 신전, 궁전들을 묘사한 존 스티븐스의 여행기에 매료되었으며 사실이었기에 너무 환상적으로 보였다. 비록 스티븐스가 책에 캐더우드의 그림을 넣었지만 고대 인디언 도시들에서 어떤 발견물도 가져오지는 않았다. 모즐리에게 그림들은 직접적인 증거가 아니었으므로 스스로 진실을 찾기로 결심했다. 그는 스티븐스의 경로를 따라 중앙아메리카를 탐사하며 스티븐스의 묘사가 과장이 아님을 알게 되었다.

유물의 웅장함에 매료되어 탐험가가 된 모즐리는 과학적 고고학이 걸음마 단계일 때 두 번째 중앙아메리카를 방문하여 새롭고 전례 없는 프로젝트를 계획했다.

인디언들이 오늘날 백인 신 쿠쿨칸의 피라미드라고 부르는 욱스말의 '마술사의 집'.
이것은 마야 왕들의 매장지였다.

대단히 특이한 기둥이 정글에 보존되어 있었다. 일부는 가득 찬 마대를 짊어지고 나머지는 오래된 신문 꾸러미를 끄는 100여 명의 인디언들이 그를 따랐다. 수 세기 전 스페인인들은 다른 길로 인디언 도시에서 해안으로 왔으며 금을 짊어졌었다. 모즐리의 마대에 금은 없었지만 많은 양의 회반죽이 있었으며 모형을 뜨기 위한 오래된 신문지가 담겨 있었다. 발견물들은 엄청났으며 모형을 뜨고 회반죽을 채워 모두 마대에 담았다. 인디언들은 나뭇가지로 임시 들것을 만들어 고대문명의 크고 무거운 파편들을 어깨에 메고 운반했다.

모즐리는 다섯 번 더 정글에 갔는데 1881년부터 1894년까지 14년 동안 모두 일곱 번 중앙아메리카에 있었다. 그는 엄청난 성과를 인정받아 기사 작위를 받았으며 영국에 고고학 열풍을 불러일으켰다. 정글로 향한 그의

내쌓기 아치(False Arch) 원리에 따른 구세계의 아치형 구조물.
델로스(좌)와 몬테알반(우)

황금 장신구가 발견된 오악사카 몬테알반의 7번 무덤

티린스의 장벽

탐험은 공적이든 사적이든 많은 재정적 지원을 받았다. 현재 대영박물관에 유카탄반도에서의 고고학적 발견과 문서들이 있는 유명한 모즐리 전시관이 있는데 한 사람이 유럽에 들여온 외국 문명의 유물에 관한 가장 종합적인 컬렉션이다. 모즐리는 또한 세기의 전환기에 『중앙아메리카의 생물학Biologia Centralii Amercani』이라는 네 권의 해설서를 썼다.

학자들은 이 모든 자료들에 달려들었다. 이제 그들은 고대문명을 연구할 수 있게 되었다. 그러나 곧 당황스런 문제에 직면했다. 모든 장식 문양과 돋을새김 또는 조각상, 신전 상단 장식 띠에 무질서하게 상징들이 덮고 있었다. 사람과 동물의 얼굴들, 이상한 문양, 비틀어진 얼굴과 악마들이 자주 반복되었다. 그리고 나서 전체적으로 다른 상징들이 나오는데 이전 것들과 전혀 연관성이 없고 분명 어떠한 체계도 없어 보였다.

그 후 누군가 데 뷔르부르의 작업을 발견했고 마야의 달과 날의 상징에 대한 란다 주교의 오래된 그림에 주목했다. 마침내 학자들이 이 자료들을 연구했을 때 상징들이 신전에 있는 모든 조각상 그리고 기괴한 모양의 장식들과 일치하는 것을 발견했다. 미스터리가 풀렸다. 모든 장식과 벽화(프레스코)뿐 아니라 모든 계단과 난간에 날짜들이 있었다. 계단의 수, 높이, 방향들은 수학적 개념으로 날짜를 가리켰다.

예를 들어 치첸이차에 있는 백인 신 쿠쿨칸 신전은 25m 높이에 이르는 9개의 계단으로 세워졌고 4개의 계단은 모두 합쳐 365개이다. 따라서 신전은 9개의 하늘과 1년의 날에 대한 상징적 표현이었다. 장식들이 열 번씩 또는 그 이상 반복될 때, 계단이 75개로 구성될 때, 피라미드가 어떤 높이에 이르렀을 때 그것은 우연이 아니라 수학적 표현이었다. 마야의 모든 예술은 문자 그대로 돌로 표현된 수학이었다. 사제들에게 과학으로서 수학은 전적으로 달력 숭배에 대한 의식이었다.

마야는 달력이 요구할 때마다 건물을 세웠다. 그들은 52년마다 아래의 돌을 움직이지 않고 옛 건물들 둘레에 새로운 돌 덮개를 놓았다. 달력 덮개는 수백 년 전을 추적할 수 있으며 사제들은 매번 새롭고 더 크게 지을 수 있도록 수백 년 동안 사람들에게 무자비한 노동을 강요할 정도로 연대기에 사로잡혀 있었다.

마야 달력 연구는 현재진행형으로 260일의 '의식력Ceremonial Year'과 365일의 태양력(약 365¼일)을 계산하는 복잡한 체계이다. 태양력은 20일 단위의 18개 달로 구성되었으며 많든 적든 '남는 날'은 공휴일이었다. 365와 260의 최소공배수로 52년의 신성한 주기가 만들어지고 다른 중앙아메리카인들에게 차용되어 아즈텍 연대표의 핵심이 되었다.

뛰어난 천문가였던 아즈텍 사제들은 52년 주기가 끝났을 때 특별히 주의하여 별들을 관측했다. 주기 마지막 날 밤 플레이아데스 별자리가 가장 높은 지점에 이르면 제의 희생자들 몸에 불을 붙였다. 이것은 혜성과 유성이 임박한 재앙을 예고하는 시간에 적도상의 12궁도(Zodiac)가 특정 위치에서 보일 때 행하는 '뉴 파이어New Fire' 의식이었다. 주기 끝에는 많은 불길한 전조들이 있었는데 공교롭게도 스페인인들의 도착과 일치했다.

오래된 연대기에 따르면 한 주기 끝에는 풍요를 기리는 축제도 있었다. 분명히 모든 아즈텍인들은 손 위에 토기들을 잔뜩 쌓아올린 후 박살 내며 감정을 발산하는 시간을 가졌을 텐데 왜냐하면 그럴 수 있는 기회가 흔치 않기 때문이었다. 다행히 모든 토기들을 산산조각 내지는 않고 일상에 필요한 것들은 일부 남겨놓았다. 발굴자들이 조각난 토기들의 언덕(잡동사니 더미)을 발견했을 때 작은 파편과 부서진 조각들뿐 아니라 접시와 그릇, 항아리를 원래 모양으로 맞출 수 있는 커다란 파편들도 있었다.

모즐리에 의해 영국에서 부활한 고고학적 관심은 미국에서도 왕성했다. 큰 박물관과 과학협회는 마야의 흔적을 추적하기로 결정했다. 1892년과 1915년 사이 하버드대학에 있는 피바디 고고학박물관은 한때 마야가 있었던 지역에 대한 20회의 탐사를 지원했다. 1951년부터 1958년까지 워싱턴에 있는 카네기 연구소는 우악사툰, 치첸이차, 카미날후유 그리고 마야판Mayapan(유카탄반도 북부의 마야문명 유적)에서의 발굴에 자금을 지원했다. 고고학자들은 유적지를 나누고 할당하여 땅을 팠다. 그리고 문질러 벗겨내고 측정하고 기록하였으며 지리학자, 화학자, 도안사, 사진사들과 의견을 교환하며 고대 마야문명의 완전한 그림을 얻을 때까지 자료들을 수집하고 분류하며 작은 조각들을 하나하나 맞추었다.

스티븐스와 캐더우드는 코판을 발견했다. 유적은 코판강 위 40m 높이에 있다. 49,000㎡ 면적에 피라미드, 도로, 신전, 커다란 광장과 정원이 있으며 오른쪽은 아래로 강이 흐르는 가파른 경사면이었다. 하나의 정원에서 올라가는 계단은 10m 폭에 62개의 계단이 있었다. 각 계단 정면에 돋을새김이 있고 한 계단에는 1,500~2,000개 정도의 마야 상형문자가 있었다.

발굴자들은 한 도시에서 26개의 신전과 12개의 커다란 석비를 발견했는데 정글에는 거의 100개 가까운 마야 도시들이 있었다. 10개는 435년에서 534년 사이에 세워졌고 다른 10개는 534년에서 633년 사이에 세워졌으며 14개 이상이 633년에서 731년 사이에 세워졌다. 도시들 중 12개가 복원되었다. 도시들을 탐사하여 발굴하고 유적을 조사하는 힘든 과정이 이어졌다. 도시 중 툴룸은 1916년 고고학자들이 도착했을 때 거의 온전한 상태였다. 건물 대부분이 여전히 서 있었고 보수를 마쳤을 때 고고학자들은 깊은 인상을 받았다.

고고학자들은 특별히 툴룸에 관심이 있었는데 왜냐하면 코르테스가 멕시코를 발견하기 15년 전 한 백인이 노예로 살았기 때문이다. 1511년, 스페인인 제로니모 아길라르Geronimo Aguilar는 2명의 여자, 일부 선원과 함께 유카탄 해안에 좌초했다. 이들 중 일부는 굶주림과 고열로 곧 죽었고 남은 사람들은 마야인들에게 잡혔다. 아길라르는 인디언들이 신에게 그의 일행 중 5명을 희생제의하는 것을 보았다. 그들은 몸에서 심장을 꺼내 엄숙하게 먹었다. 인디언들은 말라 보이는 그를 살찌우기 위해 우리에 가뒀다. 그는 탈출에 성공했지만 다른 마야 부족에게 잡혀 노예가 되어 부족의 생활 방식에 적응했지만 스페인인들이 왔을 때 마을에서 도망쳐 코르테스의 통역자가 되었다. 아길라르에 의해 알려진 것들은 마야에 관한 것이었다! 그는 스페인 대학에서 신학을 공부한 가톨릭 사제였지만 불행하게 아무 기록도 남기지 않았다.

고고학자들이 고대 마야 도시에서 반복적으로 마주쳤던 석비 또는 조각된 기둥은 특별한 종류의 예술품이었다. 얕은 돋을새김을 한 단순한 모양부터 거의 조각상처럼 장식으로 조각된 석비까지 수백 개의 석비가 발견되었다. 서양 문명이 석비의 문명인 것처럼 마야는 석비의 사람들이었다. 우리의 석비는 공동묘지의 묘비석들이다! 우리는 이것들을 그리스에서 차용했고 석비는 돌이나 특히 묘비석을 뜻하는 그리스어이다.

우리는 메소포타미아부터 나일강을 지나 그리스에 이르기까지 문명 곳곳에서 석비의 과거를 추적할 수 있다. 이집트 왕 베네푸스-에조예티스Venephes-Ezoyetis의 송골매 석비는 5,000년이나 되었다. 그러나 이 오래된 석비는 묘비석이 아니다. 석비의 목적은 함무라비 법전 석비나 나일강의 로제타스톤 그리고 십계명 석판처럼 큰 사건, 법, 왕의 목록, 승전을 기록하는 것이었다.

마야의 석비도 같은 목적이었는데 현재와 미래 세대에게 큰 사건들과 특히 달력 축제를 기록으로 남기는 것이었다. 마야 옆의 다른 중앙아메리카 사람들도 이 돌들을 알고 있었다. 이 지역에서 가장 오래전 사람들인 올멕인들은 이미 공예의 장인들이었다. 마치 로마는 그리스에서, 그리스는 이집트에서, 이집트는 메소포타미아에서 석비를 가져온 것처럼 신세계에서도 석비는 사람에게서 다른 사람에게 전해졌다. 수천 년 동안 모든 문명은 분명히 이런 과정을 밟았다. 유일하게 알 수 없는 것이 구세계에서 신세계로 석비가 전해진 경로이다.

마야 도시 중 우선 발굴해야 할 곳은 최초의 마야 천문대가 발견되었고 역시 가장 오래된 마야의 프레스코화가 발견된 우악사툰이다. 미국 고고학자 윌리엄 리켓슨 주니어William Ricketson Jr.는 12년 동안 카네기 연구소 후원으로 우악사툰의 땅을 팠다. 돌 잔해들 언덕에서 12개 이상의 신전이 드러났다. 발굴자들이 조사하고 측량했는데 정확하게 모두 똑같았다.

어느 날 리켓슨은 자주 그랬듯이 신전 중심부를 걷다 발굴 계획에 따라 'E Ⅶ'라고 표시한 피라미드 정면에서 멈췄다. 이때 벽의 틈 사이로 하얗게 빛나는 무언가를 보았다. 그는 틈으로 지팡이를 밀어넣어 하얀 분말의 일부를 긁어낸 후 분말을 분석하게 했는데 분명 치장벽토(Stucco)라는 말을 들었다.

그는 현대 고고학자였지만 밑에 무엇이 있는지 찾으려고 오래된 피라미드를 허무는 비상식적인 결정을 했다는 것이 놀랍다. 아무튼 그 과정에서 그는 마야문명에 대한 상당한 지식을 얻었다. 허물어진 피라미드에서 나타난 것은 이전 발견과는 확연히 다르며 이미 발견된 어떤 건축물보다 완벽한 상태의 작은 신전이었다. 발굴자들은 넓지만 낮은 상단에 모든 옆면과 계단이 치장벽토로 덮인 눈처럼 하얀 작은 피라미드를 보았다.

건축물과 예술품은 초기 마야문명임를 시사한다. 사람이 어설프게 조각되었고 해부학적으로 불가능한 자세에 거칠고 활기가 없다. 머리는 모두 옆모습이고 몸과 팔은 정면이지만 다리와 발은 다시 옆면으로 왼발 발가락이 오른발 뒤꿈치에 닿아 있다(고대 이집트 벽화의 사람 모습과 같다). 솜씨는 돌을 다루기 시작한 초기였으며 원시적인 가공 시도가 있었음을 보여준다. 따라서 이것은 보다 발전한 치장벽토를 다루는 것과 대비된다.

치장벽토 사용은 매우 낯선 발견이다. 치장벽토는 건축물에 사용할 수 있는 가공되지 않은 '자연의' 원료가 아니라 2개의 '발명'에 기초한 인공적 생산물이다. 우리는 이것을 모래와 석회를 섞은 회반죽(mortar)이라고 부르는데 혼합물을 만들기 위해 두 가지를 알아야 한다. 우선 어떻게 석회암을 가열하여 석회를 얻는지 그리고 공기에 노출된 상태에서 어떻게 석회와 모래를 섞어 단단한 혼합물을 만드는지 알아야 한다. 이런 과정은 구세계의 고대문명처럼 초기 마야부터 이미 친숙했다.

우악사툰과 매우 가까운 곳에 티칼이 있었다. 고고학자들은 나무와 식물들을 불태우거나 베어내 정글에 길을 만든 후 돌더미의 거대한 언덕과 지금까지 볼 수 없었던 가장 가파른 피라미드 5개를 포함한 엄청난 건축물들과 마주했다. 밑단은 작았으나 환상적으로 크게 보였다. 가장 큰 것은 높이가 71m였는데 25층 건물과 비슷한 높이였다. 가장 꼭대기에 신전이 있는데 정글 위로 솟아 있었다. 바로 앞에서 보면 사다리 같은 계단이 현기증이 날 정도의 높이까지 이어졌다(비슷한 높고 좁은 피라미드가 앙코르와트에서 발견되었다).

마야 예술은 약스칠, 팔렌케 그리고 피에드라스 네그라스Piedras Negras에서 정점에 도달했다. 이 도시들은 구세계에서 카를 마르텔(프랑크 왕국)의 카롤링거 왕조 시기 그리고 무슬림이 스페인을 정복했던 시기인 692년에서 726년 사이에 번성했다. 마야 조각상 중 가장 잘 만든 돌기둥 문과 함께 4개의 거대한 피라미드가 땅 밑에 있었다. 피에드라스 네그라스에서 발견된 아이보리색 사암의 커다란 돋을새김 벽화는 놀랄 만한 아름다움과 조화, 균형 그리고 뛰어난 손재주를 보여준다. 아마도 우리가 알고 있는 가장 완벽한 마야 예술품일 것이다.

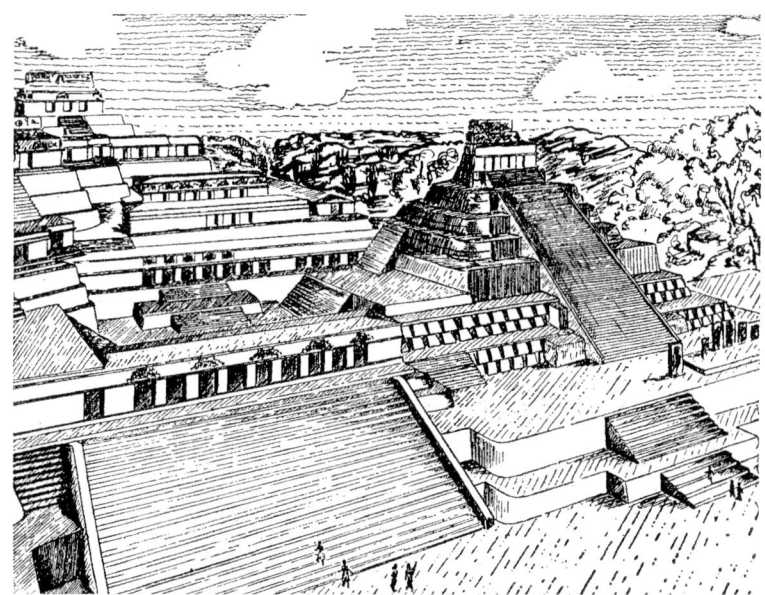

타티아나 프로스코우리아코프(Tatiana Proskouriakoff)가 그린
마야 예술의 정점을 보이는 넓은 계단이 있는 피에드라스 네그라스

1947년, 수많은 작업자들이 보남팍 정글에서 빽빽한 덤불을 태우고 나무를 베며 길을 만들었다. 그들은 길을 다듬은 후 신전과 피라미드의 돌무더기들을 치웠다. 이곳에서 고고학자들은 11개의 피라미드와 하나는 높이가 6m에 이르는 3개의 석비를 발견했으며 이전에 발견된 어떤 것보다 예술적 완벽함을 가진 마야 고전기의 프리즈Frieze(건물 윗부분에 띠 모양으로 그림이나 조각을 장식한 것)도 발견했다. 작업 편의를 위해 도장공들이 벽에 석고가루를 뿌렸다. 거푸집의 가장 낮은 쪽 모래는 거칠었지만 위쪽의 것은 좀 더 고왔으며 가장 꼭대기 모래는 거의 밀가루처럼 부드러웠다. 티린스와 크노소스의 프리즈에서 똑같은 기술을 볼 수 있다

전설에 따르면 크고 풍요로운 도시였던 치빌찰툰Dzibilchaltun은 거대한 보카 파일라Boca Paila호수가 형성될 때 갑자기 가라앉았다고 한다. 호수 바닥의 건축물들이 비행기에서 관측되고 사진이 찍혔으며 다이버들과 잠수부들을 동원해 끌어올리려는 계획을 세우는 중이다.

1950년, 루즈 릴리에Ruz Lhullier(1906~1979)는 팔렌케에서 신전 상단의 명문을 발굴하고 있었다. 그는 우연히 상단 중앙에서 아래로 내려가는 구멍을 발견했다. 그는 아래로 내려가서 더 밑으로 내려가는 계단을 발견했다. 피라미드 바닥이라고 여겨지는 곳에 다다르자 무거운 돌문과 마주쳤다. 문은 저장실 같은 무덤으로 통했고 평평한 덮개로 덮인 무거운 석관은 엄청난 돋을새김으로 채워져 있었다. 덮개는 너무 무거워 기계의 도움 없이는 움직일 수 없었다. 25년 전 하워드 카터Howard Carter(영국, 1874~1939)도 이집트 왕들의 계곡에서 투탕카멘의 무덤을 발견하고 비슷한 문제에 봉착했었다. 밧줄과 도르래를 이용해 힘들게 들어올려야 했던 600kg의 덮개로 봉한 기념비적인 석관이 있었다.

고고학자들은 며칠 동안 일꾼들의 밧줄과 도르래 작업을 도왔다. 마침내 밧줄이 탄탄히 연결되었고 엄청난 덮개가 천천히 움직였다. 숨이 멎을 정도의 흥분 상태에서 그들은 몇 cm씩 밧줄을 끌어당겼다. 석관 안을 들여다볼 수 있을 만큼 덮개가 움직였을 때 그들은 분명 마야의 위대한 지배자였던 미증유의 인간 유물을 보았다.

고고학자들은 조심스럽게 움직였다. 그들은 이제 거대한 비밀을 드러내려는 피라미드 상단에서 위엄에 눌려 침묵하며 천천히 계단을 올랐다. 다음은 과학이 나설 차례였다. 지하 묘실 전체를 상세하게 측정하고 사진을 찍은 다음 기록했다. 팔렌케 피라미드 아래 신비의 무덤만큼 철저하고 꼼꼼하게 탐사한 곳은 거의 없었다. 치장벽토 가면, 죽음의 가면들, 돋을새김들, 많은 종류의 장례용 공물 등 수천 년 동안 잠들어 있던 새로운 마야 예술들이 모습을 드러냈다. 이쯤에서 신세계의 피라미드는 인디언들의 발명품이 아니며 파라오가 아래 묻혀 있는 고대 이집트의 피라미드와

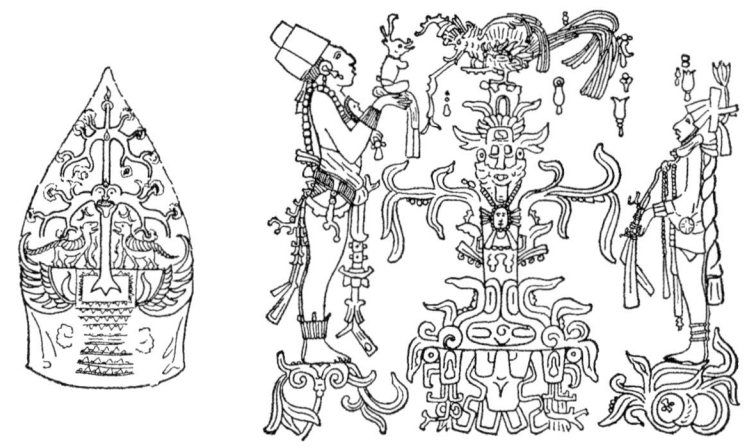

자바에서 나온 '천상의 나무'(왼쪽)와 팔렌케(오른쪽)에서 발견된 그림

어떻게든 연결할 수 있지 않을까 하는 의문이 생긴다.

팔렌케에 대한 과학적 탐사로 밝혀진 또 다른 놀라운 것들이 있었다. 나중에 '십자가 신전'이라는 이름이 붙은 한 신전 벽에서 커다란 십자가 그림이 발견되었다. 그림은 십자가 기둥 사이에 악마의 얼굴이 있는 자바Java에서 출토된 '천상의 나무' 그림과 거의 일치했다.

'십자가 신전'에 있는 프리즈는 사람 팔에 들린 채 벌어진 턱에서 입을 벌린 사람 얼굴이 나오는 머리가 2개인 뱀과 사람 얼굴을 한 파충류 비슷

팔렌케의 '명문의 신전' 아래에서 매장방으로 내려가는 비밀 통로가 발견되었다.

케찰코아틀, 신비한 유산을 찾아서

매장방에는 멋지게 작업한
돌바닥이 있다.
고고학자 루즈 뢸리에는
아주 조심스럽게 돌바닥을
파손 없이 옮기는 데 성공했다.

이곳의 뼈들은
백인 신의 유해일까?

한 괴물을 보여준다. 중국의 용 혹은 BC 1250년경의 중국 가면에 있는 양의 뿔을 가진 호랑이처럼 괴물, 용, 잡신들은 극동 예술의 공통점이다. 팔렌케에서 발견된 마야의 불뱀은 물고기이지만 코끼리 코에 발과 발가락이 있으며 발에 종종 사람 모습이 보이는 동남아시아의 신화 속 바다 괴물과 매우 비슷하다. 또 신전에는 괴물들 형상이 있는 입구, 연꽃 벽 그리고 8~10세기 사이 '신성한 아치'가 특히 공통점이었던 캄보디아 신전처럼 십자가 모양의 '신성한 아치'가 있었다.

그런데 놀랍게도 달력이라는 또 다른 특징이 있다. 1년의 정확한 길이는 365.242,198일이고 BC 2772년(다음 면 표에서 볼 수 있는 것처럼) 이래 1년의 달과 날을 남는 시간 없이 정확하게 나누려는 많은 시도가 있었다. 그러나 천문학적 시간과 달력 사이에는 여전히 차이가 있고 끊임없이 개선했지만 차이가 너무 커지면 윤일이나 윤달을 넣는다. 반면 마야의 달력은 천문학적 시간과 거의 일치한다. 마야인은 일식을 예견하기 위해 11,960.000날이 적용된 표를 사용했고 그러고 나서 현대 천문학의 11,959.888날이 적용된 표로 다시 시작했다.

마야의 달력을 다른 달력들과 비교하며 학자들은 마야의 시간 계산은 극동에서 왔을 것이라고 생각했다. 왜냐하면 중국, 태국 그리고 자바의 계산과 정확하게 대응하기 때문이었다. 이들 나라에서 달력은 역시 길이가 다른 2개의 주기로 계산했고 또한 황도 12궁의 몇몇 표시들은 주기의 동일한 지점에서 일치했다. 따라서 불교 승려들이 어느 시점에 아메리카 인디언들에게 달력을 전했다고 추정할 수 있다.

그러나 학자들은 문명 아주 초기에 마야가 한 달 30일의 12달 달력을 다시 사용했음을 밝혀냈다. 이것은 다시 말하면 달력이 극동에서 오기 전부

〈주요 달력들〉

연도	지역	1년 구분	1년 날짜 수
BC 2772	이집트	10달 365일	365.000
BC 2500	메소포타미아	360일	360.000
BC 2025	메소포타미아	19년의 달과 태양 주기 12일 12달, 7일 13달	
BC 1200	바빌로니아	12달의 태양력 12궁도의 12기호	
BC 1200	유대	다양한 길이의 불규칙한 윤달(일)이 있는 345일 달력	345.000
BC 715~BC 672	로마	누마 폼필리우가 도입한 다양한 길이의 윤달(일)이 있는 12달 355일 달력	355.000
BC 46	로마	줄리어스 시저가 도입한 4년마다 윤달(일)이 있는 365일 태양력	365.250
1582	로마	그레고리 교황이 개정한 율리우스력	365.242,400
300년경	마야	5일의 빈 날이 있는 20일 18달	365.242,129
		정확한 천문학적 1년 길이	**365.242,198**

터 거의 비슷한 달력을 사용했다는 것을 의미한다. 잉카 역시 12달이 있는 달력을 사용했지만 중앙아메리카의 달력과는 현저하게 달랐다.

    잉카의 천문학적 지식은 적어도 마야만큼 훌륭했다. 그들은 분명히 플레이아데스, 남십자성 그리고 황도 12궁을 알고 있었다. 그들은 우리가 오늘날 여전히 알고 있는 옛 바빌로니아의 황도 12궁 달력을 사용했다. 그러므로 인디언 문명은 동아시아에서 달력이 전해지기 전부터 우리가 지금 사용하는 달력을 이미 알고 있었다.

　더 많은 마야 유물들이 발견되면서 마야문명 시기는 계속 올라갔으며 문명의 실체도 드러나기 시작했는데 매우 불가사의한 면도 있었다. 예술과 건축 수준은 한 세기가 지나도 개선되지 않았고 시간이 지나면서 새로운 예술품이나 건축물도 점점 줄어들었다. 결국 고고학자들은 발굴한 유물 중 하나가 마야의 마지막 작품일지 모른다고 체념하듯 말할 수밖에 없었다. 그 시기는 909년이었다.

　또 다른 놀라운 사실이 드러났다. 고대 왕국의 모든 건축 활동이 완전히 중지된 후 수십 년 만에 모든 도시와 신전들이 갑자기 버려졌다. 마치 모든 마야인들이 번영했던 도시, 신전 그리고 고도로 발전한 문명의 모든 것들을 뒤로하고 한꺼번에 집단으로 이주한 것처럼 보인다.

　이 사건을 설명하기 위해 많은 이론들이 제기되었다. 하나는 토양이 단일 경작물(옥수수)에 의해 불모지가 되었다는 이론이다. 신과 별자리, 달력과 의식에 관여하는 사제들과 '지식 계급'이 토양을 보존하여 백성들에게 식량을 공급하는 중요한 문제를 간과했다는 것이다. 그러나 그들은 거대한 건축물과 오늘날 여전히 사용되는 도로를 만들 정도로 실용적인 사람들이었다. 지진과 역병, 침략, 내전 또는 새로운 종교 발흥이 집단 이주에 대한 가능성 있는 이유로 제기되었지만 어느 것도 전반적으로 만족한 설명이 되지 않는다. 역병 또는 전염병, 예를 들면 황열병이 가장 그럴 듯하지만 많은 사람이 죽은 후 사실상 최후 생존자들만 이주했을 것이다.

　원인이 무엇이었든 어떤 일이 일어났든 이주민들은 새로운 제국을 세웠다. 옛 도시들이 사라지는 동안 문명 초기처럼 다시 시작하여 새로운 도시들이 일어났다. 비록 순수한 마야문명은 아니었지만 여기서 고대문명은 한 번 더 번성했다. 톨텍, 특히 치첸이차에서 문명은 최고 수준에 도달했다. 왜냐하면 200여 년 후(12세기 말) 톨텍은 마야의 새 제국을 정복했고 오해의 여지가 없는 흔적을 남겼기 때문이다.

치첸이차는 유카탄반도 열대림에 있다. 가장 오래된 마야 명문이라 해도 879년 이후 것이지만 치첸이차는 534년 건설된 것으로 추정된다. 어떤 경우이든 치첸이차는 집단 이주 전부터 있었다. 이주민들이 구제국에서 카바Kabah, 사일Sayil 그리고 라브나Labna로 간 것처럼 치첸이차에 왔다. 그들 중 일부는 도착 이후 시우Xiu족 왕자가 욱스말을 세웠듯이 도시들을 건설했다.

고고학자들이 숲을 정리하자 도시들이 드러났으며 분명한 마야 건축

〈구제국 시기〉

추정 시기	
320~633	제1기 : 티칼, 우악사툰, 코판, 팔렌케
633~731	중간기 : 나랑하, 피에드라스 네그라스, 멘체
731~987	고도기 : 키리구아, 익스쿤, 세발, 플로레스, 하쿤, 토니나, 코바, 벤쿠에 비에고

〈신제국 시기〉

987~1194	푸우크 양식, 치첸이차, 욱스말, 카바, 라브나, 사일, 치빌노칵, 마야판, 호초브, 이츠말
1194~1441	치첸이차와 욱스말에서 (외래인으로서) 톨텍의 지배 시기
1441~1540	내전과 쇠퇴 : 문명의 급격한 쇠락

물을 발견했지만 장식은 이전 것들과 매우 달랐다. 건물들 정면은 기하학적 형태의 사치스런 조각 장식이 반복하여 덮여 있었다. 욱스말에 있는 20,000㎡ 면적의 궁전 정면은 거대한 모자이크처럼 20,000개의 다듬은 돌을 맞추어 만들었다. 정면은 부드러운 하얀 기둥들과 사각형 머리의 기둥들이 있는 벽 그리고 세 면의 선반으로 다시 나누어졌다.

학자들이 푸우크Puuc 양식(600~900년경, 마야 고전기 후기 건축 양식의 하나)이라고 이름 붙인 이 양식은 욱스말, 카바, 사일 그리고 라브나에 압도적으로 많다. 욱스말이 큰 도시는 아니지만 건축물들이 좁은 지역에 집중되어 있어서 꽤 인상적이며 오늘날도 유적으로서 여전히 인상적이다. 옛 연대기에서 백인 신의 영광을 표현하기 위해 세워졌다는 가장 큰 피라미드는 '마술사의 집'이라 불린다.

새로운 제국(치첸이차 이후)에서 두 번째로 큰 도시는 유카탄 언덕에 있는 카바였다. 가장 큰 건축물은 10개의 방이 있는 '가면 궁전'인데 길이 50m의 낮은 단 위에 있다. 도시에서 가장 눈에 띄는 것은 다른 건축물과 연결되지 않고 홀로 서 있는 커다란 문이다. 이런 문들은 새로운 제국에서 공통된 모습인데 2개의 돌더미를 비스듬하게 서로 맞대는 소위 내쌓기 아치(False Arches) 원리에 따라 세워졌다. 문들은 미케네의 펄스 아치와 정확히 똑같다. 욱스말과 코판의 '수도원', 사일과 피에드라스 네그라스의 궁전 같은 인디언 건축물 역시 기본적으로 미케네 건축물과 유사하다.

그런데 일반적인 건축 양식은 이 시기의 극동 양식과 더 비슷하다. 문과 창문은 인도차이나의 건축가 작품 같기도 하다. 문 옆에 있는 반기둥과 벽의 장식, 정면 장식은 10세기 캄보디아 건축물에서 보이는 것처럼 마야 푸우크 양식의 전형이다.

아마도 노를 젓는 사람으로
보이는 올멕의 백인 신은 수염이
무성하여 인디언이 아님을
보여준다. 라벤타에서 발견된
이 조각상은 처음에 '레슬링하는
사람'으로 알려졌다.

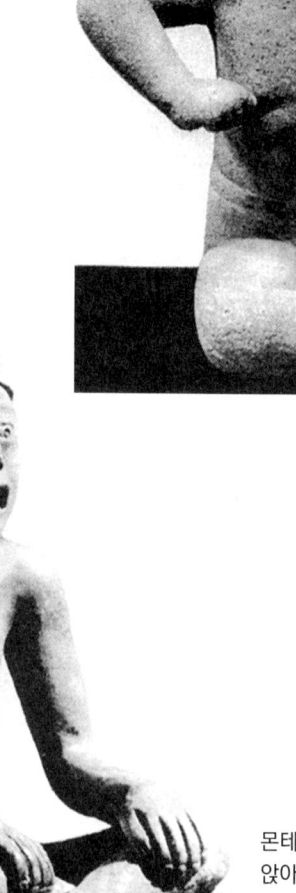

몬테알반의 쪼그려
앉아 있는 사람.
이집트 사람을
강하게 연상시킨다.

오늘날 우리는 고대 마야 도시들이 무엇처럼 보이는지 그리고 언제 세워졌으며 얼마나 번성했는지 알고 있다. 이런 사실에서 우리는 대략적인 마야 역사를 유추할 수 있다. 학자들 사이에서 마야가 언제 시작되었는지에 대한 의견은 엇갈린다. 가장 신빙성 있는 동시대 최초 기록은 320년인데 서부 과테말라의 푸에르토스 베리오스Puertos Barrios에서 발견되었으며 레이든Leyden 판이라고 불리는 옥으로 만든 보석 위에 있다. 다음은 328

고대 툴라 또는 톨란의 전설은 사실로 밝혀졌다. 고고학자들은 톨텍을 재건했다. 거대한 전사 형상이 오래된 계단 피라미드 옆에 서 있다.

년으로 추정되며 아크로폴리스 유적 A그룹에서 발견된 우악사툰의 '석비 9'이다.

우리는 이들 양식으로부터 마야 건축물의 연대를 추정할 수 있고 어느 곳에 있었는지 알 수 있다. 비록 인상적인 특징들은 대부분 돌과 조각상에 있지만 얕은 돋을새김들은 북쪽 구역에서 두드러지고 여상주(여인상 기둥. 클래식 건축 양식의 하나)와 사람 조각상은 다른 곳보다 온두라스에서 더 많이 발견된다. 그리고 코판의 돋을새김은 돌에 아주 깊이 새겨져 거의 입체 조각처럼 보인다. 결국 석비들이 취한 양식으로 대략적인 날짜를 추정할 수 있는데 특히 툭 튀어나온 눈과 사각형 머리를 한 가장 오래된 석비부터 뛰어난 돋을새김의 조각상들인 가장 나중의 석비까지 있는 코판에서 더욱 그렇다.

우리는 마야 제국과 그들의 업적이 아즈텍보다 더 나은 것을 알고 있다. 그리고 마야 제국이 중앙아메리카에서 1,000년 동안 이어진 유일한 제국이었음을 알았다. 다른 제국들은 몇 세기 만에 사라졌고 단지 몇 개의 도시와 예술품을 남겼으나 마야 제국은 수백 개의 피라미드, 수백 개의 석비를 남겼으며 우리는 120개 정도의 마야 도시를 알고 있다. 제국에서 중간 정도 크기 도시인 우악사툰은 전성기일 때 20만 명이 넘는 거주민이 있었으며 제국의 전체 인구는 거의 1,100만 명이었을 것이다.

09 ─ 툴라와 치첸이차

> 아아, 신전이 서 있고 뱀 기둥이 여전히 높이 치솟은 툴란에서 우리의 왕자 낙티틀Nactitl이 머나먼 나라로 떠났다.
>
> – 백인 신이 떠난 후 톨텍 왕자 '열 개의 꽃(Ten Flowers)'의 애가

옛 연대기 저자 중 한 명인 프레이 베르나르디노 데 사아군Fray Bernardino de Sahagun(1499?~1590)은 톨텍의 수도 톨란(혹은 툴라)을 천국으로 묘사했다. 옥수숫대는 굴려서 옮길 정도로 크게 자랐고 채소들은 야자수만큼 높이 자랐으며 목화가 들판을 뒤덮었다. 궁전 바닥은 보석으로 만들었으며 벽은 치장벽토를 입히고 터키석을 박아 꾸몄다.

인디언 왕자였으며 연대기 저자인 익스틸릴소치틀은 거대한 신전, 태양과 달 피라미드, 문자 그리고 달력이 있는 매우 풍요로운 도시 톨란은 까마득한 과거에 건설되었다고 했다. 또한 야만적 종교 행위가 자행되었는데 전설의 소로틀과 톨란을 완전히 파괴한 치치멕인들도 마찬가지였다고 했다.

연대기 저자들은 856년 시작하는 10명의 톨텍 통치자 이름을 알아냈

케찰코아틀, 신비한 유산을 찾아서 129

는데 다섯 번째가 947년에서 999년까지 통치하고 나라를 떠난 수염 있는 백인 케찰코아틀이다. 그러고 나서 전쟁과 인간 희생제의가 시작되었고 1174년 자살한 열 번째 왕 우아막Huamac 시대에 절정을 이뤘다. 이후 톨란 사람들은 옛 도시를 떠나 촐룰라를 정복했으며 콜우아칸Colhuacan에 새 도시를 건설했다.

    1520년, 신세계에 도착한 스페인인들은 한때 백인 신이 왕이었던 위대한 고대 도시에 관한 전설을 들었다. 누구도 툴라의 위치를 몰랐으며 존재 자체가 의심스러웠기 때문에 수 세기 동안 누구도 찾으려는 시도조차 하지 않았다.

    그 후 젊은 멕시코 고고학자 호르헤 아코스타Jorge R. Acosta(1904~1975)가 멕시코시티 북쪽에서 덤불과 선인장, 용설란이 무성한 특이하게 생긴 언덕에 매료되었다. 근처에 사는 인디언들은 언덕을 '세로 데 테소로Cerro de Tesoro(보물의 언덕)'라고 불렀는데 다른 어떤 설명도 필요 없는 매혹적인 이름이었다. 지형의 기복이 심한 사막에는 이런 언덕이 많지만 아코스타는 이 언덕이 자연적으로 형성된 것이 아니며 분명 뭔가 숨어 있을 것이라고 직감했다. 1940년, 그는 땅을 파기 시작했으며 마침내 고대 세계의 가장 유명한 전설의 도시 중 하나인 툴라를 발견했다.

    그는 처음에 도시가 언제인가 화재(오늘날 우리는 1168년으로 알고 있다.)로 파괴되었으며 한때 주 피라미드가 있던 자리에는 형태를 알 수 없는 돌 무더기가 있음을 발견했다. 피라미드는 복원할 수 없었다.

    발굴이 이어지면서 밑변이 43m인 5층 피라미드가 발견되었다. 피라미드 상단에는 한때 금성 신전이 있었는데 신전에는 기둥으로 받쳐 만든 현관이 있고 신성소에는 돌 제단이 있었다. 제단 다리는 작은 인물상이었다.

그들이 '무거운 제단이나 천장을 떠받치는 인물상'이라고 불렀던 '아틀라세스Atlases'는 극동을 포함한 구세계에서 이미 오래전부터 알고 있었다. 성큼성큼 걷는 재규어를 돋을새김한 점만 제외하면 사자를 돋을새김한 크레타 프리니아스Prinias의 신전과 닮았다.

아코스타는 북서쪽에서 온 유목부족 톨텍인들이 멕시코로 이주했을 때인 856년에 툴라가 건설되었다고 생각했다. 그렇다면 옛 연대기 저자들의 툴라의 존재에 관한 기록은 옳은 것이 된다. 따라서 일부 추종자들과 함께 툴라를 떠나 멕시코만 남쪽 해안으로 간 후 깃털 왕관을 쓰고 유카탄으로 온 백인 신에 관한 전설 역시 사실일 것이다. 백인 신은 유카탄에서 툴라를 모델로 삼아 새로운 왕국 치첸이차를 건설했다. 나중에 그는 치첸이차 역시 버리고 '뱀의 뗏목을 타고' 동쪽 땅으로 되돌아갔다. 그가 두 번째 왕국에서 사라지자 왕국 역시 산산조각 났다.

1533년, 스페인인들은 치첸이차를 정복할 때 마야인들이 어떤 사람들인지 처음 경험했으며 프란시스코 데 몬테호Francisco de Montejo(1479~1553)는 유카탄을 정복하는 데 13년이나 걸렸다. 그들의 정복은 치첸이차와 그 밖의 광범위한 지역을 폐허로 만들었다. 정복 전쟁은 마지막 마야 도시인 타야살Tayasal을 정복하기 전인 1697년까지 계속되었는데 연대기 저자들은 정복 과정에서 21개의 거대 신전이 파괴되었다고 했다.

고고학자들은 대략 18세기 후반부터 치첸이차에 관심을 보이기 시작했지만 정작 발굴은 1925년 워싱턴 카네기 연구소의 후원을 받은 미국인 몰리S.G.Morley(1883~1948)에 의해 시작되었다. 발굴자들은 곧 이 폐허가 한때 가장 큰 도시였음을 알게 되었다.

건물 앞에 카메라들이 설치되었고 아직 남아 있는 옛 도시의 위대함과 장관을 기록하기 위하여 수많은 영상들이 촬영되었다. 거대한 유적지는 할리우드 역사 영화의 배경이 되었겠지만 카네기 연구소가 결과물을 만드는 데 영향을 준 것은 사실 엄청난 양의 기록물이었다. 몰리는 이전의 어떤 고대 왕국 탐사대보다 가장 장비를 잘 갖춘 탐험대 대장이었다. 그는 같은 장소에서 17년 동안 작업하며 여러 고고학적 성과를 냈다.

그는 발굴 작업에 적합한 사람이었다. 시간이나 비용을 전혀 걱정하지 않았으며 타고난 성품에 따라 혹은 훈련받은 대로 철저하고 신중하게 작업하였다. 모든 돌을 하나하나 일일이 집어들었고 한 조각 한 조각 파냈으며 유물이 상하지 않도록 붓으로 섬세하게 흙을 털어냈다. 대부분의 건축물들이 과거 모습 그대로 완벽하게 복원되었다.

도시는 2k㎡ 이상이었다. 182,000㎡에 이르는 큰 단지에 신전들이 있고, 공놀이(Ball Game)를 위한 넓은 정원, 시장과 포장된 구역이 있었다. 몰리의 조수 중 한 명인 모리스는 17년 동안 오로지 '전사들의 신전'을 발굴하고 조사하는 데 전념했다. 신전은 하단 면적이 40㎡이고 높이가 11m의 피라미드이다. 측면의 제단으로 가는 입구는 뱀 모양의 우뚝 솟은 기둥이 있고 피라미드 정면에는 돌을새김으로 장식한 6개의 거대한 기둥이 떠받치는 현관이 있다. 이 하나의 건축물에만 320개의 돌을새김이 있으며 1,000개에 달하는 기둥들이 각 122m 길이의 개방된 나머지 공간을 채우고 있다.

오늘날 치첸이차의 관광객은 미국인이 대부분인데 사람들은 잔디 깔린 구기 경기장을 건너고 뒤에 작은 부속 신전이 있는 재규어 신전을 지나 북쪽 신전까지 걸어갈 수 있다. 사람들은 작은 벽이 있는 신전, 고위 사제의 신전, 쿠쿨칸의 거대 피라미드 그리고 역시 거대한 천문대인 카라콜Caracol

을 방문할 수 있다.

마야의 가장 큰 도시는 돌무더기와 폐허에서 다시 일어섰다. 다시 한 번 옛 연대기 저자들이 옳다는 것이 증명되었다. 톨텍이 새로운 마야 제국을 정복했을 때 그들의 백인 신은 치첸이차를 새로운 근거지로 삼았다. 증거 중 하나가 카라콜이다. 카라콜은 원래 마야의 천문대였지만 톨텍인들이 정복 후 첫 번째 건축 작업 중 하나로 개조하였다. 고대 인디언들의 수많은 천문대에서 가장 인상 깊은 것은 하지와 동지, 춘분 혹은 추분을 측정하기 위해 꼭대기에 세운 7개의 작고 좁은 구멍이 있는 탑이다. 모든 인디언 문명에서 높은 수준의 천문학적 지식을 증명하는 도구들이 발견되어 왔다.

백인 신은 마야인과 그들의 신들을 받아들이는 정치적 지혜가 있었으며 사제들에게 최고신 이참나Itzamna와 태양신 카크모Kakmo, 달의 여신 익스켈Ixchel, 비의 신 차크Chac에 대한 숭배를 허락했다. 거대한 샘 '신성한 세노테Cenote'가 차크에게 봉헌되었는데 그는 인간 희생제의를 요구하는 신이었다.

발굴은 백인 신이 도착했을 때 치첸이차가 평범한 작은 마을이었음을 확인해 주었다. 200년 동안 톨텍인들은 이곳에 거대한 건축물들을 세웠다. 가장 늦은 건축물 중 하나가 치첸이차에서 가장 높은 건축물로 쿠쿨칸 신전을 덮고 있는 피라미드이다. 25m 높이에 9개의 정원이 있는 거대한 피라미드는 처음부터 쿠쿨칸 신전이었을 것으로 추정된다. 바깥쪽 네 면의 364개 계단은 신전 상단을 향하고 있다. 연결 통로와 신성소는 측면에 뱀을 표현한 2개의 웅장한 기둥이 있는 입구를 지나야 들어갈 수 있다.

이 건축물이 처음으로 드러났을 때 누구도 특별히 주목하지 않았다. 그러나 나중에 발굴자들이 연대를 측정하자 도시에서 가장 큰 이 건축물은 가장 최후의 건축물 중 하나라는 사실이 밝혀졌다. 마치 연대기 저자들이 실수한 것처럼 보였는데 왜냐하면 그들이 꽤 분명히 위대한 쿠쿨칸 신전을 언급했기 때문이다. 그럴려면 톨텍 정복 오래전에 건설한 마야의 건축물이어야 한다.

그때 발굴자들은 '덮개 피라미드'를 떠올렸고 피라미드의 벽 하나를 열었다. 확실하게 안쪽에 더 오래된 피라미드가 있었는데 마야인이 세운 작은 쿠쿨칸 피라미드였고 다른 모든 것보다 오래된 것이었다. 더 흥미롭게도 바깥쪽 아래의 신전, 제단 그리고 플랫폼이 완전한 상태였다.

그들이 쿠쿨칸 신전의 신성소에 들어갔을 때 돌에 조각한 다음 붉은색을 칠한 실물 크기의 재규어 왕좌와 마주했다. 몸통과 눈에는 80개의 크고 번쩍이는 옥 원반이 있고 뒷면의 터키석으로 장식한 나무 원반에 태양 그림이 있었는데 거의 1,000년 전 신에게 바친 제물이었다.

10년 전, 마야와 가라앉은 아틀란티스 대륙을 연결한 젊은 건축가 톰슨 E.H. Thompson(1857~1935)에 의해 치첸이차의 놀라운 비밀 중 일부가 밝혀졌다. 그는 놀라운 건축물과 예술에 대한 기록을 읽으면서 당시 형편없는 거주지에서 살던 북아메리카 원주민과 대비되어 충격을 받았다. 그는 북아메리카 원주민이 고대 마야의 후손일 가능성은 없다고 보았다. 그렇다면 마야인들은 다른 나라, 예를 들면 아틀란티스 같은 다른 나라에서 왔을 것이라고 생각했다.

비록 그의 이론은 진지하게 다루어지지 않았지만 주목을 끌었고 마야에 관한 관심 때문에 유카탄 지역의 미국 영사로 지명될 수 있었다. 1885년, 그는 친구에게 자금을 빌려 정글로 출발했고 그때부터 말을 타고 고대 마야 도시들을 이곳저곳 다니며 인디언들과 여러 해를 보냈다.

1896년 그는 치첸이차의 거대한 북쪽 단지에서 작은 피라미드를 발견했고 예전에 신성소였을 것 같은 상단 지하에서 우연히 한 구멍과 마주쳤다. 그는 땅을 파기 시작했다. 구멍은 돌과 흙, 뼈들로 가득 차 있었다.

구멍은 더 깊이 아래로 이어졌다. 더 많은 뼈들이 나왔는데 그는 뼈를 선별하여 7개의 해골을 맞추었다. 그는 계속해서 아래로 내려갔고 지면 아래에서 구멍은 무덤을 수용할 수 있는 상당한 크기의 동굴로 넓어졌다.

톰슨은 피라미드 안에서 이런 무덤을 처음 발견했는데 너무 흥분해서 마야문명 건설자인 백인 신 쿠쿨칸의 무덤이라고 주장했다. 그러나 그가 발견하기를 희망했던 석관 대신 무덤에는 단지 숯이 된 뼈 더미와 죽은 자가 사후 여행에 가져갈 몇 가지 물건들만 있었다.

학자들은 옳든 옳지 않든 이 무덤을 고위 사제의 무덤이라 불렀다. 적어도 죽어서조차 영예로운 중요한 사람의 무덤이 분명했다. 무덤의 비밀을 유지해야 했기에 구멍은 조심스럽게 메워졌을 것이다. 구멍에서 발견된 7

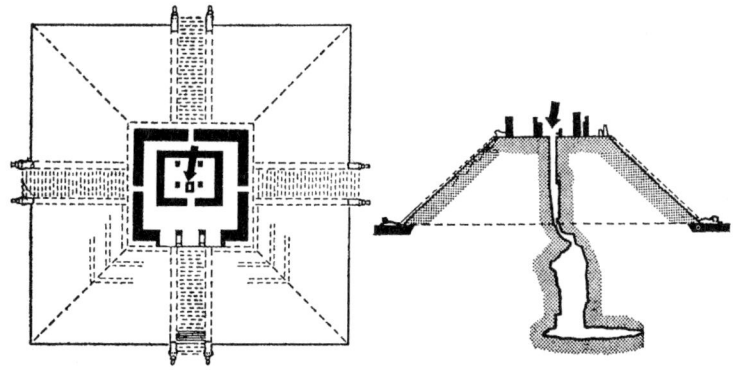

톰슨이 발견한 피라미드 아래의 이상한 무덤

케찰코아틀, 신비한 유산을 찾아서

명의 해골들 역시 사제였거나 혹은 수행원, 즉 의무적으로 주인의 죽음에 동행하거나 스스로 주인의 죽음을 따르려던 하인들이었을 것이다. 우르Ur(BC 4000년, 이라크 남부 유프라테스강 부근에 있던 수메르의 도시국가)의 무덤에서 우리는 죽은 주인과 함께 수행원들이 희생되는 관습을 알고 있다. 마야에도 같은 풍습이 있었던 것으로 보인다.

신세계의 수많은 거대 도시들과 달리 치첸이차는 완전히 사라지지 않았다. 고고학자들이 발견하기까지 오랫동안 거의 12층 높이의 건축물이 가장 높은 나무 위로 솟아 있었다. 톰슨은 거대한 피라미드 위에 서서 다른 피라미드들의 꼭대기들을 보았으며 정글 사이의 좁은 길을 따라 신성한 우물까지 내려갔다. 우물은 톰슨을 정글로 오게 한 본래의 목적이었다.

옛 연대기 저자가 기록하기를 가뭄일 때 치첸이차 사람들은 거리를 지나며 노래를 부르고 소리를 질렀다고 한다. 사제들을 포함하여 모두 축제용 옷을 입었고 또한 비의 신에게 희생물로 바칠 처녀들도 있었다. 형형색색 옷을 입은 무리들이 천천히 비의 신 우물을 향하여 움직였다. 사제들은 처녀들을 우물로 던졌으며 희생자들은 어두운 흙탕물 속으로 떨어졌다. 무리는 장신구, 금, 은 그리고 보석들을 던지며 엄숙하게 우물을 지나갔다. 연대기 저자들은 만일 그곳에 금이 있다면 분명히 이 우물일 것이라고 했다.

1579년, 디에고 사르미엔토 데 피구에로스Diego Sarmiento de Figueros 역시 우물에 대한 기록을 남겼다.

'귀족과 유명인들은 6일간의 금욕과 단식 이후 새벽에 우물까지 걸어가 그들의 재산인 인디언 여자들을 어두운 깊은 구렁으로 던졌다. 동시에 그들은 주인이 원하는 해(年)에 여자 노예들을 바칠 수 있기를 간청했다.'

'늦은 오후까지 소리치던 사람들은 밧줄을 떨어뜨렸다. 희생자들은 반죽은 상태로 올라왔고 이후 옆에 있는 코펄 고무에 불을 붙였다. 그들의 감각이 다시 돌아오자 그들은 아래에 많은 사람들이 있다고 보고했다.'

기록은 계속되는데 그들이 올려보려고 하면 머리 위를 세게 맞았다. 아래를 보면 물 밑에서 많은 언덕과 골짜기가 보였다. 우물에 있는 사람들은 앞으로 닥칠 좋거나 나쁜 해(年)에 관한 주인의 질문에 대답했다.

옛 연대기들의 이런 섬뜩한 설명들은 톰슨 이전에는 누구도 믿지 않았다. 그는 우물을 찾기 위해 잠수 훈련을 받았으며 그리스 잠수부 니콜라스를 데리고 갔다. 그의 장비는 뗏목과 거룻배, 잠수복, 펌프, 전화, 준설기, 윈치, 도르래 그리고 쇠지레였다. 우물은 바위에 있는 구멍인데 지름이 40~51m이고 가파른 바위 면이 수면까지 20m 이어져 있다. 톰슨은 붉게 고인 물에 비친 자신을 보았다. 준설기의 집게발이 물속으로 잠기자 가지와 나무통, 나뭇잎들을 퍼올렸다. 작업은 진이 많은 물질이 진흙과 함께 올라올 때까지 하루 종일 계속되었다. 톰슨은 물질이 마야 사제들이 종교적 축제 때 태운 고무 종류라는 것을 단번에 알아보았다. 이후 준설기는 날마다 다양한 장신구, 연장, 화병, 창끝, 옥 그릇 그리고 흑요석 칼을 건져 올렸으며 어린 소녀의 해골까지 건져 올렸다.

그러고 나서 끄집어낼 수 없는 무거운 돌 사이에서 집게손이 더 이상 파낼 것이 남아 있지 않게 되었다. 잠수할 시간이 된 것이다. 거룻배에서 톰슨, 니콜라스 그리고 몇몇 인디언 작업자들이 내렸다.

톰슨과 니콜라스는 귀 쪽에 공기 구멍이 있는 커다란 구리 헬멧과 잠수복, 잠수경, 헬멧의 거의 반 정도 무게인 납덩이를 착용했다. 그들은 또한 쇠로 된 바닥에 천으로 만든 두툼한 신발을 신었다.

톰슨이 거룻배에서 내려 사다리에 첫발을 디디자 그의 충직한 인디언들이 마치 마지막 인사를 하는 것처럼 슬프게 손을 흔들었다. 그는 사다리를 밀치며 뒤로 은빛 물방울들을 남긴 채 납덩이처럼 가라앉았다. 그리고 나서 니콜라스도 물속으로 들어갔다.

톰슨은 우물 주위에 서서 아래를 내려보고 있는 물에 비친 일꾼들 모습을 보았다. 역시 물 위를 때리며 이상하게 울리는 일꾼들의 목소리도 들었다. 그는 어둡고 넓은 물속에서 상당한 크기의 바위를 보았다.

물속에는 나뭇가지들에 의해 충분히 형태를 유지할 수 있는 9m 높이의 진흙층이 있었다. 진흙에 그가 마치 '자주색 푸딩에 박힌 씨 없는 건포도 같다'고 표현한 바위가 박혀 있었다. 계속되는 물의 움직임으로 느슨해진 바위가 2명의 잠수부를 향하여 쓰러졌지만 바위가 쓰러지며 발생한 파도에 밀려 피할 수 있었다. 그들은 파도에 이리저리 밀렸지만 계속 탐색했다.

그들은 찾으려던 옥으로 만든 장식구, 금, 주조하거나 두들겨 만든 합금체, 컵, 구리종, 조각된 뼈 등을 발견했다. 이러한 물품들 일부에 보이는 장식과 돋을새김은 남부 과테말라에서 왔고 다른 것은 오악사카와 멕시코 고원 서쪽 그리고 코스타리카와 파나마에서 왔을 것이다. 물품 중에는 고대 마야의 옥으로 만든 물건, 나무로 만든 투창기, 희생제의용 칼, 금으로 만든 컵과 받침, 팔찌와 반지, 호두 크기의 황금종 그리고 무엇보다 황금 접시가 있었다.

물건들은 톨텍 초기 양식으로 전투 장면을 표현했는데 아마도 백인 신 케찰코아틀로 보인다. 그러나 금속을 가공하는 작업은 마야인의 것이었고 가장자리는 마야 상형문자로 장식되어 있었다. 턱에서 태양신이 나오는 뱀은 톨텍인들이 하늘을 표현하는 상징이었다. 그러나 용의 머리 또는 머리가 2개인 용은 전형적인 마야의 상징이었다.

치첸이차 인디언들은 톰슨에게 그들이 우물에서 본 커다란 뱀과 괴물에 대한 두려움을 이야기했는데 그는 칠흑같이 어두운 우물에서 두려운 경험을 했을 때 이러한 이야기들을 떠올렸다.

'내 위에서 무언가를 느꼈다', '미끈하고 끈적끈적한 커다란 무엇이 … 저항할 수 없는 힘으로 나를 진흙 속으로 눌렀다. 잠시 동안 내 피는 얼어 버렸다. 그리고 나서 니콜라스가 잡아당기는 것을 느꼈고 우리는 빠져나올 수 있도록 서로 도왔다. 그것은 진흙 제방에서 천천히 떠다니는 썩은 나무통이었다'라고 썼다.

그는 우물 안에서 좀 더 심각한 경험을 했다. 어느 날 방금 주운 종을 생각하며 우물 바닥의 바위에 앉아 있었다. 그는 발견한 것을 주머니에 넣으려고 일어설 때 헬멧의 공기 구멍 여는 것을 깜빡했다. 그 순간 물이 공기 방울처럼 그를 위로 들어 올려 거룻배 밑바닥에 머리를 부딪쳤다. 멍한 상태로 허둥지둥 배에 기어올랐지만 이 순간적인 부주의로 청력에 손상을 입어 평생 고생했다.

발견물 대부분은 제물로 희생되기 전에 아마도 그들을 '죽일' 목적으로 의도적으로 깨트린 조각들일 것이다. 그러나 일부는 순금이었고 황금 접시 중 하나에는 의식의 일부로 보이는 섬뜩한 희생제의 장면이 사실적으로 묘사되어 있다. 인간 희생제의 관습은 모든 인디언 문명에서 공통이다. 테오티우아칸에서 발견되는 의식 흔적들은 어린이와 젊은이들이 비의 신에게 제물로 바쳐졌음을 보여준다. 그런 후 사람들은 신에게 고무, 옥 그리고 케찰의 깃털 같은 가장 값진 것을 바쳤다.

사포텍인들은 오직 아이들만 (역시 비의 신에게) 제물로 바쳤다. 토토낙인들은 비의 신이 화가 났을 때 사람들에게 먹이려고 씨앗과 아이들 피로 만든 반죽 같은 것을 준비했다. 치첸이차의 프리즈는 지구와 가까워진 태양에게 독수리가 발톱으로 사람의 심장을 잡고 먹이는 장면을 보여주며 해골 선반들은 희생자가 수없이 많았음을 나타낸다. 톨텍은 사제가 아니라 배고픈 신에게 엄청난 수의 포로를 제공할 수 있는 전사들이 다스렸다.

스페인인들은 아즈텍의 테노치티틀란에 들어갔을 때 피로 엉겨붙은 벽, 금방 희생된 사람의 피가 흘러내리는 제단 같은 의식의 증거들을 보았다. 만일 정복된 부족에게서 제물로 바칠 공물(사람)이 제때에 도착하지 않으면 아즈텍인들은 부족의 청년과 처녀들을 납치하여 신에게 바쳤다.

남아메리카도 별반 다르지 않았다. 페루 연안에 가뭄이나 기근이 발생하면 사제들은 희생제의를 선포했다. 그러면 축제 의복을 입은 사람들이 파카스마요Pacasmayo에 있는 달의 집인 신 - 안Sin-An의 신성소 같은 신전 주위에 모였다. 어린 희생제물과 옥수수 맥주가 신을 달래기 위해 바쳐졌다. 어떤 날은 사람들이 노래하고 춤추며 꽃으로 뒤덮인 좁은 길을 따라 산에 올랐다. 그곳에서 사람들은 부모와 동행한 부족에서 가장 아리따운 처녀와 합류하였으며 소녀는 풍요의 신에게 자신을 희생제물로 바치기 위해 절벽 아래 심연으로 몸을 던졌다.

전투를 벌이기 전 또는 잉카가 아플 때 아이들과 청년들이 신에게 바칠 희생자로 선택되었다. 처음에 그들을 혼미하게 만들기 위해 많은 양의 코코아를 먹인 후 소처럼 도살하기 위해 신전으로 이끌었다. 잉카의 승전 행렬에서 가마에 누워 있는 정복당한 지배자는 쿠스코 사람들에 의해 발가벗겨지고 그와 가까운 친척들의 피부로 만든 큰 북들에 둘러싸였다.

그러나 나중의 잉카들은 희생제의를 포기하고 라마(남미의 가축)로 대체했다. 쿠스코의 신전에서 새벽마다 라마를 죽이고 불에 태웠다. 그러나 파차카막 사람들은 옛 관습에 집착했다. 매장된 땅을 파헤쳤을 때 수많은 소녀들의 해골이 발견되었는데 마지막 여행에서 착용할 황금 장신구와 나란히 누워 있었다.

야만적인 희생제의는 백인 신 또는 백인 신들의 존재에 대한 증거처럼 보일 수 있다. 만일 백인들이 높은 수준의 문명을 가지고 인디언에게 왔다면 분명히 가장 먼저 이러한 관습을 뿌리뽑으려 했을 것이다. 그러나 사실 구세계 문명들 역시 똑같은 관습이 있었다.

인도인 심지어 로마인조차 보름달일 때 인간 희생제물을 바쳤다. 이집트인들은 붉은 머리털의 남자를 부시리스Busiris 신에게 제물로 바쳤다. BC 5세기 페르시아에서는 크세르크세스가 조카를 신에게 제물로 바쳤다. 고대 독일인들은 전쟁포로들을 지우Ziu 신에게 제물로 바쳤고 심지어 자신의 아이들까지 죽음의 신 보탄Wotan에게 제물로 바쳤다.

BC 3911년 초 고대 이집트인들은 어린 소녀를 나일강에 제물로 바치는 연례행사를 만들었다. BC 2550년에는 왕들의 무덤에서 수행원들에 대한 희생제의가 있었으며, BC 1550년에는 중국 은나라에서도 인간 희생제의가 있었다. 특히 가나안에서는 모세의 후계자 여호수아가 금지하기까지 오랫동안 주로 갓 태어난 피투성이의 신생아가 희생물이었다. 예루살렘 외곽에서 희생된 수많은 어린아이의 무덤이 발굴되기도 했다.

미노타우로스 또한 아테네에서만 9년마다 7명의 청년과 7명의 처녀를 제물로 바치라고 요구했다. 카르타고에서는 어린아이들의 유골과 그들이 마지막 여행에 가져갈 선물이 든 수천 개의 점토 항아리가 발견되었다. 어린아이들 희생제의는 카르타고가 몰락할 때까지 계속되었고 BC 409년 카르타고의 한 장군은 한번에 3,000명의 로마 전쟁포로들을 제물로 바쳤다. 에트루리아(지금의 이탈리아 토스카나) 사람들조차 BC 307년 로마 포로들을 제물로 바쳤다.

따라서 백인들이 BC 2~3,000년경 아메리카에 왔다면 인디언들의 희생제의와 친숙했을 것이다. 어쩌면 자신들의 '수준 높은 문명'의 한 부분으로 인디언들에게 희생제의를 소개했을 수도 있다.

톨텍의 왕은 백인이었다. 그는 위대한 도시 툴라에서 10년간 거주한 후 툴라를 떠나 마야의 새 제국을 정복했으며 수도로 삼았다. 그는 967~987년 사이에 치첸이차에 온 것으로 보인다. 두 도시는 일직선으로 1,240km 떨어져 있다. 그는 캄페체 남쪽 차칸푸탄에서 타바스코만을 건너 유카탄 해안까지 항해했을 것이다.

마야인과 톨텍인들은 그를 '외국어로 말함' 혹은 '해안에서 온 사람'이라고 불렀다. 그는 올멕의 깃털 달린 왕관을 쓰고 있었으며 건축가이고 예술가였기에 새로운 수도인 치첸이차의 모든 건축물에 흔적을 남겼다. 우리에게 전해지는 이야기와 그림에서 알 수 있듯이 그는 빈틈없는 정치가이고 통치자였으며 수년간 마야와 전쟁을 벌인 정복자였다. 더불어 그는 학자이고 천문가였으며 또한 이전 중앙아메리카에 존재했던 어느 나라보다 큰 왕국에서 목화와 코코아 거래를 체계화한 훌륭한 사업가였다.

백인 왕은 케찰코아틀이라 불렸고 그의 생과 업적이 수많은 전설을 낳았음에도 그의 존재는 의심의 여지없는 역사적 사실이다. 그의 이름은 아즈텍 시대까지 문명의 개척자들에게 주어졌다.

새로운 마야 제국은 수 세기 전 죽은 쿠쿨칸을 여전히 백인 신이자 그들의 첫 번째 스승으로 여겼지만 케찰코아틀은 그들에게 외국의 정복자이며 압제자에 지나지 않았다. 그러나 톨텍인들이 백인 왕을 신성시했기 때문에 치첸이차에서 2명의 백인 신이 숭배되었다. 케찰코아틀은 살아 있는 백인 신이었고 그의 상징은 깃털 달린 뱀이었다. 그의 상징은 치첸이차의 모든 건축물 유적에서 발견된다.

북쪽 신전의 무덤 천장에 있는 돋을새김이 특별한데 사제와 전사들이 길게 열을 지어 재규어 형상 왕좌 주위에 서 있거나 앉아 있다. 사제 중 한 명만이 긴 수염을 가지고 있다. 도시의 다른 돋을새김에 똑같은 수염의 노인이 있는데 모습은 인디언이 아니고 분명 유럽인이다. 그는 케찰코아틀일 것이다.

오랫동안 쿠쿨칸과 케찰코아틀을 동일시한 것은 전혀 놀랍지 않다. 쿠쿨칸은 '물에서 헤엄치는 뱀'(몇몇 마야 부족은 그를 '바다의 심장'이라는 뜻의 쿠크마즈/Kukumaz라고 불렀다.)을 의미하며 케찰코아틀은 '케찰의 깃털로 덮인 뱀'을 의미했기 때문이다. 케찰코아틀은 종종 깃털 달린 뱀으로 나타나지만 뱀의 몸통과 악어의 턱을 가진 전설상의 괴물로도 나타난다. 사람 형태로 묘사하면 그는 머리에 케찰 새가 덮치는 모양의 왕관을 썼으며 터키석으로 만든 뱀

치첸이차의 백인 신 돋을새김들은 인디언과 다른 모습을 보이고 있다.

이 안면을 휘감은 가면을 쓰고 있다.

　백인 신에 대한 이런 상징들이 이상한 것은 아니다. 깃털 달린 뱀은 인디언들 사이에 비의 신에 대한 아주 오래된 상징이었다. 모든 것을 비에 의존했는데 비는 바다, 물, 하늘, 구름과 번개, 식물과 동물 등 모든 자연적인 힘을 관리했다. 가장 높은 비의 신은 케찰 새와 뱀으로 상징화되었다. 돋을새김 속 사제들은 자주 물을 상징하는 깃털 달린 뱀들의 프리즈로 둘러싸여 있다. 깃털 달린 뱀은 새싹을 틔우기 때문에 물, 비 그리고 초목의 상징이었다. 사포텍의 신 지페Xipe도 새싹을 틔우기 때문에 역시 깃털 달린 뱀의 상징을 입고 있다. 고대의 모든 인디언들에게 백인 신은 문명의 '싹'을 틔우는 개척자였고 그래서 초목에 내리는 비와 비교되었다.

　원래 이런 상징들은 마야의 쿠쿨칸을 의미했지만 수 세기가 지난 뒤 톨텍의 백인 신 케찰코아틀에게까지 전이됐다. 천문 지식과 사제들의 모든 지혜는 케찰코아틀에게서 왔지만 또한 그는 (쿠쿨칸과 달리) 전사의 왕이었고 전사의 신이 되었다. 톨텍인들은 그를 호전적인 신으로서 금성(때때로 신의 이름인 세-아카틀로 불렸다.)과 동일시했고 깃털 달린 뱀은 하늘에 대한 상징과 12궁도의 신이 되었다. 12궁도 신으로서 케찰코아틀은 아즈텍인들에게 종종 새의 부리와 악어의 턱을 가진 것으로 표현되었다.

　치첸이차의 건축물들은 극동으로부터 영향을 받은 것으로 보이는데 예를 들면 연꽃 문양이다. 꽃과 잎 심지어 뿌리(줄기)와 전체 모양까지 자주 장식으로 사용되었다. 재규어 신전의 아랫쪽 방에는 정형화된 뿌리의 연꽃을 그린 프리즈가 있다. 인도에서처럼 치첸이차에서도 이 문양은 종종 상상의 세계를 표현할 때 현실과의 경계로 사용되었고 다른 주제, 예를 들면 사람의 모습을 표현할 때도 사용되었다. 복장만 다를 뿐 움직임과 자세 또

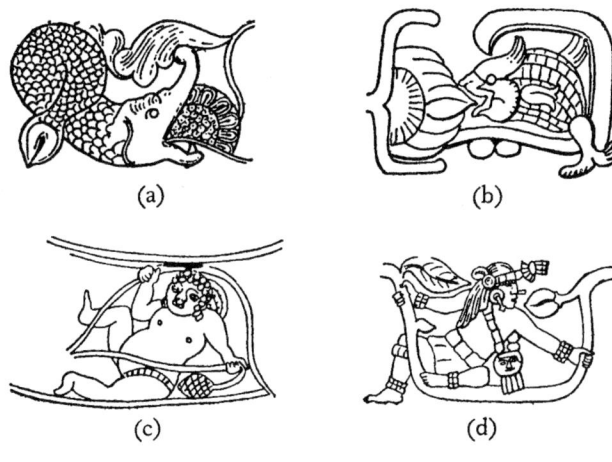

(a) 아마라바티(인도)로부터 마카라
(b) 치첸이차로부터 마카라
(c) 아마라바티로부터 연꽃의 새싹 주제
(d) 치첸이차로부터 연꽃의 새싹 주제

한 인도의 것과 같다. 톨텍의 수련Water-lilies 프리즈는 인도 남부 동쪽 연안에 있는 아마라바티Amaravati의 신전 수련 장식과 같다. 장식 문양은 2세기에 기원했고 인도차이나부터 말레이반도와 인도네시아까지 퍼졌다. 치첸이차의 톨텍인들은 마야의 선조로부터 이 문양을 전수받았다.

시간이 지나며 순수한 장식으로 변형되었지만 연꽃 왕좌와 홀, 문양은 인도와 동남아시아에서 발생했다. 이것들은 자주 다른 문양들과 결합되었는데 예를 들면 9~11세기 치첸이차의 연꽃 뿌리는 악마의 얼굴 양쪽에서 돌출되어 있다.

우리는 인도차이나와 인도네시아로부터 물고기 몸에 코끼리 코를 가지고 있는 신비의 바다 괴물인 마카라Macara의 턱에서 연꽃이 자라는 표현을 알고 있다. 연꽃 문양 양쪽 끝에서 비늘로 뒤덮인 정형화된 물고기와 정확하게 똑같은 문양이 치첸이차에서 발견되었다. 심지어 괴물들 위치까지 동일하다. 분명히 어느 때인가 동아시아 사람들이 신세계에 와서 그들의 연꽃 관련 문양을 소개했을 것이다. 특히 연꽃 문양은 600년 동안 이어지는 인도 팽창기의 증거이다. 아마도 연꽃 문양은 인도에서 3~5세기에 중앙아메리카로 전파되었을 것이다.

우리는 이미 캄보디아의 신전과 마야의 신전에서 발견된 '내쌓기 아치' 같이 태평양 양쪽에서 예술의 또 다른 공통점을 보았다. '내쌓기 아치'는 십자가 모양의 신성한 아치와 깃털 달린 뱀처럼 8~10세기 캄보디아에서 주류였다. 아메리카 인디언 예술에서 '내쌓기 아치'는 달의 토끼가 게걸스럽게 먹는 밤하늘의 상징이다. 그리고 동일한 주제가 청동기시대 초의 중국 도자기에서 발견되었다.

마야인들 역시 동아시아에서 일부 기본적인 특성을 가져왔을 것이다. 2세기에는 웅크린 사람 조각상 위에 신이 서 있거나 혹은 재규어와 호랑이 위에 신이 서 있거나 앉아 있는 아시아적 표현이 보인다. 힌두교와 불교

왼쪽 : 호랑이 왕좌 위의 신(인도) / 오른쪽 : 마야의 재규어 왕좌

예술에서 가져온 이 주제는 정확하게 마야 특히 팔렌케에서 반복된다.

고리로써 태양의 원반, 식물과 함께 있는 홍합, 비쉬누 조각상은 태평양 양쪽에서 모두 나타나는데 서로 독자적으로 발생했다고 할 수 없을 만큼 동일하거나 매우 닮았다. 그리고 또 고대 마야인은 지위와 권위의 상징으로써 우산을 알고 있었다. 우산은 BC 3000년경부터 동남아시아에서 사용하였다. 유카탄 착물툰Chacmultun의 프리즈는 오늘날 인도와 동남아시아에서 여전히 사용되는 두 가지 형태의 우산을 보여준다. 우리가 본 것처럼 부채와 가마, 어떤 종교적 개념들은 태평양을 사이에 두고 두 문명에 나타나는 또 다른 공통점이다.

두 문명은 대략 고대 마야 중기에 연결되었을 것이고 새 마야 제국이 시작되었을 무렵 특히 강력했을 것이다. 신화 속 바다 괴물과 사람 모습이 있는 치첸이차의 연꽃 문양은 아마라바티 예술이 엄청난 대중적 인기를 누릴 때인 500년경으로 거슬러 올라간다. 그리고 악마와 결합된 연꽃 문양은 한참 후인 9~12세기에도 존재했음이 밝혀졌다.

더 확실한 증거는 마야의 푸우크 양식이다. 이 양식은 10세기 캄보디아 크메르 제국의 예술 특징인데 인도 제국이 멸망한 후에도 푸우크 양식은 1200년까지 캄보디아 예술에 영향을 주었다.

동남아시아인들이 중앙아메리카에 가려면 태평양을 횡단할 수밖에 없었다. 엄청난 거리였지만 그들은 뛰어난 항해자였고 옛 기록에서 대양을 항해할 수 있는 큰 배가 있었음을 알 수 있다. 프톨레미Ptolemy는 200년경 동인도 배들이 어떻게 인도양을 건너 말레이반도와 인도네시아로 항해했는지 묘사했다. 300년경 말레이반도와 인도차이나까지 말을 운송한 기록이 있는데 아마도 큰 배가 필요했을 것이다. 400년경 중국 수도승 법현은 선원 200명과 함께 배를 타고 실론에서 말레이반도까지 항해한 후 유사한 배로 다시 중국 북부까지 항해했다. 미국의 기술자 월터 크리게버그는 200여 명의 선원을 실었던 배는 1,000년 후 대서양을 횡단한 콜럼버스의 배보다 큰 배였다고 했다.

동아시아의 고대 여행자들은 아마도 북쪽의 쿠릴열도과 알류샨열도 해안을 따라 미대륙의 북서 해안을 향하여 항해했으며 그리고 나서 대륙 연안을 따라 남쪽의 멕시코로 갔을 것이다. 어쩌면 그들은 하와이를 거쳐 북쪽으로 갔으며 그리고 나서 캘리포니아 해안에 닿은 후 남쪽으로 갔을 수도 있다. 훨씬 작은 수백 척의 배들이 태평양을 건넜다. 예를 들면 18~19세기 동안 많은 중국 범선들이 뜻하지 않게 파도에 휩쓸려 대양을 건너 미국 해안에 이르렀다.

수 세기 동안 사람들은 동남아시아에서 중앙아메리카까지 항해를 지속했다. 추측컨대 그들은 상인이거나 소수의 승려였을 것이다. 그들은 태평양을 횡단하여 어떤 식으로든 이익을 보았으며 항해는 분명 계획된 것이었고 아마 고국으로 돌아가는 계획도 있었을 것이다.

만일 그들 중 승려가 있었다면 불교를 전파하지 않았다는 것은 좀 이상하지만 그들이 불교를 가져왔어도 신세계에서 지속적으로 기반을 얻지는 못했을 것이다. 일례로 안남Annam(베트남 북쪽 하노이 지역)의 찬Chans 사람들은 2세기에서 15세기에 힌두와 불교의 강력한 영향력 아래 있었지만 1471년 왕국이 멸망한 후 불교 흔적들은 모두 사라졌다.

아무튼 많은 학자들은 콜럼버스가 아메리카를 발견하기 오래전 동아시아 사람들이 먼저 아메리카에 왔다는 것에 동의한다. 따라서 아메리카는 적어도 네 번 발견되었다. 첫 번째는 10,000여 년 전 베링해협을 건넌 유

치첸이차에 있는 전사의 신전 돌기둥과 '천 개의 기둥'.
호화로운 설계는 이집트를 떠올리게 만든다.

치첸이차의 백인 신 쿠쿨칸 피라미드. 오랜 시간 고고학자들과 복구 전문가들의 노력으로 고대 마야 도시 방문자들은 멸망한 문명의 건축물을 방해하지 않고 걸을 수 있다.

목민들이었다. 두 번째는 300~1200년 사이의 동남아시아 상인들이며, 세 번째는 아이슬란드와 그린랜드에서 출발한 바이킹들로 훗날 콜럼버스가 발견한 빈랜드Vinland(캐나다와 미국 동부 접경지역으로 추정)에 식민지를 세웠다.

어쩌면 아메리카 발견은 네 번이 아니라 다섯 번일 수 있다. 아메리카와 아시아는 16,000km 떨어져 있고 아메리카에서 아시아 방향으로 무역풍이 분다. 만일 그럼에도 동남아시아 사람들이 1세기에 태평양을 횡단해 중앙아메리카까지 왔다면 다른 사람들은 수 세기 먼저 대서양을 건넜을지도 모른다. 아메리카는 카나리아 제도에서 단지 2,400km 떨어져 있고 대서양의 무역풍과 조류는 끊임없이 항해자들을 아메리카 쪽으로 밀어낸다. 그러므로 백인 신이 아메리카에 오는 데는 대서양을 건너는 것이 보다 수월했을 것이다.

10

멕시코의 다른 고대인들

선원들은 모두 익사했으며 이름조차 잊힌 돛대를 잃은 배가 바다 한가운데서 좌초한 것처럼 폐허가 된 도시가 우리 앞에 있다. 누구도 그들이 어디서 왔으며 어디에 속해 있었는지 얼마나 오래 항해했는지 또 침몰 원인이 무엇인지 말할 수 없다.

- 코판을 보며, 스티븐스

마야와 톨텍 제국의 발굴로 나타난 관심은 연대기 저자들이 기록한 많은 것을 확인하며 학자들로 하여금 '정복자'들의 일기를 면밀히 재조사하게 만들었다. 특히 코르테스의 일기는 스페인인들의 커다란 창에 특히 공포를 느꼈던 사포텍인에 관한 많은 이야기를 담고 있었다. 그들의 왕은 코르테스가 아즈텍을 정복한 후 신하로서 예의를 다했지만 산에 있는 사포텍인들은 심하게 저항했고 실제 거의 한 세기 동안 격렬한 항쟁을 벌였다. 스페인인들이 테노치티틀란을 정복한 후 코르테스는 '밸리Valley 후작'이 되었다. 밸리(계곡)가 의미하는 것은 대부분의 금과 은이 채굴되는 산맥 사이에 위치한 오악사카였다.

사포텍인들은 1세기 초 오악사카 북동쪽의 평원으로 이주했다. 나중에 그들은 바다에 이를 때까지 남동쪽으로 계속 나아가 영토는 테우안테펙 지협부터 태평양까지 확장되었다. 그들은 스페인인들이 정복하기 바로 전 치치멕인들이 오악사카 계곡을 침략했을 때 계곡 일부를 잃었다. 아즈텍인들은 오악사카에 수비대를 두었지만 사포텍인들을 완전히 제압할 수 없었다.

연대기 저자들은 사포텍의 도시와 신전, 궁전들을 언급했지만 스페인인들이 멕시코에 상륙하기 오래전 사라졌을 것이다. 저자들은 부유하고 다른 인디언들보다 아름다운 옷을 입은 고대 남자의 유골을 발견했다. 그는 깃털 달린 두건을 쓰고 발까지 내려오는 자수로 덮인 예복을 입고 있었다. 저자들은 또 '영양의 장소', '죽음의 장소'와 위대한 늙은 사제들의 도시를 언급했다. 더욱이 정복 이후 스페인 여행자들은 틀라콜루라Tlacolula 근처에서 지상에 4개의 방과 지하에 4개의 방이 있는 커다란 궁전을 발견했다. 마지막 방에 아치형 구조물과 무덤이 몇 개 있었는데 사포텍에서 두 번째 큰 도시 미틀라의 유적이었다.

미틀라는 1895년 복원되었다. 발굴자들은 다른 궁전과 건축물 사이에 3개의 뜰로 구성된 '콜로네이드(지붕을 떠받치도록 일렬로 세운 돌기둥) 궁전'과 네 면 모두 벽으로 둘러싸인 일종의 파티오(스페인식 테라스)가 있음을 밝혀냈다. 3개의 뜰은 돌처럼 단단하게 모르타르로 포장되어 있고 뜰을 향해 열린 3개의 문과 함께 긴 복도로 둘러싸여 있었다. 문틀은 웅장한 돌이었다.

천장은 미끈하게 다듬은 평평한 여러 개의 돌로 만들었고 벽에는 마치 모자이크 효과가 나도록 기하학적인 선과 문양들이 있었다.

높이 37m, 폭 6m에 이르는 가장 인상적인 거대한 돌기둥들이 만든 길은 벽으로 둘러싸인 파티오와 아마도 가장 지위가 높은 예언자였던 우이아타오Uija-tao가 살았을 방까지 이어졌다. 비슷한 돌기둥들이 치첸이차에 있고 지중해의 고대문명, 예를 들면 티린스에 있는 성의 궁전 뜰과 크레타 크노소스궁의 거실 계단에도 있다.

미틀라는 사포텍인들이 몬테알반에서 가장 크고 오래된 사원 도시를 떠날 때 건설되었는데 1931년 멕시코 고고학자 알폰소 카소Alfonso Caso(1896~1970)가 돌무더기와 깊은 덤불 속에서 발견하였다.

알폰소 카소는 오악사카 계곡 400m 위에 있는 현대의 오악사카 근처 산등성이를 파며 커다란 단으로 향하는 계단과 테라스를 처음 발굴했다. 약 700m에 252m의 단 위에 옛 신전 도시, 거대한 피라미드 그리고 돋을새김과 문자들로 장식된 기념비적 건축물 잔해가 있었다.

이 도시는 최초의 마야 도시가 세워질 무렵인 예수 그리스도가 탄생할 때 건설되었다. 사실 몬테알반은 건축물, 조각상, 문자 그리고 달력에서 볼 수 있듯이 마야의 도시들과 깊은 관계가 있다. 또한 또 다른 고대 사람들인 테오티우아칸 사람들과 적극적인 문화 교류가 있었다.

몬테알반에는 경기를 잘 지켜볼 수 있도록 일련의 계단들이 있는 구세계의 경기장과 매우 유사한 경기장이 있었다. 또한 카소는 아메리카에서 전혀 기대할 수 없는 '진짜 이집트인'을 발견했다. 터번을 쓰고 쪼그려 앉아 있는 벌거벗은 남자의 동상이었다.

몬테알반, 미틀라, 소코 그리고 쿠일라판에서 사포텍 양식은 15세기 또는 아마도 14세기 초에 완전히 다른 양식으로 대체되었다. 젊은 전사들인 믹스텍은 새로운 양식을 받아들였고 그들의 문명, 예술과 융합했다. 몬테알반에서 그들은 단순히 사포텍 무덤들을 비우고 거대한 돌로 문과 벽을 꾸민 다음 죽은 왕들을 매장했다. 장식은 그림이었는데 '프레스코화의 빛나는 고본稿本'이라 불렸고 이것으로 판단하건데 믹스텍 역사는 692년에서 1519년까지 지속되었다.

마야 도시들과 몬테알반뿐 아니라 토토낙의 일부 도시는 1세기에 존재했다. 앞서 스페인인들에 의해 파괴되었다고 언급된 셈포야는 토토낙의 도시였지만 연대기 저자들에 따르면 아주 후기의 것이다. 이보다 오래전 토토낙인들은 전성기일 때 멕시코에서 가장 큰 도시 중 하나인 엘타힌티 tajen(타힌은 '번개'를 의미한다.)에 살았다. 어느 연대기 저자의 설명은 정글 깊숙한 곳의 한 피라미드를 언급했는데 토착민들이 엘타힌이라고 불렀다고 했다. 1785년 한 여행가가 보았지만 150년이 지나도록 이 피라미드에 대한 고고학적인 관심은 없었다.

1935년 가르시아 파이욘Garcia Payon(1896~1977)이 이끄는 소규모 탐사대가 베라크루스에 있는 파판틀라 근처 고지대 정글에서 마체테로 길을 냈다. 수많은 곤충들, 대나무 수풀과 가시 돋힌 야자나무 덩굴손들이 한 걸음 나아가는 것조차 힘들게 만들었다. 기괴하게 생긴 뿌리들이 위태롭게 허공에 있거나 나뭇가지에서 매달려 늘어져 있으며 거대한 나무의 빽빽한 나뭇잎들이 땅 위로 큰 그림자를 드리웠다.

파이욘과 일행은 정글의 어둠 속에서 커다란 산을 볼 때까지 여러 날 사투를 벌였다. 덤불과 야자수, 바닐라 덩굴손 사이로 보이는 산은 피라미드의 윤곽임을 암시했는데 실제로 거대한 타힌이었다. 그들은 피라미드가 정글의 곰팡내 나는 공기와 두꺼운 뿌리들의 침식 영향으로 심하게 훼손되어 있었기 때문에 매우 주의 깊게 주변을 정리했다. 35㎡ 면적에 7개의 계단이 있었고 높이는 약 25m였다. 이전 피라미드들과 다르게 계단 벽에 작은 사각형 홈이 있는 '벽감Niche 피라미드'였다.

발굴자들이 주변 지역을 깨끗이 정리했을 때 한때 사방 모두 건축물들에 둘러싸여 있었음을 알았다. 북쪽과 남쪽에 구기 경기장이 있었는데 벽은 리본 장식으로 꾸며져 있었다.

한 작은 언덕에서 소위 '작은 타힌'이라 불리는 또 다른 피라미드가 발견되었는데 가까이에 고대 도시에서 가장 큰 돌기둥 건축물이 있었다. 이것은 분명 이집트보다 동아시아의 영향을 받은 후대의 것이다. 벽감 피라미드는 고대 버마의 도시 파간Pagan에 있는 탑들과 매우 유사하다. 특히 점토 그릇 위의 타힌 양식의 장식과 짧은 낫 모양의 날개가 있는 서로 맞물린 용은 BC 5~4세기 중국 주나라 후기의 것과 거의 구별할 수 없다. 중국의 둥근 거울 역시 타힌 문명에서 발견되었는데 중국의 거울 재질이 청동인 반면에 타힌에서 발견된 거울은 황철광으로 만들어졌다.

연대기 저자들은 '물고기를 갖고 있는 사람'인 미추아쿠에Michuaque도 언급했다. 그들은 파츠쿠아로Patzcuaro호수 둑 위의 미초아칸에 살았다. 호수는 해발 2,050m에 있으며 물고기가 풍부하다. 스페인인들은 그들을 타라스칸Tarascan이라고 불렀는데 코르테스의 장교 중 한 명인 크리스토발 데 올리드는 호수 주변의 넓은 지역을 정복한 후 도시를 세웠다. 그들은 뛰어난 금세공인이고 깃털 달린 장신구를 만드는 진정한 예술가였으며 스페인인들에게 완전히 정복당한 후에도 여전히 깃털로 만든 사제들의 의복을 교회에 제공했다. 그들은 또한 훌륭한 화가이며 석공, 목수, 목공예, 흑요석 가공과 금속 기술자들이었다.

제국의 건설자이며 최초의 전설적인 왕은 타리아쿠리Tariacuri라 불렸고, 왕국은 친춘찬Tzintzuntzan과 이우아치에Ihuatzie 그리고 파츠쿠아로 세 도시의 연맹을 결성한 그의 위대한 조카 시기에 정점에 도달했다. 그는 아즈텍과의 전쟁에서 승리해 왕국의 국경을 넓혔고 그러고 나서 타라스칸은 아즈텍과 동등해졌다. 그러나 그의 아들은 테노치티틀란 함락 이후 코르테스의 신하가 되었고 국가의 보물을 전달하는 데 실패하여 1532년 화형대에서 종말을 맞았다. 사실 올리드는 1년 전 이우아치에의 보물 저장고에서 그것을 강탈했다.

비록 멕시코의 작은 마을 파리쿠티Paricuti 근처에 5개의 가파른 신전 계단 위로 부분적으로 둥글고 부분적으로 사각형인 낯선 5개의 야카타Yacatas가 여전히 서 있고 상당히 잘 보존되어 있지만 자연 재해가 발생할 때까

쿠쿨칸 피라미드 위의 신전 입구 측면에 있는 뱀 기둥

지 여러 세기 동안 타라스칸인들은 주목을 받지 못했다.

1943년 2월 어느 날 한 농부가 신전과 가까운 밭에서 쟁기질하며 옥수수 씨를 뿌리고 있었다. 갑자기 땅이 꺼지면서 쟁기와 수소를 집어삼켰다. 그는 너무 놀라 마을로 달아나면서 뒤돌아보았는데 붉고 뜨거운 용암 덩어리가 분출하여 그의 땅을 뒤덮고 있었다. 10일 후 용암은 300m까지 치솟았고 불타는 산은 모든 것을 집어삼켰다.

화산이 잠잠해지자 고고학자들은 파츠쿠아로호수의 마을에서 타라스칸의 흔적을 찾기 시작했다. 20개 이상 마을이 있었고 오늘날도 여전히 있다. 호수의 둑 위에서 오랫동안 흙과 숲속에 숨겨져 있던 친춘찬의 거대한 고대 도시가 발굴되었다. 발견된 유적 중에 피라미드가 있었다. 계단은 너무 가팔라서 벽처럼 보였고 가로대는 너무 좁아 겨우 알아볼 수 있었다.

가장 큰 건축물은 약 430×275m에 가파른 벽이 있는 높은 진흙 테라스였다. 테라스는 폭 100m의 계단으로 도달할 수 있고 밑에서 추장의 무덤이 발굴되었다. 무덤 안에는 지금까지 발견된 어떤 장례물품보다 아름다운 장신구들인 구리에 금박을 입힌 반달, 거북 모양의 종, 가는 철사를 납땜해 만든 금 줄세공품과 '석기시대 강철'로 불리는 흑요석을 가공한 걸작들이 있었다. 장신구들에서 보이는 장인의 기술은 사포텍보다 뛰어났다. 추장의 무덤은 죽은 주인을 따라 인간 희생제의가 된 수행원들의 무덤들로 둘러싸여 있다.

그러나 마야의 도시 친춘찬과 타힌, 몬테알반과 미틀라의 영광은 '신이 만들어진 장소'인 거대한 도시 테오티우아칸에 의해 빛이 바랬다. 오래된 전설에 따르면 강력한 백인 거인들이 어두운 과거로부터 와서 우뚝 솟은 건물을 세웠다고 했다.

미틀라의 돌기둥들

크노소스의 돌기둥들

연대기 저자들은 계속해서 이야기했다. 테오티우아칸은 강력한 사제들의 도시였는데 처음에는 톨텍인이 마지막에는 아즈텍인이 거주했다. 도시를 똑바로 가로지르는 수 km에 달하는 넓은 도로가 있는데 도로 양옆의 신전들과 약간 솟은 땅 사이에 종종 계단들을 배치했다. 길은 '비아 사크라Via Sacra' 혹은 '죽은 자의 길(Way of Death)'이라 불렸으며 도로는 동쪽에 있는 달에 봉헌된 커다란 피라미드 하단에서 개방된 광장에 이르고 서쪽에는 더 큰 태양의 피라미드가 서 있었다.

1520년 7월, 코르테스 군대는 테노치티틀란에서 탈출하여 이미 폐허가 된 13㎢의 거대 도시 테오티우아칸을 지나갔다. 다른 마야 도시들처럼 정글에 파묻혀 있지 않았으며 현재의 수도 멕시코시티 북쪽에 있다. 그래서 1917년에서 1922년까지 테오티우아칸을 발굴했던 고고학자 마누엘 가미오Maunel Gamio(1883~1960)는 거처하던 곳에서 유적지까지 20분 걸리는 트램을 타고 다녔다. 아직도 멕시코에서 가장 오래된 도시로 믿어지는 테오티우아칸 유적지는 레오폴드 바트레스Leopold Batres(멕시코, 1852~1926)가 인디언들이 태양의 피라미드라고 부르는 건축물을 파기 시작했을 때인 1905년까지 나무조차 없는 평원으로 한동안 주목을 끌지 못했다. 나중에 가미오는 윤곽을 드러내기 위해 성채를 관통하는 터널을 뚫었다.

밑면이 226×221m인 태양의 피라미드는 쿠푸왕의 피라미드와 면적은 같지만 높이는 이집트 피라미드의 절반인 65.6m이다. 태양의 피라미드는 어도비 벽돌로 세워졌고 두터운 돌과 모르타르로 덮여 있다. 복원된 달의 피라미드는 높이 43m이고 밑면은 122×153m였다.

이상하게 연대기 저자는 가미오가 발굴한 성채에 대해 아무 언급도 하지 않았다. 성채는 오래된 핵심 건물과 나중에 세워진 상부 구조물을 포함해 여섯 단으로 건설된 피라미드였다. 피라미드는 15개의 작은 피라미드들을 거느리고 있는 커다란 밑단 위에 건설되었다. 정면은 여전히 보전되어 있고 주춧돌과 프리즈는 머리를 내민 깃털 달린 뱀의 돌 조각상이 반복적으로 장식되어 있다. 원래 피라미드에는 밝게 채색된 366개의 뱀과 신의 머리 형상이 있었으며 눈에는 흑요석이 박혀 있었는데 분명 환상적인 모습이었을 것이다.

뱀들 사이에 또 다른 종교적 상징인 나비가 규칙적으로 반복되어 있다. 나비는 테오티우아칸에서 출토된 점토 그릇에서도 발견된다. 나비 상징은 아즈텍을 포함한 모든 고대 인디언들에게 친숙했다. 보르보니쿠스 고문서Borobonicus Codex(스페인 정복 전후 아즈텍 사제에 의해 쓰였다.)는 나비 상징을 장식한 소로틀 신의 미라들이 커다란 기둥 꼭대기에 매달려 춤추는 장면을 보여준다.

에벤스는 크레타의 크노소스 궁전에서 점토로 만든 매우 이상한 물건들을 발견했다. 물건들은 의식에서 신녀들이 신을 나타내기 위해 사용하는 '제의용 활'이었는데 매듭이 있는 현대의 타이와 거의 같았다. 그러나 한편으로 떠나간 자의 상징으로도 여겼다. 따라서 테오티우아칸의 인디언들은 크레타로부터 이 상징을 받아들였을 가능성이 있다.

거대한 도시는 아직 완전히 발굴되지 않았다. 1932년과 1935년 사이 시그발드 린네Sigvald Linne(스웨덴, 1899~1986)는 평범한 주거 지역을 파헤쳤고 페드로 아르밀라스Pedro Armillas(스페인, 1914~1984)는 무덤, 무기, 보석, 연장, 도자기 그리고 눈부시게 보존된 벽화들을 발견했다. 발굴자들은 또한 검게 그을린 벽과 숯이 된 기둥들을 발견했다. 이 흔적으로부터 그들은 도시가 856년 톨텍인에 의한 화재로 멸망했다는 믿을 만한 가설을 세웠다.

사실 건축물과 조각상, 장신구, 도구들과 문자 등 모든 발견들은 한 조각 한 조각 모여 퍼즐처럼 도시의 역사로 맞추어지고 그렇게 함으로써 중앙아메리카의 인디언 문명들을 추적할 수 있다. 도시를 건설했을 때 주위에 원시적 주거지가 있었으며 멕시코 계곡에 여전히 태고의 문명이 있었다. 그러나 문명이 시작될 때 테오티우아칸 양식은 없었다. 갑작스런 변화가 찾아왔는데 아마도 다른 사람들이 도시에 정착했을 것이었다.

태양과 달의 피라미드 같은 도시의 큰 건축물들은 100년에서 300년 사이에 세워졌고 제국의 전성기는 5~6세기였다. 톨텍에게 패배한 것은 아마도 왕조의 타락 때문일 것이다. 제국 멸망 후에 주민들은 테스코코호수 서쪽 둑에 있는 아즈카포찰코로 달아났고 그곳에서 옛 문명은 새로운 꽃을 피웠다.

고고학자들에 의해 테오티우아칸이 복구되고 건축물과 예술품들을 다른 문명과 비교하자 한때 가장 중요한 문명이었다는 것을 보여주었다. 기술적 성과와 문양, 장식들은 중앙아메리카를 넘어 광범위한 지역에 영향을 끼쳤다. 테오티우아칸은 마야와 연결되어 마야문명은 물론 예술의 작은 부분까지 영향을 미쳤다. 어쩌면 과테말라 고원에 식민지를 건설했을지도 모른다.

사포텍 역시 큰 영향을 받았다. 몬테알반에서 비의 신은 테오티우아칸의 비의 신과 매우 비슷하다. 신화적인 나비 역시 테오티우아칸의 머리에 쓰는 가면과 그릇들을 상기시키며 공통적으로 옥수수 신을 가지고 있다. 토토낙 역시 테오티우아칸의 서로 얽히고 꼬인 띠 장신구를 가지고 있으며 돌로 만든 굴레에서 나비가 발견되었다.

눈에 띄는 이런 공통점들은 중앙아메리카의 모든 문명이 테오티우아칸에서 파생되었음을 짐작케 한다. 그러나 똑같은 시간에 만들어진 다른 발견들은 문명의 기원에 대해 새로운 관점을 제시한다.

1928년 테스코코호수 북쪽 둑에서 발굴작업하던 고고학자들은 7~14m 높이의 돌무더기를 발견했다. 고고학자들은 돌무더기를 정리하며 밑바닥의 가장 오래된 층, 인구 변화가 있었을 것으로 보이는 중간 층 그리고 고도로 발달한 테오티우아칸 문명이 있는 가장 위층을 구분할 수 있었다. 다른 돌무더기들의 가장 위층은 아즈텍의 잔재이고 그러고 나서 4m 두께의 테오티우아칸 층이 있고 가장 아래는 1.5m 두께의 문명 초기 층이었다.

고대문명은 대략 BC 3000~BC 1000년 사이에 존재했다. 이 시기에 발견된 간단한 연장, 용기 그리고 장신구들, 예를 들면 장신구로 만든 조개껍질은 태평양 또는 대서양 연안으로부터 도입되었을 것이라는 사실을 가리킨다. 따라서 남쪽 사람들과 무역을 했을 것이다. 옥의 존재 하나만으로도 증거가 될 수 있다.

도자기는 특별히 주목을 끌 정도로 매력적이다. 고대의 점토 조각상들은 멕시코에서 결코 달성하지 못한 사실주의를 보여준다. 도자기 조각상은 팔과 다리가 잘리고 과하게 허리가 작은 원시적인 사람 형상이다. 이 조각상은 포동포동한 몸과 큰 가슴, 살찐 엉덩이의 여성을 나타내는 틀라틸코Tlatilco 예술에서 정점에 도달했다. 또 '귀여운 여인'이라 명명된 표본들이 있는데 머리에 정성을 들인 여인 조각상, 요염한 무희, 어린아이와 함께 앉아 있는 어머니, 작은 애완용 개와 함께 있는 여인 등이다.

남성 조각상들 중에는 구기 경기(Ball Game) 선수들, 가면 쓴 조각상, 곱추 그리고 짧은 수염의 남자가 있었다. 비록 원시적이지만 이런 작품들은 문명의 초기 단계를 나타내는데 마치 고대 그리스의 초기 작품들이 그리스 예술의 영광을 향하여 첫발을 내디딘 것과 같았다.

고고학자들은 점토 그릇, 연장, 조각상과 도기들이 묻힌 두텁게 쌓인 진흙층을 발견했다. 1900년, 고고학자 젤리아 누탈Zelia Nuttall(미국, 1857~1933)은 자카텐코Zacatenco를 파헤치고 있었다. 그녀는 이전 발굴자들이 비슷한 두터운 진흙층을 발견하였고 레오나드 울리Sir Leonard Wooley(1880~1960) 경 역시 매우 비슷한 진흙층을 우르에서 발견했던 것을 기억했다. 울리 경의 바빌로니아 발견물들은 인간의 모든 거주지를 삼켜버렸다는 전설의 대홍수가 사실임을 증명했다. 젤리아 누탈은 테스코코호수 옆에서 대홍수의 흔적을 발견했다. 그녀는 진흙에서 파낸 원시적인 발견물들을 손에 쥐고 멕시코 계곡을 보며 3,000년 전의 모습을 그려보았다.

큰 호수가 있었고 둑에는 계곡에 사는 사람들의 작은 오두막이 있었다. 비가 왔다. 여러 날 여러 주 동안 단 한 번의 중단도 없이 계속 비가 내렸다. 호수의 수면이 올라가며 둑 위 오두막들이 잠기자 사람들은 산 위로 달아났다. 비는 계속되면서 호수의 수면은 날마다 올라갔고 사람들은 목숨을 구하기 위해 보다 높이 산 위로 올라가야 했다. 계곡에 머물렀던 사람들은 모두 죽었다.

비는 약해지지 않았다. 개울이 산 아래로 흘러내리며 강이 되었으며 이내 진흙과 돌이 뒤섞인 급류로 변했다. 공포에 휩싸인 사람들은 마을을 떠날 때 미리 만들어두었던 초라한 피난처로 기어 들어갔다. 동물들도 그들과 함께 피난처를 찾았다. 그들은 오두막, 도구 등 모든 것을 두고 떠났으며 호수 수면은 19m로 높아져 계곡 전체를 채웠다. 호수의 서쪽 둑 위 코필코Copilco에 사는 사람들 역시 달아나야 했고 3,000년 후 진흙층에서 회수된 것은 그들의 점토 그릇이었다.

공포스런 곳에서 달아나 살기 위해 산꼭대기에 오르거나 또는 다른 지역으로 도망친 사람들은 대홍수에 대해 이야기했고 이 이야기는 인디언의 신화 중 하나가 되었다. 아즈텍 전설에서 세 번째 시대는 홍수로 멸망했다. 페루에 고대의 전설을 가져온 사람들은 북쪽 해안을 정복하고 작은 왕국을 세웠다.

우리는 메소포타미아와 수메르의 길가메시 서사시(가장 오래된 서사시. BC 2750년경 메소포타미아의 길가메시가 주인공인 문학작품)를 알고 있다. 그리스의 전설은 대홍수 이야기를 가져와 유일하게 데우칼리온만 탈출시켰는데 그가 노아였으며 인디언 신화에서는 앞서 언급한 타피였다. 고고학자들은 길가메시 서사시와 인디언 신화가 실제로 오래전에 일어난 자연의 대재앙임을 발견했다.

1,000년 뒤에 멕시코 계곡은 두 번째 대재앙을 목격했다. 홍수로부터 달아난 사람들이 되돌아왔다. 그들의 후손들은 여전히 대홍수가 마치 자신들의 시대에 일어난 것처럼 이야기했다. 물이 가라앉는 데 500년 걸렸고 호수 수면은 예전 높이로 내려앉았다.

호수의 둑에 다시 거주지가 생겼다. 사람들은 땅을 경작했고 호수에서 물고기를 잡았다. 그러나 땅 아래가 평온하지 않았기에 여전히 공포 속에 살았다. 수시로 지진이 났고 거대한 아주스코Ajusco 화산이 수증기와 연기, 불을 내뿜었다. 분화구 위의 버섯구름이 보다 높아지고 커졌다. 어느 날 화산이 폭발해 불꽃들이 하늘을 향해 솟아올랐다. 흘러내리는 용암 줄기가 시틀라Xitla산을 덮쳤고 계속해서 계곡으로 흐르며 천천히 모든 것을 불태워버렸다.

하늘을 뒤덮은 검은 화산재가 태양 빛을 가려 한낮에도 어둑어둑했으며 사람들은 붉은 용암이 주거지를 덮치기 전에 논밭과 죽은 자들의 무덤을 지나 달아났다. 오직 쿠이쿠일코Cuicuilco 피라미드만 너무 높아서 용암 덩어리가 완전히 집어삼키지 못했는데 오늘날 피라미드의 2/3가 굳어 돌이 된 용암 위로 솟아 있다.

폭발이 멈추고 용암이 식으면서 사방 52㎢가 돌로 변했다. 6~8m 두께의 돌 하나가 멕시코 계곡 남서쪽에서 생활했던 사람의 흔적을 덮어버렸다. 이 흔적은 고고학자들이 용암층 측면을 파낼 때 발견되었다.

멕시코시티 남쪽 외곽에 있는 1/3이 돌에 묻힌 쿠이쿠일코 피라미드는 둥근 건축물로 20m 높이에 직경이 138m이다. 바깥쪽은 진흙으로 되어 있고 하단은 다듬지 않은 돌로 둘러싸여 있다. 피라미드는 몇 개의 원형 무덤군으로 둘러싸여 있으며 계단은 사각형 제단이 있는 상단까지 이어져 있다. 피라미드는 BC 2~3세기쯤 세워졌고 화산은 예수님이 탄생한 무렵이나 또는 조금 일찍 폭발했을 것이다.

고고학자들에게 무엇보다 중요한 것은 고도로 발전한 문명으로부터 예술적 기술을 가져왔음을 보여주는 조각상과 인물상, 그릇들이었다. 그러나 그런 기술들이 아즈텍이나 톨텍, 치치멕, 마야, 토토낙, 사포텍에서 왔다고 보기에는 너무 오래되었는데 이들의 역사는 300년경까지만 추적할 수 있기 때문이었다. 인디언들에게 알려진 것보다 더 오래된 우리가 간과한 다른 고도의 문명이 있었을까? 이 질문은 수년 동안 멕시코에서 최대의 수수께끼였다.

11
올멕과 그들의 발명품

이것은 내 터키석이었다. 내가 총각 때 아내 리아에게 받았다. 나는 그것을 광야에 가득한 원숭이 떼를 준다 해도 바꾸지 않을 것이다.

— 『베니스의 상인』에서 샤일록(Shylock)

거의 모든 연대기 저자들은 가장 오래된 인디언 왕국이며 코코아와 고무나무가 자라고 희귀한 케찰 새, 미식조, 트루피알Troupial(황조류 일종), 저어새가 날아다니는 천국이었던 올만을 언급했다.

나라에는 금과 은, 옥, 터키석이 풍부했다. 올멕인들은 예복을 입었고 아름다운 장신구를 착용했으며 가죽이나 때때로 고무로 만든 신을 신었다. 그들은 대지의 여신과 달의 여신을 숭배했으며 과학의 비밀을 알고 있었고 왕을 위한 마법사가 있었다.

위대한 모든 것이 올멕에서 최초로 발생했으며 모든 발견과 문명이 올멕에서 나왔다. 연대기 저자들은 다른 놀라운 것들도 언급했지만 그러한 이야기는 단순히 전설로 치부되었다. 19세기 말까지 발견된 거의 모든 고대 인디언 예술품은 양식에 따라 문명을 구분하는 기준이었다.

그러나 1884년 알프레도 차베로Alfredo Chavero(1841~1906)는 멕시코만 해안에서 어떤 문명에도 속하지 않으며 오직 구세계에서 이주한 사람들이 만들었다고 설명할 수밖에 없는 거대한 크기의 입체 석조 두상들과 사람과 재규어를 혼합한 조각상, 얼굴이 있는 도끼 – 머리 같은 매우 이상한 것들을 발견했다고 발표했다. 이후 노구에라Noguera는 미초아칸에서 녹색의 작은 돌 인물상을 발견했고 베일런트Vaillant는 구알라피타에서 같은 종류의 점토 인물상을 발견했다. 둘 다 수년 전 트레스 사포테스에서 발견된 석관과 동일한 양식으로 보였다.

1910년경 라벤타 서쪽 산 안드레스 툭스틀라 근처에서 같은 양식의 옥으로 만든 작은 인물상이 발견되었다. 인물상에 날짜가 새겨 있었는데 그때까지 알려진 마야 문자와 매우 유사했기 때문에 해독할 수 있었다. 인물상에는 162년이라고 새겨 있었는데 그때까지 멕시코와 유카탄에서 발견된 어떤 것보다 오래된 기록이었다.

이제 유사한 발견물들을 분류하고 이것을 만든 고대인들을 증명할 수 있게 되었는데 더욱 놀라운 것은 그들이 이미 문자를 갖고 있었다는 사실이었다. 마침내 학자들은 발견된 것들은 모든 멕시코 문명의 뿌리이며 연대기에서 언급한 올멕의 유물이라고 강력하게 주장했다. 올멕인들은 알바라다 석호lagoon(사구나 산호초에 의해 바다와 분리되어 형성된 호수)에서 베라크루스 남부와 오늘날 툭스틀라 지역인 유카탄반도 가장자리에 있는 테르미노스 석호 사이의 멕시코만 연안에서 살았다. 그들의 흔적은 모렐로스, 게레로, 푸에블라, 오악사카, 치아파스에서도 발견되었다.

대서양 연안의 거대한 늪지 어딘가에 있었을 수도를 발견하기 위해 탐사대가 출발했으나 작은 단서조차 발견하지 못하고 돌아왔다. 30대 초반

치첸이차에 있는 천 개의 기둥은 근본적으로 크노소스의 콜로네이드 (돌기둥들)와 같다.

크노소스 궁전의 돌기둥

의 미국인 매튜 스털링Mattew W. Stirling(1896~1975) 역시 어디를 파헤쳐야 하는지 정보를 얻기 위해 원주민들에게 질문하고 모든 언덕을 체계적으로 조사했지만 실패한 것처럼 보였다. 일주일 동안 그와 조수들은 온 지역을 돌아다녔으나 아무것도 발견하지 못했다.

어느 날 그는 나무가 우거진 언덕이 늪지 중앙에 솟아 있는 것을 보았다. 언덕은 거대한 호수의 물이 오랜 기간을 두고 점차 증발하여 늪지가 되기 전에는 분명 섬이었을 것이다. 스털링은 원주민들에게 섬에 대해서 무엇을 알고 있는지 이름이 무엇인지를 물었다. 원주민들은 이름이 라벤타라고 했는데 그들로부터 알 수 있는 정보의 전부였다. 그러나 어떤 특별한 것이 있다는 예감이 들었다. 그는 어떤 비밀이 숨어 있는지 알아보기로 했다.

언덕에 도착했을 때 그들은 스티븐스가 코판에서 겪었던 것과 똑같은 경험을 했다. 울창한 맹그로브의 빽빽한 나뭇잎 사이로 반짝이는 벽을 보았고 이내 높은 건축물과 마주했다. 그 모습은 한때 건축물들 중심과 광장 주위에 크고 작은 진흙 피라미드들이 있는 보다 큰 피라미드였음을 나타내고 있었다. 올멕의 수도 라벤타였다.

발굴을 시작했을 때 스털링은 매우 혼란스러웠다. 피라미드 북쪽 7m 깊이에서 우연히 구불구불한 모자이크 조각들과 역시 구불구불하며 모자이크에 십자 모양이 있는 37개의 도끼머리를 발견했다. 면밀히 조사한 결과 역청을 이용해 세심하게 모자이크 조각들을 박았음이 밝혀졌다. 역청은 유프라테스강과 티그리스강 사이의 기름이 풍부한 토양에서 얻을 수 있는 무역상품이었으며 구세계 문명으로 수출되었다. 크레타인들은 예술품 표면이나 타르시아Tarsia(쪽나무 세공) 양식으로 채색할 때 작은 조각

코판의 젊은 옥수수 신. 이런 표현은 동아시아와 지중해의 영향력을 암시한다.

들을 붙여 무늬를 넣기 위하여 역청을 사용했다. 약 90cm의 크레타의 유명한 게임판에는 금, 은, 상아, 수정 조각들이 있고 수정의 원에는 금박이 입혀져 있다. 크레타의 황소 머리 모양 술잔에서 보이는 트리톤(다리가 물고기인 포세이돈의 아들)은 눈이 주홍색 눈동자의 수정이고 벽옥의 뼈대가 있다. 이 모든 요소들은 주의 깊게 역청을 이용해 박았다.

크레타에 대한 발굴은 여전히 진행 중이고 최근 오래된 제의용 동굴을 탐사했을 때 마치 라벤타에서 스털링이 발견한 것처럼 많은 청동과 금 도끼들이 제단 근처에 걸려 있거나 묻혀 있었다.

스털링은 무게가 20~50톤 정도 되는 거대한 제단도 발견했다. 제단 상단은 돌출되도록 거대한 돌을 거칠게 깎아서 만들었고 모든 면에는 재규어가 돋을새김으로 덮여 있었다. 첫 번째 제단의 오목한 홈에는 다리를 교차한 둥근 조각상이 있었다. 조각상은 제단 측면에 얕게 돋을새김한 족쇄를 차고 있는 두 남자에게서 나오는 밧줄로 고정되어 있었다.

두 번째 제단 홈의 주 동상은 무릎 위에 난쟁이를 잡고 있다. 잡힌 난쟁이는 제단 측면에서 네 번 반복되는데 제멋대로인 어린이 모습이다. 기술이나 느낌이 몬테알반의 돋을새김과 비슷한데 마치 동일한 장인이 만든 것 같다.

제단을 만들기 위해 사용된 돌은 툭스틀라 화산에서 가져왔는데 예전에 호수였던 섬까지는 일직선으로 129km 떨어져 있다. 올멕인들이 어떻게 거석을 운반했는지 결코 풀리지 않는 미스터리이다.

라벤타 유적의 또 다른 미스터리는 돌로 만든 거대한 두상이다. 스털링과 조수들은 땅을 파기 시작하자 6개의 거대한 두상과 마주쳤다. 가장 작은 두상은 1.8m 높이에 둘레가 5.5m이며 큰 것은 높이가 2.5m에 달했다. 처음에 발굴자들은 단지 머리만 땅으로부터 튀어나와서 거대한 동상이라고 생각했다. 그러나 있어야 할 몸통은 없었으며 두상은 여러 겹의 주춧돌(Plinth) 위에 놓여 있었다. 라벤타에서 보다 훨씬 큰 동상이 발견되었는데 머리에 빗을 꽂고 손에는 그릇을 들고 있었다. 재규어 얼굴 모양의 가면을 쓴 거대한 조각상은 한때 툭스틀라의 화산 분화구 가장자리에 서 있었다.

크기만큼이나 놀라운 조각상의 사실성은 후기 시대에도 결코 성취될 수 없었으며 모든 중앙아메리카 제국 조각상들의 표본이 되었다. 그런데 모든 조각상 형상은 하나같이 인디언들이 아니다. 비록 많은 공통점이 있지만 특별히 한 인종을 가리키는데 뺨을 보호하는 덮개가 달린 헬멧을 쓰고 있었다.

백인 신은 헬멧을 썼다. 아즈텍 왕자는 코르테스에게 용병들의 금박 헬멧을 요구했는데 왜냐하면 백인 신이 썼던 헬멧과 같았기 때문이었다. 크레타에서 비슷한 헬멧이 발견되었는데 뺨을 보호하기 위한 것으로 보이는 도금한 멧돼지의 이빨이 달려 있었다. 헬멧은 미케네에서 출토된 상아 돋을새김처럼 말의 갈기털이 장식되어 있었는데 아마도 백인 신이 썼던 헬멧과 같은 종류였을 것이다.

만일 백인 신의 헬멧이 올멕까지 거슬러 올라간다면 깃털 달린 왕관 역시 올멕이 기원일 것이다. 올멕은 '열대우림 새들의 낙원'으로 묘사되었다. 톨란을 떠난 케찰코아틀은 멕시코만 연안으로 가서 '연안에서 온 사람의 장식품'인 케찰 새의 깃털 있는 왕관을 썼다. 왕관은 오늘날 빈 인류학박물관에 보관된 몬테수마 2세의 유명한 왕관과 동일한데 이런 인디언의 깃털 달린 왕관들은 많은 박물관에서 사람들을 감탄하게 만든다.

우리는 아름다움에 대한 인디언들의 비범한 예술적 표현이었던 섬세한 깃털 자수, 작은 깃털로 만든 카펫, 무릎덮개 또는 코트를 알고 있다.

빛나는 금속성 깃털은 밝은 것에서 어두운 청색까지, 옅은 것에서 진한 노란색까지 다양하다. 녹색 깃털, 갈색 깃털, 보라색 깃털, 붉은색과 주황색 깃털들이 모여 최상의 섬세한 명암과 비단처럼 최상의 부드러운 문양이 만들어지고 옷에 장식되었다. 스페인 주교들은 깃털 코트가 너무 아름다워 '정복' 이후에도 오랫동안 인디언 여인들이 만든 깃털로 장식한 제의를 입었다.

메소포타미아나 이집트 또는 크레타에서 깃털 공예품은 발견되지 않았지만 크레타인들은 분명히 친숙했다. 이카루스의 전설(원래 크레타)에서 아버

올멕에서 출토된 재규어 인간은 그들이 봉헌한 도끼와 옥 인물상을 보여준다.
올멕인은 크레타인처럼 옥 가공 장인들이었다.

케찰코아틀, 신비한 유산을 찾아서 173

지 다이달로스는 깃털로 날개를 만들어 미로를 만들라고 요구하던 미노스 왕의 토굴 감옥을 탈출하였다. 간수는 그들이 감방에 남긴 깃털, 밀랍 그리고 가죽끈들을 발견했다.

연대기 저자는 올멕인들이 올만에서 왔다고 했다. '올만'은 '고무의 나라'라는 의미이다. 만일 올멕인들이 고무로 만든 신을 신었다면 고무공도 발명했을 것이며 아마도 경기장뿐 아니라 제의용 시합도 만들었을 것이다. 가장 오래된 경기장들이 그들의 도시에서 발견되었으며 이후 문명에서도 비슷한 경기장들이 발견되었다.

재규어 문양 역시 아즈텍과 톨텍, 테오티우아칸과 마야의 우악사툰을 지나 올멕까지 거슬러 올라간다. 올멕인들은 '재규어 광Mania'으로 불릴 만큼 재규어에 심취했고 사람과 짐승 사이의 모든 단계와 형태를 재규어로 묘사했다. 고대 크레타인들은 사자에 열정이 있었다. 그래서 크레타 문명과 그들을 추종한 문명에서 사자 가면이 많이 발견되었다.

크레타의 사자 가면

옥으로 만든 작은 부적과 모든 인디언들에게 엄청난 가치가 있었던 푸르스름한 유백색 혹은 에메랄드색 보석같이 라벤타에서 발견된 다른 것들 역시 크레타의 전형이었다. 그것들은 금이나 은보다 소중히 여기는 가장 귀중한 소유물이었으며 죽은 후 신에게 바치는 가장 귀한 선물이었다.

올멕에서 대규모 옥 공예품이 발굴되었다. 올멕인들은 옥 공예 장인들이었고 기술은 중앙아메리카의 모든 문명으로 전해졌다. 아즈텍의 지배를 받은 사람들 공물 목록에서 보듯이 공물의 일부는 옥 공예품이었다.

라벤타의 한 무덤에서 옥으로 만든 귀걸이, 동물 조각상과 도끼가 출토되었는데 반짝이며 부드러운 반투명한 돌의 표면을 유지하기 위해 아무 문양을 넣지 않았으며 단지 살짝 긁힌 흔적만 있었다. 세로 데 라스 메사스Cerro de las Mesas의 한 장소에서 82개의 옥으로 만든 조각상이 발견되었는데 여물통 모양의 통나무 배와 노, 눈물 흘리는 난쟁이 조각상도 있었다.

구세계의 고대문명들 역시 옥과 친숙했다. 특히 중국인들에게 큰 가치가 있었는데 공자는 옥을 미덕의 돌이라 불렀다. 페니키아인들은 옥 공예 장인들이었고 무역상들은 옥 공예품을 전 세계에 알렸다. 크레타와 미케네의 옥으로 만든 화병과 장식품들은 BC 1500년경 이집트 투트모스 3세의 궁전까지 전해졌는데 페니키아인들이 가져와 아프리카 상아와 교환하였다.

암소 머리를 한 이집트의 여신 하토르Hathor는 옥과 터키석의 여신이었다. 녹옥은 크레타에서 특히 중요했는데 크레타 여인들은 옥으로 만든 부적으로 몸을 치장했다. 지금도 크레타의 농사 짓는 여자들은 목 주변의 리본 위에 구멍 뚫린 미노아의 돌 도장을 착용한다. 그녀들은 어떤 값에도 돌을 팔지 않는다.

비슷하게 아마존의 인디언 부족 추장들도 여전히 목 둘레에 그런 돌들의 리본을 착용하는데 벗는 것을 완강히 거부한다. 또한 물물교환할 때 포

치첸이차의 신성한 우물. 몹시 가파른 벽은 20m 아래의 희미하게 비치는 녹색 지점까지 내려간다.

함되지 않는 유일한 물건이기도 하다. 아마도 공자의 '미덕의 돌'을 찾으려는 것은 극동에서 아메리카로 사람들이 온 이유 중 하나일 것이다.

호박 역시 보석으로 사용되었다. 치첸이차의 신성한 우물에서 굴착기로 엄청난 양의 호박을 들어 올렸으며 호박 장신구는 거의 모든 인디언 문명에서 발견할 수 있다. 구세계에서는 오직 페니키아인만 발트해에서 호박을 가져와 거래했다. 그러나 크레타인들은 오래전 배를 이용해 발트해

치첸이차의 해골 선반. 전사들에 대한 종교적 표현이었다.

에서 호박을 가져와 장신구로 사용했다. 따라서 인디언들의 호박도 옥처럼 구세계에서 왔을 것이다.

구세계에서 왔다는 것은 올멕에서 전수한 토토낙의 돌 멍에와 소위 팔마스Palmas로 증명할 수 있다. 팔마스는 하단에 움푹 들어간 곳이 있는 삼각형 돌기둥이다. 기둥은 새, 종종 눈을 감고 서 있거나 무릎 꿇은 사람, 간혹 '사람을 닮은' 새와 뱀, 나비들로 장식되어 있다. 조각상의 요소와 처리 방식은 장인 솜씨인데 타힌산에서 같은 솜씨의 돌 굴레(Yoke)가 발견되었다.

현무암이나 안산암, 섬록암 또는 사문석으로 만든 굴레들은 말굽을 닮았으며 동물이나 새, 간혹 동물이나 새 가면을 착용한 인간이 표현되어 있는데 머리는 하단에 있고 팔과 다리는 옆에 있다. 죽은 자를 위한 봉헌물이 옆에서 발견되었기 때문에 분명히 죽은 자를 위한 어떤 의식과 관계가 있을 것이다. 굴레는 죽은 자를 땅에 묶어둔다는 의미였겠지만 중요성은 결코 확실하게 설명할 수 없다.

올멕의 일부 굴레는 이집트에서 죽은 사람을 위한 의식의 일부로 알려진 것과 같은 십자형이다. 이집트인들은 이것을 '앙크Ankh'라고 불렀는데 죽음 이후의 삶에 대한 상징이었다. 올멕인들이 어쩌다 우연히 똑같은 상징을 발명했다고 볼 수 없다.

올멕과 토토낙의 도끼들이 발견되었는데 전반적으로 의식용 도끼와 형태가 달랐는데 칼 형태를 따라 동물과 사람 또는 간혹 곡예사 형상을 넣었다. 우리는 고대 이집트에서 유사한 도끼를 보았다. 칼날의 형태와 곡면을

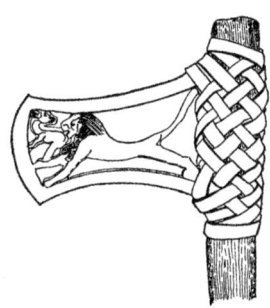
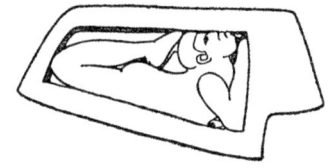

이집트(왼쪽)와 올멕(오른쪽)으로부터의 구멍을 뚫은 날이 있는 의식용 도끼들

따라 기술적으로 조화롭게 동물들을 넣었다.

학자들은 지난 10년 동안의 발견물 양식들을 비교하면서 중앙아메리카 모든 문명의 돌 다루는 솜씨는 올멕이 기원이라는 결론을 강요받았다. 올멕인들은 또한 돋을새김과 원형 조각상, 석비를 발명했다. 그들의 석비는 이후의 모든 사람들에게 채택된 장인의 놀라운 창조물이었다. 올멕의 석비 예술은 1,000년 동안 거의 간극 없이 추적할 수 있다. 마야인들은 피라미드를 건설하기 위해 모르타르를 발명한 올멕에서 치장벽토와 석비를 가져왔다. 올멕의 또 다른 발명품들은 피라미드와 거대한 돌 제단, 석관, 역청, 아마도 깃털 공예와 고무공 그리고 문자였다.

지금까지 알려진 인디언 문자 중 가장 오래된 올멕 문자는 단지 몇 개의 마야 양식 석비에 남아 있다. 올멕인들은 마야인들에게 그들의 문자를 주었으며 아마 조각상도 주었을 것이다. 올멕은 분명 크레타 문자를 알고 있었으며 그래서 마야의 문자는 크레타 문자였다.

사실 지속 기간이 짧았던 올멕 문명의 강력함과 다양성, 영향력은 역사적으로 볼 때 거의 유일하다. 올멕이 멸망했을 때 가장 가까운 이웃이었던 마야, 몬테알반의 사포텍 그리고 역시 올멕인들이 세운 테오티우아칸 사람들에게 문화가 전해졌다. 토토낙과 타라스칸은 올멕의 건축물과 건축 요소를 받아들였고 12세기 말 톨텍인이 올멕이 건설한 거대 도시 촐룰라에 왔을 때 도시는 여전히 번성 중이었다.

올멕은 분명 기원 첫 해에 멕시코에 와서 라벤타와 트레스 사포테스를 건설했을 것이다. 이런 사실은 훗날 건설된 도시에서 발견된 초기의 두 유물로 확인할 수 있다. 하나는 이미 언급했다. 162년이라는 날짜가 새겨져 있으며 사람 얼굴에 오리 주둥이와 새의 날개가 있는 어설픈 옥 인물상이다. 다른 하나는 31년경의 석비 조각으로 뒷면에 재규어 가면이 장식되어 있다.

올멕 조각상에 나타나는 특징들은 올멕인이 인디언이 아니었음을 증명한다. 그러므로 올멕인들은 훗날 마야와 사포텍으로 갔으며 멕시코의 백인 신이 되었을 것이다(276쪽 표를 보라).

올멕 문명과 우리의 고대문명들은 공통점이 많지만 그 공통점들을 구세계에서 찾을 수는 없었다. 왜냐하면 그들이 멕시코에 소개한 '발명품'들인 역청, 의식용 도끼, 옥, '재규어 문양'은 오랫동안 구세계에서 잊혔기 때문이다. 문자도 마찬가지이다. 크레타의 고도 문명은 1,500년 전 사라졌고 크레타 문자는 더 이상 전해지지 않았다.

그러므로 올멕은 그들의 문명과 문자를 중앙아메리카 바깥 어디에선가 번성했을 더 오래된 인디언 제국에서 받았을 것이다. 그들은 크레타 문자를 사용했으며 예술과 건축술을 수백 년간 발전시켰을 것이다. 올멕인들은 멕시코에 도착했을 때 오로지 오랜 경험을 통해서만 얻을 수 있는 것들을 이미 알고 있었다.

신비의 인디언 제국은 남아메리카에 있었을까?
올멕인들은 남아메리카에서 이주한 것일까?

12
페루 평원의 고대인들

 지난 수십 년 동안 페루 평원에 건축물이나 도시 전체를 집어삼켰던 한 치 앞도 볼 수 없는 정글은 없었다. 평원은 건조하며 130km 너비의 모래로 뒤덮인 좁고 긴 땅으로 태평양 해안을 따라 약 1,600km 이어져 있다. 만일 비행기를 타고 통과한다면 수백 개의 피라미드를 볼 수 있다. 고대 파카트나무Pacatnamu의 고대 도시로 추정되는 제쿠에테페쿠에Jequetepeque 강 입구 근처의 유적지들 사이에 70개 이상의 피라미드가 있다. 파카트나무는 한때 찬찬Chan-Chan으로 불렸으며 수십 개 이상의 큰 도시가 있었다.
 나일강의 하우와라Hauwara와 일라훈Illahun 피라미드처럼 (중앙아메리카의 피라미드와 달리) 페루의 모든 피라미드는 어도비 벽돌로 세워졌는데 바깥쪽 계단이 신전이 있는 상단까지 이어진다.
 멕시코에서 수 세기 동안 사라진 도시에 관한 신화가 그 도시들의 존재에 대한 가장 큰 또는 유일한 증거였다. 페루의 유적 대부분은 스페인인들이 처음 왔을 때 있었던 것처럼 오늘날에도 여전히 서 있다. 그래서 페루의 고고학은 매우 다른 방법으로 발전했다.
 멕시코에서처럼 정글에서 사투를 벌이는 대신 누구나 삽 한 자루만 있으면 수많은 유적을 볼 수 있었고 즉시 발굴을 시작할 수 있었는데 단순한 호기심으로 페루로 가서 잠시 동안 땅을 파는 것이 한때 유행이었다. 파헤친 모든 곳에서 유물이 나왔으며 많은 진지한 고고학자들 역시 와서 수고를 아끼지 않는 연구를 통해 우리들이 고대문명에 대한 엄청난 지식을 쌓는 데 기여했다. 특히 해안 근처 매장지에서의 작업이 성공적이었다. 그들의 끊임없는 세밀한 작업을 통해서 고대 치무 제국의 실체가 밝혀졌다.

연대기 저자들에 따르면 치무인들은 키토, 람바예케 그리고 치라Chira 계곡의 수많은 작은 왕국들을 연합하여 치무 제국을 세웠다. 작은 왕국들은 멕시코 해변에서 뗏목을 타고 온 사람들에 의해 세워졌는데 아마도 그들은 대홍수로 떠밀려 내려왔기에 대홍수 전설을 가져왔을 것이다.

치무 역시 처음에는 모체강을 따라 요새와 신전들을 지은 부족 추장이나 작은 왕들이 있었다. 그들은 처음에 스스로를 모치카라고 불렀는데 이는 그들 언어의 이름이기도 했다. 수 세기 동안 그들은 모든 이웃을 정복하여 해안 평원을 지배했다. 이후 그들은 '지배자'를 뜻하는 치무로 불렸다. 그들의 왕 중 한 명이 5세기 말 또는 6세기 초에 통치했던 '위대한 치무'인데 제국을 엄청나게 확장시켰다. 수 세기 동안 그들은 계속해서 힘을 키웠고 많은 양의 금을 확보했다.

잉카 이전 페루에서 가장 컸던 치무 제국은 거의 15세기 동안 존속했는데 역사는 크게 3기로 나눌 수 있다. 제1기는 이주하고 정착하는 AD 500년까지이며 제2기는 위대한 왕들의 치세 아래 약 1,000년경까지 지속된 번영기이다. 제3기는 15세기 중반 잉카에게 정복당할 때까지이다.

연대기 저자들은 치무의 마지막 왕 치무 카팍Chimu Capac의 군대가 잉카 투팍 유팡키Inca Tupac Yupanqui와의 전쟁에서 패하여 제국이 멸망했다고 기

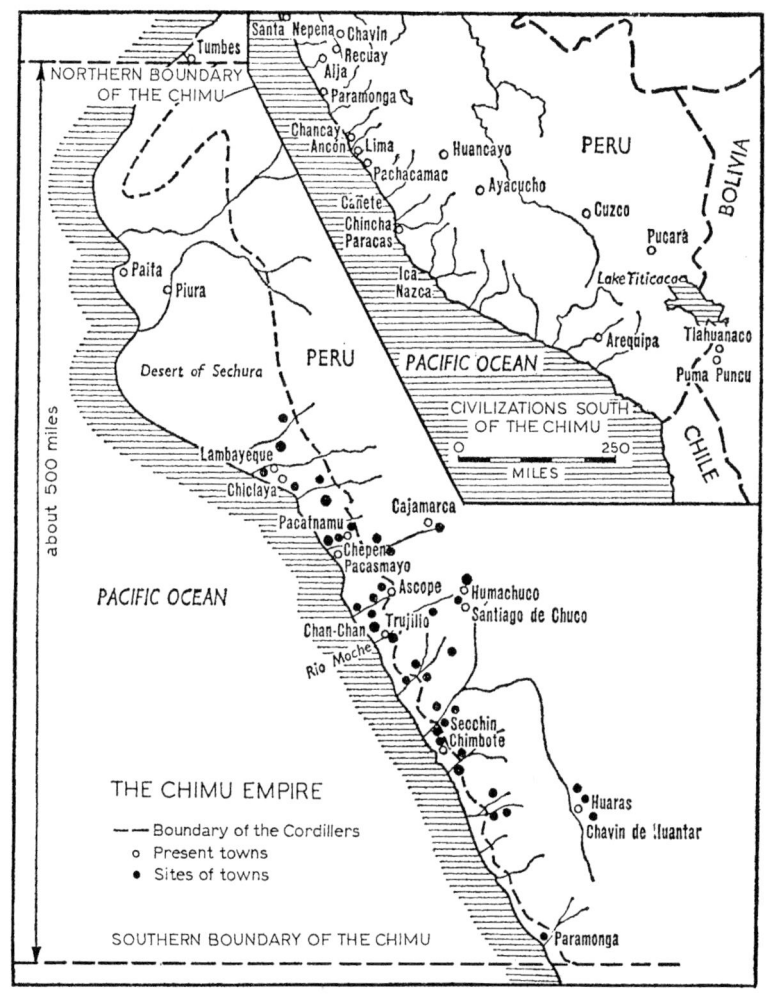

치무 제국

록했다. 사실 제국의 몰락은 군사적 패배뿐 아니라 아마도 소수의 지배계급에 대한 민중의 봉기도 원인이었을 것이다. 치무의 예술과 문명은 이후 한동안 남아 있다 스페인 시대에 점차 사라져 갔다.

피사로의 지휘 아래 페루에 온 스페인인들은 치무 제국의 많은 잔재들을 보았다. 제국 남쪽의 50m 높이 언덕 리오 데 라 토르텔레자Rio de la Torteleza에 요새가 있었다. 언덕은 성벽으로 둘러싸여 있었으며 입구로 쓰이는 보루가 있었다. 각각 40m 길이의 다른 세 면 외부에는 진지가 구축되어 있었다. 피사로는 화려하게 채색된 성채와 온전히 성벽이 남아 있는 파라몽가Paramonga의 요새를 보았다. 이외에도 이전의 위대함과 군사적 힘이 있었던 치무의 인상적 기념물로 많은 요새들이 있었다. 이런 모든 기념물들은 이후 파괴되었다.

1602년, 몬탈바Montalva 휘하의 약탈을 일삼는 스페인 병사들이 높은 피라미드들의 윤곽을 감지하고 오늘날 트루히요라는 도시에 접근하고 있었다. 그들은 특히 하나의 피라미드에 매료되었는데 높이가 20m였으며 또다른 크고 넓은 20m 높이의 플랫폼 위에 솟아 있었다. 그들은 정면에 섰을 때 전체가 진흙벽돌로 만든 것을 알았다. 그들은 피라미드를 허물고 그 아래에서 보물을 찾는 것은 어렵다는 것을 깨달았다. 그들은 즉시 근처 모체강의 물줄기를 피라미드 방향으로 돌리기 시작했다. 벽은 계획대로 무너졌다.

폐허에서 보물들이 드러나자 병사들의 주머니 속으로 사라졌다. 그들은 은으로 된 식탁보와 금과 구리 합금으로 만든 큰 접시들을 발견하자마자 약탈했다. 연대기 저자 한 명이 묘사했듯이 그들은 '허리띠 높이로 서 있는 주교처럼 보이는' 순금 형상을 발견했다.

엄청난 물을 쏟아붓자 벽은 완전히 해체되어 커다란 둔덕이 되었는데 오늘날도 그 형태이다. 다행스럽게도 병사들은 상단 피라미드 옆에 있는 작은 소위 달의 피라미드는 무너뜨릴 가치가 없다고 생각했다. 나중에 고고학자들이 완전한 상태로 복원한 달의 피라미드 무덤에는 미라들이 숨어 있었다.

스페인인들은 치무 왕들의 무덤인 우아바 델 톨레도Huava del Toledo에서 특히 값진 전리품을 발견했는데 황금잔, 조각상, 순금으로 만든 물고기와 100만 달러의 가치가 있는 금속제품들이었다. 모체의 신전에서 그들은 30만 황금 페세타Pesetas(스페인 통화 단위) 가치의 금과 은을 약탈했다. 에스코바르 코르추엘로Escobar Corchuelo와 그의 동료들은 또 다른 신전에서 60만 페세타 가치의 금과 구리를 훔쳤다. 한 연대기 저자는 그들이 밝히지 않은 약탈품은 계산에 넣지 않았다고 했다.

다음 세기 여행자들은 스페인인들이 몇몇 이유로 손을 대지 않았던 치무 왕의 주거지인 찬찬을 발견했다. 도시는 9.7㎢에 이르고 모체강 북쪽에서 약 8km 거리의 트루히요와 태평양 사이에 있다. 도시는 항구로 사용되었지만 퇴적물이 쌓여 지금은 바다가 아니다.

유적들 가운데 2개의 매우 큰 벽으로 둘러싸인 궁전의 기초가 발견되었다. 소위 '큰 궁전'이라는 거대한 건축물은 밑변이 397m에 503m이며 커다란 물 저장고가 있었다. 궁전 정면에 감방으로 보이는 작은 방들이 많아서 처음에는 감옥이라고 불렸다. 바다 가까이 있었던 보다 작은 두 번째 궁전은 난간이 있는 이중벽으로 둘러싸여 있었는데 여기에서도 역시 많은 작은 통로와 '감방'이 발견되었다. 두 궁전에는 뜰, 현관, 주거지와 잘 정비된 정원이 있었다. 큰 궁전에 있는 '아라비아풍 현관'은 체스판을 연상시키는 마름모꼴에 사제들을 순서에 따라 장식한 돌을새김으로 유명하다.

'감옥' 건축물은 거대한 돌에 의해 방들이 나누어지고 방에는 옷 재료, 미라, 사람과 동물 조각상, 나무로 만든 우상 조각, 진주 껍데기들이 있었다. 따라서 이 건축물은 감옥으로 볼 수 없었다. 이 건물은 아마도 제의용 목적으로 사용되었을 것이다. 살아 있는 신으로서 뱀들도 함께 있었다. 찬찬의 뱀 궁전들은 아마도 고대 인디언 제국들에 있었던 '시련에 의한 심판' 현장이었을 것이다.

살아 있는 사람들이 뱀, 사나운 짐승 그리고 전갈들에게 던져졌다(제국이 끝날 때까지 잉카의 관습이었다). 제소당한 인디언이 고소를 부인하면 고문을 받았을 것이고 그래도 결론이 나지 않으면 짐승들에게 던져졌을 것이다. 만일 이틀 동안 살아 있으면 그의 결백이 증명된 것으로 여겼다.

물론 비슷한 관습이 과거 구세계에서도 만연했다. 독일의 한 황제는 아내가 그를 믿는지 알기 위해 붉고 뜨거운 철판 위를 걷게 했는데 더 유사한 것은 다니엘 이야기다.

'… 그리하여 왕이 명을 내리자 사람들이 다니엘을 끌고 가서 사자 굴에 던졌다. 그때 왕이 다니엘에게 "네가 성실히 섬기는 너의 하느님께서 너를 구하시기를 빈다" … 새벽에 날이 밝자마자 왕은 일어나 서둘러 사자 굴로 갔다 …' 놀랍게도 그는 다니엘이 살아 있는 것을 보았다. '다니엘이 왕에게 대답하였다 "임금님, 만수무강을 빕니다. 저의 하느님께서 천사를 보내시어 사자들의 입을 막으셨으므로 사자들이 저를 해치지 못하였습니다"….'

약간 다른 전설도 있다. 우리에 던져지기 전 다니엘은 역청과 머리털로 만든 병아리를 야수에게 던졌다. 야수들은 '병아리들'이 살아 있다고 믿고 먹었지만 분명히 소화되지 않았고 식욕을 잃게 만들었다. 아아, 슬프도다. 인디언 다니엘에 관한 전설은 없다.

물과 지하세계의 생명체 뱀이 찬찬 성벽에서 내려다본다. 수많은 뱀 표현들은 도시가 의심의 여지없이 뱀에게 제사드리는 도시였음을 나타낸다. 이름이 증거인데 뱀이 멕시코 말로 찬Chan이기 때문이다. '나 찬Na Chan'은 '뱀의 집'을 의미했고 '나Na'는 멕시코와 치무에서 집을 의미했다.

치무의 제의는 물에 의한 것이었다. 그들과 바다는 매우 밀접한 연관이 있었다. 물고기와 뱀의 상징 요소는 물이었고 그림에서 종종 파도의 움직임에 대한 상징으로 생각했다. 비슷한 의식이 고대 이집트에 있었는데 부토Buto 여신은 살아 있는 코브라이기도 했다.

치무 도자기와 금세공 작품은 도시의 파괴에서 완벽하게 살아남았다. 치무의 무덤들에서 복구된 도자기는 오늘날 거의 모든 박물관에서 볼 수 있다. 머리 모양 주전자는 남자, 여자 그리고 아이들 때때로 왕들의 단호하고 결연한 얼굴 그림을 갖고 있다. 이런 주전자는 모든 인디언 문명에서 공통이다(또한 트로이, 에트루리아, 미케네에서 발견되듯이). 이목구비는 돋을새김인데 작은 팔과 다리뿐 아니라 혹은 몸 전체가 돋을새김이다.

관으로 연결된 쌍주전자는 매우 독특하고 특히 대중적이며 단지 하나의 주둥이만 있는데 마치 고대 지중해의 쌍주전자나 집 모양의 치무 도자기 항아리와 비슷하다. 우리는 크레타와 에트루리아의 비슷한 항아리를 알고 있다.

일부 점토 주전자에서 보이는 얼굴의 왕들은 한때 '워탄Wotan' 지역에서 통치했다. 4년간 페루 연안을 왕복 비행한 조종사 페드로 코르조Pedro Corzo는 모든 신전에서 나무 또는 돌로 만든 구아탄Guatan이라 불리는 신의 조각상을 발견했다고 발표했다. 구아탄은 회오리바람을 의미하는데 옛날 독일 고대 폭풍의 신 이름은 '보탄'이고 마야인들은 폭풍의 신을 보탄Votan이라 불렀다.

케찰코아틀, 신비한 유산을 찾아서 187

과테말라 라틴리술에서 나온 점토 주전자 위에 밤과 어둠의 왕으로서 달의 신 표현이 있다. 또 주전자에는 '지구 내부'를 의미하는 '보탄'과 '주인과 왕'을 의미하는 상형문자 '아하우Ahau'가 있었다. 이 신은 마야, 믹스텍, 사포텍 그리고 아즈텍에서도 숭배되었다. '아하우'는 특히 마야에서 높은 존경을 받았는데 신탁의 선물을 갖고 있었기 때문이었다.

신문에서 별점을 해설하는 현대의 점쟁이, 점성가들은 기본적으로 고대 바빌로니아인들의 12황도(천구에서의 태양의 궤도) 체계를 사용한다. 바빌로니아인들뿐 아니라 이집트인들도 신탁을 믿었고 그리스인들도 믿었다. 사람들은 델포이의 신탁을 듣기 위해 엄청난 거리를 마다 않고 왔다. 델포이의 신탁은 페르시아에 맞서 원정을 떠날지 묻는 리디아의 마지막 왕 크로이소스에게 고귀하게 '신탁의' 답을 주었다. 델포이의 신탁은 '만일 당신이 할리스강(터키 키질이르마크강)을 건넌다면 거대한 제국은 무너질 것입니다'라고 했다. 그는 신탁이 자신의 운명이라는 것을 너무 늦게 깨달았다.

신세계에서 델포이 같은 곳은 리막Rimac인데 오늘날 리마 가까이 있는 파차카막Pachacamac에서 걸어갈 수 있는 가까운 거리이다. 연대기 저자들은 리막 계곡 주민들이 신탁을 받을 때 델포이 신탁처럼 미래를 밝힐 때 사람 모양의 신을 숭배했다고 기록했다. 독신주의자처럼 살며 소금이나 후추를 먹지 않는 하얀 예복을 입은 사제가 의식을 거행했다. 군사적 원정 또는 사냥을 나가기 전 왕과 추장들은 코르디예라까지 알려져 있던 리막에서 신탁을 들었을 것이다.

비슷하게 유명한 것이 파차카막의 신탁이었다. 그로부터 구이스망쿠Guismancu 추장들은 그들의 수도 이름을 명명하였다(구이스망쿠는 치무 제국 남쪽 페루 연안의 작은 나라였다). 연대기 저자들에 따르면 도시는 고대 로마보다 컸으며 신전에서 검은 악마가 사람들에게 말을 했다고 한다. 주민의 순례 장소가 된 구이스망쿠 신전에서 사제들은 황금 가면을 쓰고 미래를 예언했다.

페루 연안의 신탁은 잉카 파차쿠텍Pachacutec이 구이스망쿠를 합병하기 위하여 40,000명의 군대를 동원한 것으로 유명했다. 그는 쿠스코까지 파차카막 신을 데리고 갔다. 정복자는 한 신전에서 금으로 만든 개와 금 물고기 같은 작은 조각상 몇 개를 움켜쥐었지만 다른 것은 아무것도 만지지 않았다. 최초의 스페인인들이 도착했을 때 순례자들은 여전히 신성소에 모여들고 있었다.

에르난도 피사로는 '상당한 인구의 도시였고 많은 집들은 견고하게 지어졌다. 수호신 신전은 종교적 장소라기보다 요새 같은 원뿔 모양의 산을 감싸고 있는 한 줄의 건물들로 구성되어 있다'라고 썼다. 참고로 도시의 모든 건축물들은 돌이 아닌 어도비 벽돌로 만들어졌다.

사제가 에르난도 피사로의 출입을 거부했지만 강제로 들어갔다. 측근의 설명은 '부하를 따라서 산꼭대기의 개방된 광장까지 이르는 통로를 비집고 들어갔다. 산 한 면에 작은 회당이 있었는데 공포스런 신의 신성소였다. 문들은 터키석과 작은 산호, 수정으로 덮여 있었다'라고 썼다.

피사로가 신성소에 들어가는 것을 막았을 때 도시가 지진으로 흔들리자 인디언들은 백인 신의 공포 때문에 달아났다. 피사로는 신성한 장소의 문을 열고 부하와 함께 들어갔다. 스페인인들은 숭배자들이 파차카막 신에게 바친 금과 보석은 손대지 않았으며 단지 어둡고 작은 방에서 희생제의를 올리는 동굴을 발견했다. 그들은 가장 어두운 구석에서 나무로 만든 거의 사람 머리를 한 무시무시한 괴물 같은 신의 형상을 발견했다.

그들은 실망한 듯 성을 내며 나무로 만든 우상을 잡아당겨 끌어낸 다음 깨트려버렸다. 그들은 땅바닥을 깨끗이 정리하고 그 장소에 돌과 모르타르로 만든 커다란 십자가를 세웠다. 사제들은 정복자들이 찾던 값진 전리품들을 다른 곳에 숨겼다. 단지 80,000카스티야노(옛 스페인의 금화) 가치의 것들만 그들의 수중에 떨어졌다. 이후 오랫동안 신자들은 신성소를 방문하기 위해 광범위한 지역에서 왔을 것이고 그것은 스페인 사제들에게 고통이었다. 그러나 순례자들의 물결은 점차 줄어들었다.

오늘날 신탁의 도시에는 궁전과 신전, 길과 광장, 수천 개의 무덤과 유적만 남아 있다. 무덤들에는 고고학자들에게 또 다른 뜻밖의 보물인 미라가 있었다.

피사로 부하들이 쿠스코 신전에서 황금 프리즈를 벗겨내고 회랑을 허물 때 벽에 기대어 있는 이상한 꾸러미들을 발견했다. 얼굴에 금, 은, 나무 또는 점토 가면을 쓴 미라들이었는데 귀한 물질로 싸여 있었으며 눈은 오징어 눈으로 대체되어 있었다. 잉카 지배자였던 미라들은 사제들에 의해 매우 엄숙하게 옮겨졌다.

신전의 미라뿐 아니라 중요한 가문의 집에는 조상의 미라들이 벽에 기대 있는 커다란 방이 있었다. 미라들은 초자연적인 영감을 주는 것으로 생각되었고 그래서 축제가 이 방에서 열렸다. 진흙이나 벽돌로 만든 둥근 천장이 있는 방이나 돌로 만든 방은 신전이나 집에 묻히지 못한 미라들을 위해 만들어졌다. 대신 커다란 점토 그릇을 단순하게 미라 머리 위에 거꾸로 놓거나 나무나 갈대로 만든 차양으로 덮었을 것이다. 때때로 미라들은 함께 묶어 꾸러미에 넣었다. 아마도 전염병으로 동시에 많은 사람들이 죽거나 주인이 죽었을 때 함께 죽어야 했던 수행원들이었을 것이다.

연대기 저자 라 칼란차 La Calancha(볼리비아, 1584~1654)에 따르면 죽은 자는 일반적으로 5일 후 매장되었다. 시신을 씻고 무릎은 구부려 뺨에 오게 한 후 예복과 숄 또는 갈대로 만든 덮개 또는 때때로 버들가지로 만든 바구니 또는 동물 가죽을 입힌 후 꿰매었다. 신전으로 이동 중 시신이 파손되는 것을 막기 위해 잔디나 해초 꾸러미로 감쌌다.

페루의 미라 만드는 방법에 대해서 내장을 제거하는 것 외에는 알려진 것이 없다. 페루 문명에 천연 탄산소다와 송진을 사용하고 기름을 바르는 이집트 관습은 없었다. 왜냐하면 기후가 미라를 만들기에 적당했기 때문이다. 만일 시신이 땅과 접촉하면 건조한 기후와 염분 있는 토양 때문에 자연적으로 미라가 만들어지지만 의식용 미라 경우는 달랐다.

미라들은 잉카와 페루뿐 아니라 콜롬비아에서도 알려졌다. 발굴자들은 간차비타Ganchavita에서 동굴에 들어갔을 때 미라를 발견했다. 각각은 작은 금관을 착용하고 있었고 위에 옷, 금으로 만든 조각상, 장신구와 에메랄드 봉헌물이 놓여 있었다. 보존하기에 기후가 적당하지 않은 나라에서 미라들을 발견한 것은 놀랍다. 화학적 분석으로 송진과 기름이 사용되었음을 확인했는데 미라를 만드는 방법은 고대 이집트와 정확히 똑같았다.

페루 평원의 또 다른 고대인들인 나스카, 이카 그리고 파라카스의 매장지에서도 미라들이 발견되었다. 이들 문명의 신전과 요새들은 친차Chincah 계곡에 있다. 예를 들면, 라 센티넬라La Centinela 요새는 잉카시대에 세워졌지만 어도비 벽돌로 세운 동쪽 부분은 더 오래되었다.

이들은 유명한 잉카시대의 거대한 관개 시설도 건설했다. 그들도 치무인처럼 메소아메리카에서 페루 연안으로 이주했겠지만 치무인들보다 혹독한 생활을 해야 했다. 그들은 산속의 원시 부족들과 싸우며 스페인인들에게 맹렬히 저항할 수 있는 전사들이 되었다. 그들은 태양 숭배를 받아들이지 않았으며 잉카에게 정복된 이후에도 오랫동안 달과 물을 숭배했다. 우리는 놀라운 예술과 공예 기술의 증거가 있는 해안의 고대 매장지는 잘 알지만 거대한 도시들의 유적은 거의 알지 못한다.

예를 들어 안콘Ancon에서는 죽은 자들이 종종 땅의 구멍에 하나씩 차례로 매장되었다. 유해들은 서서히 분해되었지만 봉헌물들인 무기와 장신구, 도자기, 직물들은 살아남았고 오늘날 전 세계 박물관에 전시되어 있다. 나스카의 무덤들에서 발견된 것 중 위쪽은 잉카시대 물건이고 아랫쪽에서 발견된 유물 일부는 기원 이전까지 거슬러 올라간다.

파라카스에서는 50개 이상의 해골이 있는 동굴 무덤이 자주 발견되었고 돌을 6m 깊이로 깎은 방에 400구의 시신을 매장하기도 했다. 유해들은 쪼그려 앉은 자세로 여러 겹의 천으로 감쌌으며 특히 장례 봉헌물이 많았다.

문명 초기의 도자기와 옷감에 앵무새, 올빼미, 개구리, 서로 뒤얽힌 뱀 그림들이 있는데 고양이와 개 같지만 여러 개의 머리가 있는 동물, 반짝이는 뱀 몸뚱이에 수염이 있는 고양이 머리의 동물, 퓨마 가면을 쓴 사람 그리고 사람 머리의 뱀 같은 매우 이상한 동물도 묘사되어 있다. 또한 손에 전리품으로 절단된 머리를 들고 눈물을 흘리는 신의 모습도 있었다.

또 다른 독특한 발견은 중국 주나라의 특징인 짧은 낫 모양의 날개가 있는 용이다(먼저 타힌 때 언급함). 중국인들은 또한 신세계에 구리를 가져왔을 것으로 보이는데 왜냐하면 대략 같은 시기 아메리카의 소위 '갈리나조Gal-linazo' 문명(페루 북쪽 비루계곡의 고대문명)에서 최초로 발견되었기 때문이었다. 그리고 BC 473년 월나라에 정복된 동시대 중국의 국가는 구리 문명을 갖고 있었다. '모치카' 또는 '원시 치무'인들 역시 BC 333년 월나라가 멸망할 때까지 중국의 영향을 받은 것으로 보인다.

극동에서 사람들이 아메리카에 왔다는 세 번째 증거가 있는데 푸우크 양식이 있는 새로운 마야 제국의 팔렌케와 치첸이차에서 영향을 추적할 수 있으며 엘 타힌의 토토낙과 남아메리카 해안 문명에서도 흔적을 추적할 수 있다. 그러나 특별히 직물류를 포함해 페루 해안에서 발견한 다른 것들은 매우 명확하게 지중해의 고대문명을 가리키고 있다.

파라카스의 무덤들은 직물 유물로 유명하다. 붉은 반암을 6m 깊이로 깎은 무덤에서 점토 그릇뿐 아니라 무기와 금장신구, 미라가 발견되었다. 미라들은 대부분 금과 보석 장식이 있으며 깃털 작업이나 깃털로 감싸여 있는 나무, 구리, 은 또는 금으로 만든 가면을 쓰고 있었다. 깃털들은 그물로 고정되었고 자주 카펫을 만들기 위한 깃털이 수천 개 있었다.

때때로 양털이나 목화로 짠 18m 또는 더 긴 수의를 리마 국립박물관에서 볼 수 있다. 나스카 문명 특유의 동화 같은 아름다움이 있으며 인디언 예술의 위대한 업적 중 하나이다. 수의에는 머리가 2개인 사각형 얼굴의 사람, 뱀 모양의 발과 사람 머리가 있는 퓨마, 형식화된 새 그리고 신화 속 동물 같은 문양들이 규칙적으로 반복된다. 마치 직물 위에 칠한 것처럼 보이는 이런 문양들은 인간을 표현하는 가장 흔한 세속적 예술이다. 나스카 문명은 아마도 7세기에 시작해서 14세기까지 이어졌을 것이다.

인디언의 천짜기 공예에 관한 여러 편의 논문을 썼던 고고학자 네버만 Nevermann은 인디언 문명이 이카트Ikat(직물에 문양을 넣는 직조 기법) 기법과 친숙했다는 결론을 내렸다. 이 기법은 천을 짜기 전에 본래의 색상을 유지하기 위해 날실 또는 씨실의 일부를 라피아 야자 섬유, 잎 또는 밀랍 처리된 실로 감싸는 원리를 기반으로 한다. 그 후 염색이 이루어지고 이렇게 준비된 재료를 짜면 문양이 만들어진다. 우리는 지중해뿐 아니라 동남아시아로부터 이 방법을 알고 있다.

인디언들은 또한 염색이 필요 없는 문양은 밀랍으로 덮는 밀랍batik 염색법도 알고 있었다. 밀랍 염색법은 밀랍이 끓는 물에 녹았거나 긁힌 부분에만 염료를 흡착시키는 것인데 이카트와 밀랍 염색법 둘 다 확실히 구세계에서 전해졌을 것이다.

우리는 그리스 신화에서 뱀의 몸에 3개의 머리가 있는 하데스 입구를 지키는 개 케르베로스와 지하세계를 아홉 겹으로 감싸 흐르는 강을 건너 죽은 자의 영혼을 저승으로 데려간다는 늙은 뱃사공 카론을 알고 있다. 그리스인들은 죽은 자의 입속에 카론의 뱃삯으로 작은 동전 아벌Obol(옛 그리스 은화)을 넣었다. 이집트에서도 죽음의 신은 케르베로스처럼 개의 머리를 가진 것으로 묘사되어 있다.

아즈텍 신화에서 지는 해의 동반자인 죽음의 신 소로틀은 비록 이집트의 날렵하고 늑대처럼 생긴 동물이 아니라 퍼그(불도그 비슷한 얼굴의 애완견) 비슷하게 바뀌었지만 아무튼 개의 머리를 하고 있다. 소로틀은 치쿠나우이치틀란Chicunauictlan강이 아홉 겹으로 흐르는 지하세계로 죽은 자를 데려간다. 소로틀은 또한 죽은 자의 왕국으로 내려간 후 환생한 백인 신 케찰코아틀의 화신 중 하나였다. 오랫동안 이런 신화는 스페인 시대 이후 만들어졌을 것이라고 추측했다. 그러나 페루 연안 미라들의 아름다운 덮개를 풀어헤쳐 철저히 조사한 끝에 그들의 입속에 카론에게 주는 은화 같은 얇은 구리가 있다는 것을 발견했다.

무덤에서 물고기 잡는 훈련을 받은 가마우지 그림이 있는 이상한 항아리도 발굴되었다. 아주 초기의 중국에도 훈련받은 가마우지 그림이 있으며 '물고기를 심는' 사람들 그림도 있었다. 그들은 밭을 가로지르며 땅에 구멍을 파고 옥수수 씨앗과 함께 물고기를 넣고 있다. 이런 '물고기 거름 주기' 의식은 아주 오래된 바빌로니아 풍습으로 우리에게 알려져 있다.

그리고 페루 해안 무덤에서 발견된 것 중에는 개나 앵무새, 기니피그의 동물 미라가 있었다. 우리는 이집트로부터 아피스 황소의 신성한 무덤, 부바스티스의 고양이 무덤, 옴보스의 신성한 악어 무덤, 아슈무네인의 따오기 무덤 그리고 엘레판타인의 수양 무덤들을 알고 있다. 이 모든 무덤에는 이집트인들이 죽은 동물들을 '살아 있는 신'으로 신전에 보관하는데 사용했던 석관들이 있었다. 우리가 본 것처럼 찬찬의 치무에는 살아 있는 신인 뱀의 거처가 있었다.

수많은 미라들은 백인들이 아주 초기에 페루 평원에 왔다는 증거이다. 더군다나 목화와 고구마, 옥수수 같은 더 강력한 증거가 있다.

인디언들의 목화는 26개의 큰 염색체와 26개의 작은 염색체가 있는 2중 구조를 가지고 있다. 그러므로 큰 염색체를 가지고 있는 어떤 모체와 작은 염색체를 가진 다른 모체 사이의 교접이 있었을 것이다.

인디언 목화의 한 모체는 야생에서 자라는 26개의 작은 염색체를 가진 아메리카 목화이다. 그러나 다른 모체는 아메리카에 존재하지 않고 세포핵에 26개의 큰 염색체가 있는 유럽에서 왔을 것이다. 그러므로 인디언의 목화는 유럽과 아메리카 야생 목화 사이의 교배종이다.

과학자들은 오스트레일리아와 남태평양의 멜라네시아, 미크로네시아, 뉴기니, 폴리네시아의 목화를 연구하면서 26개의 큰 염색체와 26개의 작은 염색체가 있는 것을 알아냈다. 유럽의 목화는 26개의 큰 염색체만 가지고 있다. 그러므로 남태평양의 목화들은 아메리카에서 들어왔을 것이다.

그럼 인디언들은 유럽 어디서 그들의 야생 목화와 교배하기 위한 목화씨를 얻었을까? 아시아에서 베링해를 거쳐 아메리카로 이주하는 동안 목화씨를 가져올 수는 없다. 왜냐하면 이주는 수천 년간 지속되었고 무엇보다 목화는 추운 곳에서 자랄 수 없기 때문이다. 그렇다면 다른 경로를 통해 왔을 텐데 생장하기 적합한 지역을 거쳐갔을 것이다. 오늘날 알래스카나 캐나다로 통하는 길은 분명 아니다.

목화씨는 바다를 여행할 수 없다. 왜냐하면 바닷물은 목화씨의 번식력을 파괴하기 때문이다. 새들이 옮긴 것도 아니다. 새들은 목화씨를 먹지 않기 때문이다. 그러므로 사람들이 신세계로 씨앗을 가져온 것이 틀림없다. 조사된 목화는 BC 수 세기를 거슬러 올라가 페루 연안의 초기 문명의 것이다. 그러므로 인디언 문명은 당시에 이미 유럽의 목화를 알고 있었으며 그들의 야생 목화와 교배했을 것이다.

연대기 저자들은 케찰코아틀 신이 원산지에서 어떻게 옥수수를 훔쳐 인간에게 가져왔는지 이야기했다. 과학자들은 옥수수의 기원에 관해 다양한 의견들을 갖고 있다. 누군가는 중동과 일부 아시아라고 말하고 어떤 이들은 폴리네시아, 어떤 이는 남아메리카라고 한다. 아무튼 한참 과거로 거슬러 올라가 멕시코 남부와 과테말라에서 야생 옥수수씨를 심거나 경작한 것으로 추정된다.

다양한 종류의 재배 식물이나 관련 종이 있는 지역에서 어떤 식물이 기원했을 가능성이 높다면 아마도 브라질이 옥수수의 고향일 것이다. 왜냐하면 다른 어떤 나라에서보다 다양한 변종이 생겨났기 때문이다. 앤더슨과 스토노르는 콜럼버스 이전 유럽에 옥수수가 존재했다는 증거가 있다고 주장한다. 백인 신이 옛 나라로 돌아갈 때 가져간 복귀 선물이었을까?

미틀라의 궁전 벽은
석조 모자이크로 장식되어 있는데
치무 왕국의 찬찬에 있는
아라비아풍 홀과 매우 닮았다.

분명 태평양을 건너 전파되었을 고구마의 이동 경로를 추적하는 것은 더 쉽다. 비록 어느 방향인지 확신할 수는 없지만 고구마에 대한 쿠무라 Cumara라는 이름은 태평양 전 지역에서 발견할 수 있고 쿠무라의 파생어들은 아즈텍과 파나마 사람들 그리고 카리브 사람들 사이에 통용되었다. 어쨌든 이것은 콜럼버스가 아메리카를 발견하기 오래전에 태평양을 건너 어쩌면 양방향으로 문명의 교류가 있었다는 사실을 가리킨다.

테오티우아칸 성채의 아주 오래된 신전 정면에 있는 뱀의 머리와 신화적 나비들

연대기 저자들은 백인 신이 '형형색색의 목화를 만들었다'고 했다. 일부 과학자들은 페루 연안에 연한 갈색이나 심지어 파란색 목화가 있었다고 주장한다. 만약 그렇다면 백인 신은 아직도 파란색 목화를 만들지 못하는 오늘날의 농업보다 더 많은 것을 이루었을 것이다. 한편으로는 백인 신이 인디언들에게 염색 기술도 가르쳤다는 의미일 수도 있다.

최초의 스페인인들은 고대의 또는 자주색(Tyrian purple) 예복을 입고 그들을 만나러 온 왕을 보고 놀랐다. 자주색은 잉카의 색이었고 쿠스코에서 매일 태양을 향해 제물로 바쳐진 라마들은 진홍색 리본으로 장식되었다. 라 칼란차는 '위엄과 통치권의 상징인 진홍색이 교황이나 추기경들을 위한 색인 것처럼 잉카는 진홍색 양털 왕관을 썼다'고 했다.

구세계에서 자주색 또는 진홍색은 페니인키아인들의 색이었는데 엷은 자주색부터 엷은 분홍과 연보라색까지 다양했다. 카르타고 같은 식민지에서는 이 색을 뿔고둥이라 불리는 조개류에서 얻었다. 오늘날 여전히 카르타고 근처 케르쿠안에서 뿔고둥 껍데기 무더기를 발견할 수 있는데 페니키아의 배들은 자주색을 지중해 전 지역에 퍼뜨렸다.

뿔고둥 껍데기의 전파 경로를 연구하는 과학자들은 뿔고둥 껍데기가 지중해에서 인디언 문명에 전파되었다고 주장한다. 그러나 다른 이들은 멕시코 지협에도 염색에 이용할 수 있는 쇠고둥 종이 있다고 지적한다. 그러므로 이 문제는 아직 결론이 나지 않았다.

물론 구세계의 교황이나 주교처럼 인디언들 또한 자주색을 '위엄과 통치권'의 상징색으로 선택했다는 것은 중요하다. 왜냐하면 인디언들은 남색(Indigo)과 코치닐Cochineal(선홍색 색소) 같은 천연 염색과 더 친숙했기 때문이다. 그리고 페니키아인들이 오랫동안 엄격하게 비밀을 유지했던 명반

(Alum. 황산 알루미늄)을 이용해 섬유를 염색하는 복잡한 방법과도 친숙했다. 기원전 어느 때쯤 페니키아인들은 어떤 재료는 염색하기 힘든 것을 알게 되었고 처음으로 명반을 이용한 염색법을 찾았다. 이 염색법은 오늘날도 여전히 광범위하게 사용된다.

   자주색, 명반, 목화, 고구마, 카론에게 주는 은화, 하데스의 개의 머리를 한 신과 더 많은 유사한 것들이 페루 평원에서 발견되었다는 것은 극동과 고대 지중해 사람들이 아메리카 인디언들에게 왔다는 것을 다시 한 번 입증한다. 이제 우리는 안데스 고원 위 높은 곳에 사는 아주 오래된 인디언들에게서 백인 신의 흔적을 추적해야 한다.

13
티아우아나코의 거대한 도시

 가장 높은 곳이 7,620m에 이르는 안데스의 코르디예라산맥은 북쪽에서 남쪽을 따라 남아메리카의 모든 태평양 해안에서 볼 수 있다. 코르디예라산맥과 해안 사이에는 에콰도르에서 아르헨티나까지 수천 km 이어지는 시에라Sierra 통로가 있다. 티티카카호수 주변 통로는 폭이 800km가 넘으며 북쪽의 쿠스코 근처에서는 320km로 좁아지는데 더 북쪽으로 가면 160km로 더 좁아진다. 수천 km 이어지는 통로는 어디에서도 나무를 볼 수 없는 야생의 벌거숭이 지역으로 달에서나 상상할 수 있는 곳이다.
 해발 4,000m의 광활한 고원 위에 솟아오른 원뿔 모양의 눈 덮인 화산은 화산 활동 증거인 십자형 균열과 협곡, 기괴한 용암 바위들이 즐비한 낮은 산맥들이 관통하고 있다. 이곳은 오늘날 볼리비아 수도인 라파스 주변 지역으로 고대 아이마라족과 코야족의 땅이었다.
 깎아지른 듯 경사진 코르디예라 서쪽(바다) 기슭에서 페루 해안 평원이 시작된다. 넓은 산타Santa강은 코르디예라를 통과하여 태평양으로 흐른다. 그러나 평원이 너무 건조해 산에서 시작한 수많은 강들은 바다에 이르기 전에 모두 땅에 스며든다. 아마존과 몇 개의 거대한 지류들은 안데스

동쪽 산 '몬타나'에서 시작된다. '녹색 지옥(Green Hell)'이라 불리는 처녀림이 여기서 시작하여 수천 km 뻗어나간다.

동쪽에 정글, 서쪽에 태평양이 있는 시에라고원은 외롭고 고요하며 콘도르가 거대한 날개를 펴고 하늘을 나는 대초원과 산맥 사이에 있다. 낮은 무덥고 밤은 얼음처럼 춥다. 단 몇 개의 골짜기만 2,000m보다 낮은 곳에 아열대 식물과 함께 있는데 마치 돌 사막의 오아시스 같다. 그러나 태양이 동쪽 코르디예라 위로 붉게 떠오르면 사막을 동화의 나라로 변화시킨다. 먼 바위가 처음에 눈부신 붉은색을 발하고 나서 갈색, 노란색, 파란색으로 빛난다. 산의 윤곽은 엄청나게 떨어진 곳에서도 볼 수 있고 태양은 수평선 위 화산의 눈 모자를 환상적인 파란색으로 보이게 한다.

몇 개의 화산을 제외하면 모든 것은 죽은 것처럼 움직임이 없어 보인다. 때때로 화산들이 불과 용암을 토해 내면 침묵의 땅은 진동으로 흔들린다. 라파스와 쿠스코에서 집들이 무너지기 시작한다. 그러나 스페인인들의 정복 이전부터 서 있던 집과 건축물들은 여전히 지진을 견뎌낸다. 이곳은 한때 백인 신 비라코차의 왕국이었다.

13세기 전반기에 네 번째 잉카 마이타 카팍Mayta Capac은 아이마라족에 맞서 군대를 이끌었다. 쿠스코에서부터 오랜 행군 후에 그와 병사들은 티티카카호수 주변 고원에 도착했다. 그들은 그곳에서 고대 도시 흔적과 마주쳤다. 첫째는 원주민들이 티아우아나코Tiahuanaco라고 부르는 큰 건축물들이고 둘째는 남서쪽에 있는데 원주민들이 푸마 푼쿠Puma puncu라고 불렀으며 셋째는 더 북쪽에 있는 아추타Achuta였다.

저녁 하늘에 한 피라미드가 크고 검은 실루엣처럼 일어났다. 빗물에 움푹 패인 옆면은 분명 상단으로 오르는 계단의 흔적을 여전히 보여주었다.

주춧돌은 진흙 속에 절반쯤 묻혀 있었다. 거대한 상단에는 신전의 잔재만 남아 있었다. 정면에는 거대한 돌기둥 문이 하늘 높이 솟아 있었다. 기둥에는 유적들을 지켜보는 티아우아나코의 오래된 신들의 머리가 조각되어 있었다.

4각형 현무암 기둥들로 둘러싸인 신성한 구역 왼쪽에도 벽의 흔적이 남아 있었는데 화강암 위에 돋을새김이 장식되어 있었다. 일부 벽은 여전히 서 있고 석판들은 쌓여 있었다. 많은 것들이 무너졌고 거대한 석조 벽돌들이 사방에 흩어져 있었다. 신성한 구역에 이르는 계단은 여전히 본래 모습 그대로 있었다. 한때는 아랫부분이 호수에 잠겨 배들이 공물이나 수도로 가는 방문객들을 내려놓기 위해 정박했었다.

잉카 마이타 카팍은 여기서 멈추고 가마에서 내려 계단을 올라갔다. 그는 무너진 기둥들과 우상들 사이로 작은 피라미드를 보았다. 지하의 돌로 된 방에는 한때 신처럼 나라를 다스린 사람들의 유골 안식처가 있었다. 잉카는 전설에 의하면 1,000년도 더 전에 이곳에 살았던 조상들의 유적 사이를 혼자서 걸었다.

스페인인들이 잉카 제국을 정복하고 남아메리카의 지배자가 된 후 특히 금을 찾기 위한 탐사가 계속되었다. 어떤 이들은 척박한 티티카카호수 고원에 있는 거대한 석판에서 금으로 만든 못을 발견하였다. 이후 수많은 사람들이 티아우아나코에 오기 시작했다. 그들은 대부분 쉽게 찾을 수 있고 손에 쥘 수 있는 단순한 전리품을 찾았다. 그러나 어떤 이들은 유적지를 관찰하기 원했고 나중에 그들이 본 것을 연대기로 편찬했다. 예를 들어 잉카 연대기 저자 가르실라소 데 라 베가의 티아우아나코 유적지에 관한 기록이 있다.

'가장 아름다운 구조물은 사람 손으로 만든 언덕이다. 인디언들은 이 작업을 통하여 자연을 모방하려고 했다. 그들은 흙이 무너져 내리는 것을 방지하기 위해 돌벽을 세워 기초를 안전하게 했다. 다른 쪽에는 커다란 석상 2개가 보인다. 석상은 긴 옷을 입고 머리에 모자를 썼다. 커다란 많은 입구들은 각각 1개의 돌로 만들었다.'

디에고 달코바카Diego d'Alcobaca는 호수 둑 위의 건축물들 한가운데 25㎡의 포장된 뜰이 있었으며 한쪽에는 아래로 내려가는 14m 길이의 지붕이 있는 통로가 있다고 했다.

'뜰과 홀은 단일 구역이다. 이 걸작은 바위를 깎아 만들었다 … 오늘날 이곳에서는 여전히 많은 조각상들을 볼 수 있다. 남자와 여자를 표현한 조각상들은 살아 있다고 해도 믿을 정도로 완벽하다. 어떤 것은 뭔가를 마시는 것처럼 보이고 다른 것들은 개울을 건너려는 것처럼 보였다. 여자들은 아이들에게 젖을 주고….'

히메네스 데 라 에스파다Jimenez de la Espada(1831~1898)는 도시의 특별한 건축물은 세계적인 불가사의 중 하나인데 4.5m 폭에 11.5m 길이의 돌들을 석회나 모르타르를 쓰지 않으면서 접합부가 보이지 않도록 짜맞추었다고 했다.

다음 세기와 최근 여행자들은 도시의 유적들을 묘사했다. 유적의 건축물 중 하나는 오늘날 칼라사사야Calasasaya라고 불리는데 높이 4m에 너비 128m×119m의 낮은 진흙 단지이다. 넓은 계단은 위로 향하는데 처음에는 5m 간격의 거대한 돌기둥으로 둘러싸여 있었을 것으로 보인다.

연대기 저자 시에자 데 레온은 한 거대한 건축물에 대해 '3.5㎡ 크기의 테라스와 사람 키 두 배가 넘는 큰 벽이 있다. 반대쪽에는 쿠스코에 있는

구세계와
신세계의
숭배 장소들은
서로 밀접한
연관성이 있다.

몬테알반에 있는 태양의 피라미드 뜰

크레타의 파에스토스에 있는 미노스왕의 형제
라다만토스의 궁전 계단

정글에서 '위대한 타힌'이 모습을 드러냈을 때
태평양 반대편에서 볼 수 있는 벽감 신전이 나타났다.

태양의 신전과 똑같은 지붕이 있는 14m×7m 크기의 홀이 있다. 홀에는 커다란 문과 창문들이 많다. 현관은 호수의 개펄에 잠겨 있다. 원주민들은 '신전이 세계의 창조자 비라코차에게 봉헌되었다고 말한다'라고 썼다.

오르비니D'Orbigny(프랑스, 1802~1857)는 서쪽 벽에 방이 감춰진 커다란 건축물을 묘사했다. 당시 유명인이었던 스위스 여행가 슈디Tschudi는 건물을 요새라고 생각했으나 아르투르 포스난스키Arthur Posnansky(오스트리아, 1873~1946)는 미완성의 '웅장한 궁전'이라고 생각했다. 포스난스키는 또 인공 언덕 위에 그가 '지성소'라고 언급한 67m×64m의 건물이 있었다고 했다. 이 건물에 관해 문헌은 돌기둥들이 태양의 신전을 에워싸고 있다고 했다.

모든 내용을 종합하면 칼라사사야는 호수가 범람할 때 피난처로 쓰기 위한 거대한 평면 피라미드였다고 추정할 수 있다. 계단은 물속에서 시작된다. 대부분 비어 있는 상단의 커다란 구조물에는 현관과 계단으로 향하는 문, 긴 궁전이 하나 있었다. 현관과 궁전에는 계단이 있었으며 궁전 입구에는 오늘날 태양의 문이라 불리는 문이 있었다. 남아 있는 흔적으로 보아 문은 분명히 현재 서 있는 곳에 있지 않았으며 작업 방식을 보았을 때 한때 건축물의 일부였음을 추론할 수 있다.

통치자와 사제들은 백성들과 떨어져 있었다. 그들의 거처는 구세계의 파라오나 바빌로니아 왕의 궁전과 똑같았을 것이다. 벽과 현관의 벽감(등잔이나 조각품 등을 세워두려고 벽을 둥글게 파낸 공간)은 금, 구리 또는 청동 조각상들로 채워졌다. 기둥은 돋을새김으로 장식되었다. 벽에는 돌과 점토로 만든 가면, 값진 금과 청동 장신구가 매달려 있었고 큰 머리의 오래된 못으로 장식했는데 오늘날도 여전히 구멍들을 볼 수 있다. 수천 개의 못은 사라졌지만 라파스의 볼리비안 포스난스키 박물관에 다수 전시되어 있고 돌가면들은 티아우아나코 궁전에 있었던 것처럼 박물관 벽에 걸려 있다.

티아우아나코에서 약탈되었을 금의 양은 상상을 초월한다. 1.8~2.7kg의 금으로 만든 신들의 조각상, 금으로 만든 동물과 새(2.7kg 오리), 금 컵과 쟁반, 금으로 만든 잔과 숟가락 등 일부임에도 남아메리카의 개인 컬렉션에서 볼 수 있는 금의 양은 엄청나다.

지중해의 고대문명에서 무게를 잴 때 사용한 금 '탤런트talent'는 오리 모양이었다. 그러므로 아마 티아우아나코 사람들도 컵, 쟁반, 숟가락, 잔을 알았던 것처럼 구세계의 통화 단위를 알았을 것이다.

영국 고고학자 에번스는 크레타를 가리키는 몇 개의 이상한 글자들을 발견하고 수년 동안 상형문자를 연구하였다. 그는 크레타로 가서 유적과 엄청난 돌무더기 산을 보고 발굴을 시작했다(1900년). 그는 대지의 신 레아가 제우스를 낳았고 제우스의 아들 미노스가 통치했으며 다이달로스가 전설적인 이름을 날렸던 크레타섬에서 하나둘 문명을 파헤쳤다.

에번스는 수십 년 동안 발굴을 계속했다. 그는 크노소스의 미로를 발견했으며 한때 면적이 거의 25㎡였던 궁전 유적도 발견했다. 궁전에는 사방에 우뚝 솟은 어도비 벽돌로 지은 건물들이 있었으며 기둥 위에 지붕을 얹은 사각형 뜰이 있었다. 또 여러 층에 방과 복도들이 있었을 것이다. 궁전은 한때 흰색 기둥들과 치장벽토, 벽화로 장식된 벽들이 있었다.

에번스는 어느 날 방을 하나 발견했는데 처음에는 목욕탕이라고 생각하였다. 발굴을 계속하자 뒤편에 6m×4m의 방이 있는 것을 보았는데 세 면에 돌로 만든 벤치가 있고 좁은 쪽에 미노스의 왕좌가 있었다. 크노소스 궁전의 접견실이었다.

포스난스키도 티아우아나코에서 백인 신의 접견실을 발견했다. 칼라사사야 서쪽 건물에 있었는데 특이하게 이중벽이었다. 막스 울레Max Uhle(독일, 1856~1944)는 이것을 '궁전'이라 했고 로메로B.L. Romero는 '정의의 궁전' 또는 '잉카의 궁전'이라고 했다. 로메로는 건물이 4개의 연단과 10개의 커다란 출입구로 구성되어 있다고 했다.

시에자 데 레온은 칼라사사야 근처에 있는 2개의 커다란 조각상과 웅장한 돌벽 옆에 있는 건물에 대해 기록했다. 나이달락Naidallac은 외벽이 커다란 직사각형 방이 있는 연단을 둘러싸고 있다고 했다. 움푹 패인 벽에는 사람을 돋을새김한 거대한 돌판이 줄지어 서 있었다. 유적의 배치로 볼 때 건물은 커다란 테라스가 있는 외벽으로 둘러싸여 있었다고 추정할 수 있다. 테라스 중심에 있는 '대피호'는 수 m 너비의 방으로 둘러싸여 있었다. 연대기 저자들이 언급한 많은 문과 창은 외벽에 있었을 것이다.

조이스Joyce가 칼라사사야에 이르는 계단 동쪽의 작은 건물이라고 했던 울타리에 둘러싸인 작은 장소가 남아 있다. 포스난스키는 이것을 '궁전'이라고 했는데 티아우아나코의 초기 시대까지 거슬러 올라간다고 주장했다. 수많은 사람 얼굴로 장식한 돌벽은 역시 땅속의 방을 둘러싸고 있으며 머리 대부분은 벽을 따라 서 있는 돌판에 조각되어 있었다. 낮은 쪽 방으로 내려가는 계단 흔적은 남아 있지 않았지만 모든 정황이 계단이 존재했음을 가리켰다.

건물의 전체 윤곽은 '정의의 궁전'과 매우 비슷한데 아마도 동일한 목적으로 사용되었을 것이다. 건물을 처음 발견했을 때는 에번스가 크레타에서 발견했던 것과 같은 목욕탕이라고 보았다. 그러나 미노스의 접견실은 티아우아나코의 접견실과 비교할 때 작은 방에 불과하다. 미노스의 접견실은 4m×6m이고 대기실은 2m×3m이다. 반면 티아우아나코의 접견실은 49m×38m이며 작은 (더 오래된) 것조차 26m×31m이다.

에번스는 크노소스 궁전에서 현대적인 배수 시설을 보았는데 세숫물과 변기의 물을 빼내는 지하 배수관이 있었다. 현대식 설비와 다른 점은 주전자로 물을 붓는 것뿐이었다. 배수관은 사람이 들어가 청소할 수 있을 정도로 컸다. '나라를 관통하는' 광범위한 물 공급 체계는 크레타뿐 아니라 돌로 만든 도랑을 이용해 멀리서 물을 가져와 우물과 분수, 정원에 공급했던 바빌론의 공중정원에도 있었다.

티아우아나코 건설자들은 고대 크레타인만큼이나 배수 전문가들이었다. 도시에는 산으로부터 신선한 식수를 공급하는 돌로 만든 수로가 있었다. 그리고 도시는 또한 광범위한 배수 시설을 가지고 있었다. 돌판으로 만든 수로들은 정원에 물을 공급했을 텐데 남아 있는 정원 흔적은 없다.

티아우아나코 유적들은 19세기 말까지 위풍당당한 모습이었지만 그 후 도시는 두 번째 파괴로 고통을 받았다. 왜냐하면 사람들이 건물을 짓기 위해 유적의 돌들을 가져갔기 때문이다. 고대의 벽과 석상들이 다이나마이트로 폭파되고 곡괭이로 파쇄되었다. 어떤 것이든 파괴에서 살아남은 것은 라파스의 독일 공학자 아르투르 포스난스키의 헌신 때문이다. 그는 벽돌 공장을 가지고 있었다.

그는 처음 티아우아나코에 왔을 때 유적지에 사로잡혔다. 훈련받은 고고학자는 아니었지만 '돌들의 영혼'에 대해 본능적인 감각이 있는 사람이었다. 그는 남아 있는 유적들이 어쩌면 아메리카에서 유일할지도 모르는 고대문명의 잔재라는 것을 깨달았다. 그는 수년 동안 파괴를 비난하는 기사를 쓰고 전단을 만들었지만 소용 없었다.

그는 라파스에서 찾을 수 있는 모든 유물 파편을 찾았고 모든 돌 유적

사진을 찍으며 남은 인생을 보냈다. 그는 처음으로 유적지의 전체 윤곽 그림을 그렸다. 그 후 라파스에 옥외박물관을 세우기 위한 부지를 마련하는 데 성공했다. 그는 외부 도움 없이 박물관을 세웠고 티아우아나코에서 구할 수 있는 모든 것을 모았다. 그는 발굴 비용은 물론 거대한 블록과 조각상들을 보호하기 위해 옮기는 일꾼들의 품삯도 자기 돈으로 지불했다. 박물관은 오늘날 고대 도시의 위대함과 수준 높았던 문명을 일부라도 엿볼 수 있는 장소가 되었다. 그러나 고고학자들은 포스난스키가 유적들을 옮기는 바람에 누구도 유적들의 원래 위치를 알 수 없게 되었다고 비난했다. 나중에 사람들이 박물관에서 금숟가락과 접시들을 훔치기 시작했는데 혼자 힘으로 막기에는 역부족이었다.

그러는 사이 그는 정부의 발굴 허가를 받은 다른 탐사대들이 온 것을 보았다. 그들은 다이나마이트를 사용했다. 포스난스키는 그들이 박물관 유적 사이에 굴을 만들거나 땅을 파서 유적들을 조각 내거나 파괴하고는 다시 흙으로 덮는 것을 보았다. 그가 할 수 있는 일은 유적들이 파괴되기 전 사진으로 남기는 것뿐이었다.

실망한 그는 유적에 대한 기록을 남기기로 했다. 그는 티티카카호수 고원은 인류의 요람이 틀림없으며 티아우아나코가 모든 문명의 근원이라고 주장했다. 그는 태양의 문을 측량한 후 BC 16,000년경의 역석(Calendar stone) 같은 것으로 천문학적 목적에 사용되었을 것이라고 생각했다. 병적인 집착이 낳은 이런 주장들은 고고학적 업적에 대한 약점이 되었고 적들은 그를 돌팔이라고 오명을 씌우는 기회로 삼았다. 비록 오류가 있었지만 그는 미래 세대를 위해 값을 매길 수 없는 사진들을 기록으로 남겼다.

예를 들어 어떤 사진에는 태양의 문 뒷면처럼 벽감과 차양 창문이 조각된 커다란 석판이 다른 돌 위에 놓여 있거나 나란히 있다. 다른 사진들은 놀라운 배수 체계 유적을 보여주며 어떤 사진은 원래 자리에서 옮겨진 거대한 조각상들을 보여주는데 돌기둥과 석비, 주변에 있는 조각상 그리고 돋을새김을 보여준다. 이런 사진들은 한때 위대했던 문명에 대한 작은 감흥을 전달한다. 포스난스키가 기록한 것을 제외한 나머지는 회복할 수 없을 정도로 손실되었을 것이다. 오늘날 티아우아나코를 방문하는 사람들은 그의 헌신과 노력에 감사해야 한다.

라파스에서 출발한 객차들이 낡고 좁은 선로 위를 덜컹거리며 움직인다. 나무를 때는 엔진만 새것이다. 기차는 굴뚝에서 수많은 연기를 내뿜으

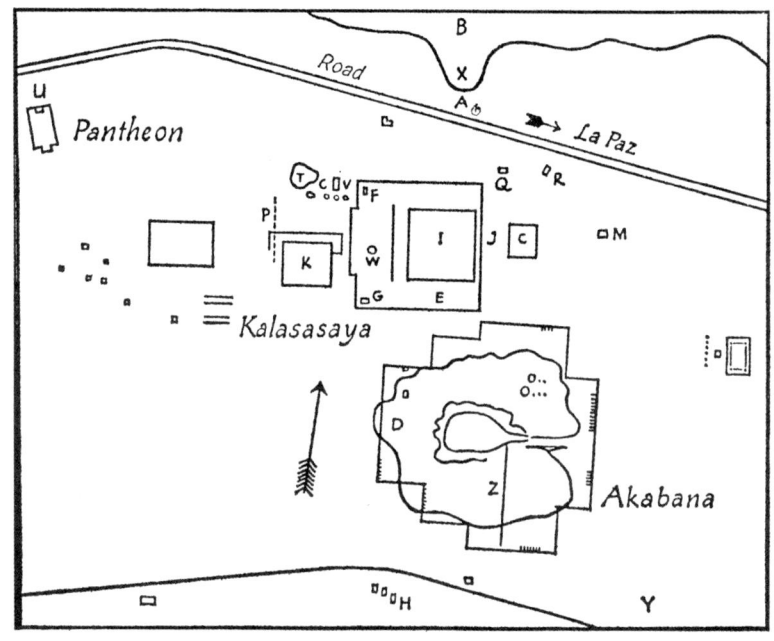

포스난스키는 티아우아나코의 유적을 측정해 그림을 그렸다. 이것이 묻혀진 도시의 개념을 알게 해주는 오늘날 우리가 갖고 있는 모든 것이다. 오늘날 태양의 문은 F에 있다.

며 황폐한 초원 지대를 지나간다. 인디언들은 털모자의 귀덮개를 내리고 판초(남아메리카 원주민의 천으로 된 외투)를 걸치고 앉아 있다. 그들은 수도에서 변변찮은 수확물을 돈으로 바꾼 후 새로 구입한 물건들을 가지고 마을로 돌아가는 아이마라족이다.

기차는 점차 텅 비어 가다 어느 순간 초원 지대 중간에 정차한다. 기차는 그곳이 티아우아나코라고 알린다. 그곳에는 작은 교회 하나, 분명히 세계에서 가장 음산한 묘지와 몇 채의 처량한 인디언 오두막이 있다. 그렇지 않으면 눈부신 태양 아래 벌거벗겨진 듯한 죽은 고원에 풀 한 포기조차 없는 단지 돌만 있는 척박한 곳이다.

마을에 가까워지면 이상한 모습이 보인다. 거대한 돌문이 사막에 우뚝 올라서 있다. 몇 개의 사각형 돌기둥과 커다란 평석들이 그 옆에 누워 있다. 약간의 상상력만으로 이것들이 계단임을 짐작할 수 있다. 먼 경치에서 진흙 산을 볼 수 있는데 이것만으로 한때 이 산이 거대한 아카바나Acabana 피라미드였다고 떠올리기는 쉽지 않다.

오늘날 티아우아나코에서 26km 떨어진 티티카카호수에는 아무것도 없다. 호수 수면은 해마다 낮아져 예전의 둑은 고대 도시의 벽들과 만나 낮은 댐처럼 솟아 있다. 이것이 한때 세계에서 가장 강력한 도시 중 하나였던 티아우아나코 유적의 전부이다.

문명의 운명은 그리스 남부 펠로폰네소스반도의 고대 도시 티린스와 무척 닮았다. 도시에는 호머가 묘사한 벽의 거대한 돌 블록들이 3,000년(BC 1200~AD 1800) 동안 누워 있었다. 또한 티린스에는 프로에토스왕이 리키아Lycia(아나톨리아 남서부의 고대 해양 거주지)에서 소환한 둥근 눈의 거인들 이야기가 있다. 스트라보(그리스의 지리학자, 역사학자, BC 64?~AC 23?)와 파우사니아스(143~176

년 활동한 그리스 지리학자, 여행가)는 둘 다 욕실 하나의 바닥에 20톤이 넘는 돌기둥이 있었다고 기록했다.

티아우아나코의 돌들 역시 거대하다. 일부 돌은 100톤이며 200톤짜리도 있다. 돌은 직선으로 65km 떨어진 키아파 화산 지역에서 가져왔다. 어떻게 현대적 기술의 도움 없이 인력으로만 돌을 옮길 수 있었는지 놀랍다. 크레타인에게 알려진 방법대로 바위들은 청동 톱에 의해 마름돌(일정한 크기로 잘라놓은 돌) 모양으로 잘렸을 것이다. 그러고 나서 블록들을 어떻게 옮겼는지 일부 돌 표면의 구멍으로 추측할 수 있다. 아마 무겁고 둥근 목재들 위에 올려 천천히 밀었을 것이다.

틀림없이 이집트의 피라미드처럼 수천 명의 사람들이 수백 년 동안 더 크고 더 높으며 더 강력한 피라미드를 세우기 위한 강제 노역에 시달렸을 것이다. 그들은 이집트인처럼 어떠한 틈도 보이지 않게 돌 블록을 쌓았다. 티아우아나코의 피라미드에는 한 가지 특이한 점이 있는데 구세계의 아시리아와 에트루리아에서만 볼 수 있는 구리 리벳 사용이다. 위와 아래 평석에 각각 작은 구멍을 낸 다음 구리 막대를 넣고 나서 양쪽을 평평하게 고정시켰다. 그러므로 구리 막대는 일종의 리벳 역할을 했다.

인디언들은 어떻게 거대한 블록을 티아우아나코까지 옮겼을까.

접견실을 포함해서 구세계 건축 기술과의 유사성들은 무덤의 상단 평석에 작은 구멍(이집트 무덤과 똑같은)을 뚫고 포장하는 기술을 적용한 지하의 방에도 있다. 티아우아나코의 피라미드부터 후대의 진흙으로 만든 아즈텍 피라미드까지 무덤은 모두 돌로 덮여 있다.

티아우아나코에 이중벽이 있는데 바깥쪽은 커다란 돌벽이고 벽 사이 틈은 진흙으로 채워져 있다. 이 방법 역시 구세계의 크레타에서 사용되었는데 그들이 나일강 입구에 건설한 옛 항구에서 아직도 분명하게 추적할 수 있다. 그들은 돌을 잘라 61m 너비의 이중벽 방파제를 세웠는데 벽 사이 공간은 돌조각으로 채웠다.

티아우아나코에서 발견된 것들은 도시가 목수, 건축가, 석공, 화가, 도공, 대장장이와 직공, 주물공, 금속 세공인 등 숙련공과 장인들의 도시였음을 보여준다. 그들의 작업장 옆에는 건축, 송수와 배수를 위한 작업을

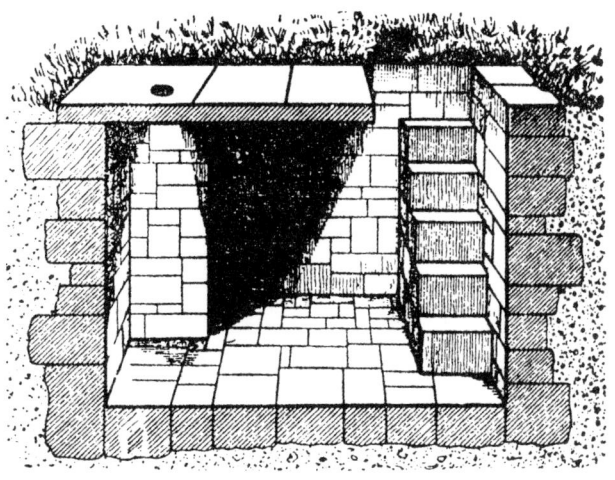

티아우아나코의 죽은 자의 방. 천장에는 이집트인의 매장 의식에서 보이는 것과 같은 죽음의 새를 위한 작은 구멍이 있다.

계획하고 감독하는 곳이 있었을 것이다.

티티카카호수 위를 바쁘게 움직이는 배인 '발사Balsa' 또한 구세계로 거슬러 올라갈 수 있다. 재료와 제작 방법에서 놀라울 정도로 이집트의 파피루스 배와 닮았다.

티아우아나코 어원을 두고 많은 추측이 생겨났다. 어떤 이는 'tia'라는 어간에서 왔다고 한다. 'tiawanaca'는 '신으로부터'라는 뜻일 것이다. 신이라는 단어는 수많은 나라 또는 문명에서 유사한데 중국은 'tien', 그리스는 'theos', 멕시코는 'teotl'이다. 아즈텍인에게는 'teocallis'(신전들)가 있었고 이전 사제들의 고대 도시는 테오티우아칸Teotihuacan이었다. 유사성은 우연의 일치 이상으로 보이고 아마도 백인이 처음 인디언들에게 왔을 때 그들을 'theos' 같은 것으로 불렀을 것이다.

또 다른 그럴듯한 제안도 있다. 아이마라족의 말에서 'tia'는 밝고 큰 무엇, 빛나는 것, 지평선을 의미하고 'Wanaca'는 크레타의 선형문자 B에서 왕에 대한 이름이다. 그러므로 'Tiawanaco'는 위대한 도시의 백인 신에 대한 표현으로 '빛나는 왕'을 의미했을 것이다.

언제 도시가 세워졌고 얼마나 오랫동안 번영했을까? 비록 네 번째 잉카 마이타 카팍이 13세기 초 유적지를 발견했지만 번영기는 대체로 AD 100~800년 사이라고 할 수 있다. 유적지에서 볼 수 있듯이 도시는 무력에 의해 파괴됐으며 군사적 패배는 의심의 여지없이 내부 폭동으로 이어져 상황은 더 악화되었을 것이다. 전설은 티아우아나코의 백인 신이 코킴바의 카리 추장과 전쟁을 시작했고 모든 것을 잃었다고 이야기한다. 사나운 인디언들이 남자들을 모두 죽이고 단지 여자와 아이들만 살아남았다. 오로지 백인 신과 작은 무리의 추종자만 탈출할 수 있었다.

금을 찾던 스페인 용병들은 전에 보았던 것보다 큰 피라미드와 마주쳤다. 인디언들은 이 피라미드를 아카바나라고 불렀다. 백인 신의 도시 유적이라는 말을 듣고 스페인인들은 엄청난 보물이 있을 것이라 기대했다. 400명의 인디언들은 고대 신전을 깊이 파헤치라는 명령을 받았다. 인디언들은 수 주일 동안 땅을 파느라 분주했다. 스페인인들이 바라는 것을 찾았는지 여부는 알 수 없지만 신전 밑단의 땅을 팠던 흔적은 시간이 지나며 물이 차올라 인공호수가 되었다. 밑단의 일부를 차지함에도 호수의 지름은 81m나 되는데 밑단이 얼마나 넓었는지 보여준다.

마치 산 같은 옛 피라미드를 보았던 첫 번째 여행자들은 깊은 감명을 받았고 위엄에 눌리기까지 했다. 나이달락은 피라미드를 사각형 기반 위에 세워진 46m 높이의 진흙 요새라고 묘사했다. 파블로 찰론Pablo E. Chalon은 옆면이 183m이고 튼튼한 3개의 단 위에 세워졌다고 기술했다. 4~6m 간격을 두고 거대한 돌들이 살짝 기울어져 서로 기대어 있다. 사이의 틈은 작은 돌로 채웠는데 벽이 틀어지는 것을 막기 위함이었다.

오늘날도 피라미드는 여전히 17m 높이로 서 있는데 무너지거나 씻겨 나간 흙의 양으로 판단하면 높이는 적어도 31~50m였을 것이다. 그동안 발굴이 소규모로 진행되었음에도 다량의 조각된 돌 블록들이 나왔다. 포스난스키의 사진들은 계단이 만들어진 거대한 블록을 생각나게 한다. 피라미드 꼭대기에는 평석으로 세운 3개의 건물 유적이 있다. 평석 사이에 돋을새김이 있는 평석이 또 있다. 블록의 크기는 피라미드가 후대의 다른 어떤 멕시코 피라미드만큼이나 컸음을 보여준다. 발견물들과 연대기 저자들의 기록으로 보아 피라미드는 처음 추측과 달리 요새가 아니라 커다란 신전이었을 것이다.

이 피라미드가 군인들이 파헤친 유일한 피라미드는 아니다. 티아우아나코 남서쪽 800m쯤에서 그들은 보다 더 큰 '푸마 푼쿠'Puma Puncu(퓨마의 문) 또는 '푼카 푼쿠'Punca Puncu(10개의 문)를 발견했다. 이곳에 부근에서 가장 큰 돌 유적들이 있었는데 대부분 무게가 40~50톤이었으며 심지어 100~200톤이나 되는 거대한 평석도 있었다. 이것들은 피라미드 하단 위에 서 있던 건물의 일부이거나 또는 덮개였다.

베르나베 코보Bernabe Cobo(스페인 예수회 선교사. 1582~1657)는 '푸마 푼쿠에 두 계단이 있는 커다란 사각형 진흙 테라스가 있는데 옆에 커다란 돌을 세워 난간을 만들었다. 테라스는 사람 키의 두 배이고 옆면 길이는 걸음으로 100보이다. 동쪽에서 위로 이어지는 계단을 통해 올라갈 수 있다. 꼭대기에는 7.5m×18m의 석조 건물이 있다 ⋯ 건물은 홀이었던 것으로 보인다. 커다란 돌벽이 있는 47m×14m 크기의 커다란 신전 중심에 서 있었을 것이다 ⋯ 벽은 무너져 있다. 그러나 건물 한쪽에 커다란 돌문이 여전히 서 있고 남쪽에는 1개의 돌로 조각한 커다란 창문이 있다'라고 썼다.

푸마 푼쿠는 셋 또는 4개의 단이 있는 거대한 피라미드였다. 세 번째 단 위에서 소위 '달의 문'이라고 불리는 커다란 문들이 발견되었고 또 다른 단 위에서는 또 다른 4개의 커다란 문들이 발견되었다.

역시 매우 커다란 3단 피라미드가 세친Secchin 근처 해안에서 발견되었다. 다른 것처럼 커다란 돌을 옆에 세웠고 진흙으로 구성되었다. 세친은 티아우아나코 제국의 일부였고 쿠스코처럼 나중에 잉카 제국의 수도가 되었다.

구세계에서 가장 비슷한 건축물은 티그리스강과 유프라테스강 사이에 있는 메소포타미아의 계단 피라미드이다. 원래 홍수가 일어났을 때 '피난 인디언들은 수염 있는 모습을 즐겨 묘사했다.
그러나 정작 그들에게는 수염이 없었다.

몬테알반에서 나온 인물상

페루 연안에서 나온 인물상

페루에서 출토된 쌍주전자. 크레타에 비슷한 주전자가 있다.

올멕의 머리(왼쪽)와 이집트 엘-아마르나기의 머리(오른쪽)

놀라운 유사성!

티아우아나코에서 출토된
재규어 신

올멕의 특성이 보이는 오리 부리를 가진
옥으로 만든 작은 조각상. AD162년경.
(산 안드레스 툭스틀라, 베라크루스)

220 아메리카 대륙의 고대문명

언덕'으로 이용하기 위해 흙으로 쌓은 언덕이었다. 그 후 몇 개의 진흙 테라스가 있는 바빌로니아의 지구라트(고대 메소포타미아 각지에서 발견되는 건축물로 일종의 신전이었다.)로 발전했고 상단에는 신전이 있는 계단 피라미드를 만들기 위해 크기가 점점 작아지는 단을 쌓아올렸다. 이 건물들은 인도 불교에 널리 퍼져 있던 '하늘로 오르는 산'인 '메루Meru'에 대한 표현이었다. 많은 고대 사람들은 산에 있는 신에게 희생제물을 바쳤고 피라미드는 인공의 산을 나타냈다. 따라서 피라미드는 무덤이 아니라 신전이었다. 그리고 성경의 '바벨탑'도 계단 피라미드였는데 아마도 상단 신전에 제단이 있었을 것이다.

이집트 피라미드들은 좀 다른 기원을 갖고 있다. 그들의 피라미드에는 단이나 신전이 없고 옆면의 벽들은 단조롭다. 내부의 파라오 유골이 안치돼 있는 방은 수십만 개의 돌에 싸여 손상되지 않았다. 방은 돌을 관통하는 낮은 통로를 지나야 도달할 수 있는데 죽은 왕이 안장된 후에는 흙으로 채워졌다. 이집트 피라미드는 상단에 이르는 외부 계단도 없다.

신세계의 피라미드들은 계단 피라미드이며 상단으로 오르는 외부 계단이 있다. 상단에는 신전이 있는데 실제로 피라미드들은 주춧돌 역할을 했다. 인공 산 개념으로 돌아가 보자. 처음에 피라미드는 진흙으로 만들었으며 돌을 쌓아 날씨의 영향과 흙의 중력을 막았다. 이러한 기본적 형태의 사각형뿐 아니라 둥근 피라미드도 발견되었다. 나중에 인공의 산은 돌무더기와 어도비 벽돌로 만들었다. 그리고 표면을 다듬은 돌이나 태운 조개껍데기와 모래로 만든 치장벽토로 조심스럽게 덮었다. 외형은 분명히 구세계의 계단 피라미드와 닮았는데 유사성은 그보다 많을 것이다.

고고학자들은 새로운 유물이 나왔을 때 종종 그들이 발견한 것이 무엇인지 알지 못했다. 그들은 유물들을 해석하고 비교했으며 때로 같은 것을 두고 다양한 설명을 하기도 했다. 슐리만조차 여러 번 실수했다. 한번은 그가 파낸 것이 석고 항아리라고 생각했는데 타조알이었다.

티아우아나코에서 클로아카 막시마Cloaca Maxima(최대 하수구)라는 매우 커다란 배수관이 발견되었는데 아카바나 피라미드(212쪽 그림처럼)의 중심이었다고 생각되는 곳까지 연결되어 있었다. 포스난스키에 따르면 바로 이 지점에 북쪽과 남쪽 끝에 문 같은 화살표가 있는 사각형 개구부가 하나씩 있는 작은 석조 방이 있는데 이 문들이 반드시 물탱크를 의미하지는 않는다고 했다. 배수관은 남쪽 문에서 시작되는데 포스난스키는 기본적으로 '물탱크'에서 남은 물을 빼내는 데 쓰였을 것이라고 생각했다.

그러나 그런 목적이라기에는 배수관이 너무 컸다. 물탱크 옆면에 있는 작은 구멍들이면 충분했을 것이다. 빗물 배수관이 필요했다고 볼 수 있지만 이곳은 비가 많이 오는 기후가 아니다. 고심 끝에 포스난스키는 배수관

한때 라벤타에 서 있었던 올멕의 거대한 두상

치무에서 출토된 점토 항아리

이 전쟁 기간에 순찰자와 정탐꾼을 보이지 않게 파견하거나 요새로 불러들이는 데 사용했을 것이라고 추측했다. 이 경우 배수관은 적의 눈에 띄지 않으면서 요새에서 먼 곳까지 이어져 있어야 한다. 그러나 배수관은 피라미드 바로 아래에서 끝난다.

아마 작은 돌 방은 피라미드에 있던 무덤이었을 것이다. 그리고 클로아카 막시마는 배수관 혹은 정탐꾼의 통로는 아니며 이집트의 피라미드처럼 무덤으로 이어진다. 클로아카 막시마는 똑바르지 않고 피라미드의 선을 따라 때때로 거의 수직으로 뻗어 있고 그리고 나서 다시 수평으로 이어진다. 오늘날 클로아카 막시마는 끄트머리만 빼고 완전히 파괴되었다. 인디언 전설에 의하면 클로아카 막시마는 한때 통로의 일부였으며 오늘날 이 지역 인디언들 사이에 구전으로 전해지는 신화에 의하면 아카바나부터 멀리 쿠스코까지 이어지는 지하 통로였다고 한다.

크노소스 왕 미노스는 아테네 올림픽 경기에 참가시키기 위해 아들 안드로게우스를 보냈다. 안드로게우스가 다른 모든 참가자들에게 승리하여 가장 강한 자가 되자 아테네 왕 아이게우스는 시기심에 그를 죽였다. 미노스는 끔찍한 징벌을 단행했다. 그의 함대가 아테네를 기습하여 정복한 것이다. 이후 그들은 9년마다 크레타의 괴물 미노타우로스에게 제물로 바칠 7명의 청년과 7명의 처녀를 보내야 했다. 세 번째 희생자들을 보낼 때가 되었을 때 아이게우스의 아들 테세우스가 혼자서 크노소스로 항해했다. 미노스의 딸 아리아드네는 그를 보고 괴물과 맞서 싸울 칼과 실뭉치를 주었다. 테세우스는 괴물을 죽였고 실은 미로에서 빠져나오는 길을 알려주었다.

미노타우로스가 이집트 신전에 있는 신성한 짐승(멤피스의 신성한 황소, 아피

ㅅ)처럼 궁전에 있는 신성한 짐승 미노스의 황소였을까? '프타 신의 종' 신성한 황소는 신전에 살았고 사제들이 보살폈다. 황소가 죽으면 람세스 대왕 이래 모든 황소들이 매장된 사카라의 멤피스 공동묘지에 있는 세라피움 신전 지하방에서 성대한 의식을 치른 후 묻었다. 그 후 비슷한 새로운 신성한 황소를 두었다.

이집트인들에게는 프타 외에 다른 '동물 신'도 있었다. 크눔 신은 숫양이었고 호루스 신은 매, 토트 신은 따오기, 소베크 신은 악어였으며 여신 부바스티스는 고양이, 여신 부토는 코브라였다. 동물 신에게 봉헌한 모든 신전에서 동물들은 살아 있는 신으로 숭배되었다. 동물이 죽으면 왕이나 신의 신전과 동등한 신전에 묻혔는데 티아우아나코 역시 마찬가지였다.

푸마 푼쿠의 피라미드에서 하나의 돌로 만든 61cm×40cm 크기

↑ 페르세폴리스의 문
↓ 티아우아나코의 문

의 작은 문이 발견되었는데 사람이 들어가기에는 작았으나 퓨마에게는 충분히 컸다. 퓨마는 신전에 살았을 뿐 아니라 신으로 숭배되었으며 문을 통해 우리로 나갈 수 있었다. 그리고 피라미드는 퓨마 형상으로 꾸며졌는데 실제로 포스난스키가 유적지에서 목격한 것들이었다. 나중에 조각상이 발견되었는데 어떤 것은 퓨마이고 어떤 것은 일종의 퓨마 인간이었다.

유럽의 모든 대도시에는 홀쭉한 네 면의 기둥 꼭대기에 작은 피라미드가 있는 이상한 바늘 모양의 석조 기념물인 오벨리스크가 있다. 오벨리스크는 이집트에서 왔는데 그들에게는 일상적인 것으로 신전 옆에 서 있곤 했다. 강력한 파라오에 의해 세워진 가장 큰 오벨리스크 2개는 헬리오폴리스(카이로 북동쪽에 있는 고대 이집트의 종교 도시 유적)에 있는 신전 정면에 있다.

오벨리스크는 크레타에도 알려졌는데 아기아 트리아다 석관 측면에 프레스코화로 표현한 2개의 오벨리스크가 보이기 때문이다. 그리고 티아우아나코의 신전 옆에도 오벨리스크가 서 있었다. 게다가 페루 푸카라Pucara의 말발굽 모양 신전에서 돌로 만든 21개의 인물 조각상과 16개의 석비, 48개의 조각품이 발견되었다. 조각상들은 티아우아나코의 입체적 예술 형식보다 더 둥글둥글하지만 다른 두 양식은 정확하게 일치한다. 푸카라 도자기 역시 티아우아나코의 도자기와 닮았는데 똑같이 날개 달린 동물, 사람과 동물의 잡종, 고양이 같은 동물, 사냥 전리품과 콘도르 머리, 물고기 머리 그리고 라마를 보여준다.

수도 티아우아나코의 영향력은 페루 해안 평원의 광범위한 유적에서 볼 수 있듯이 제국 전역에 미쳤다. 피스코 근처 해안에서 페루 고고학자 텔로 J. Tello(1880~1947) 교수는 두 곳의 커다란 도시 유적을 파헤쳤는데 한 곳에는 40,000명 이상의 인디언이 있었다고 했다. 해안의 다른 도시와 달리 두 도시의 집과 신전, 무덤은 모두 돌이었다. 그리고 고고학자들은 해안에서 티아우아나코 재규어와 계속 마주쳤다. 사실 고원 양식은 도시가 멸망한 후에도 티아우아나코 문명이 번성했다는 충분한 증거인데 특별히 세 곳에서 확인할 수 있다.

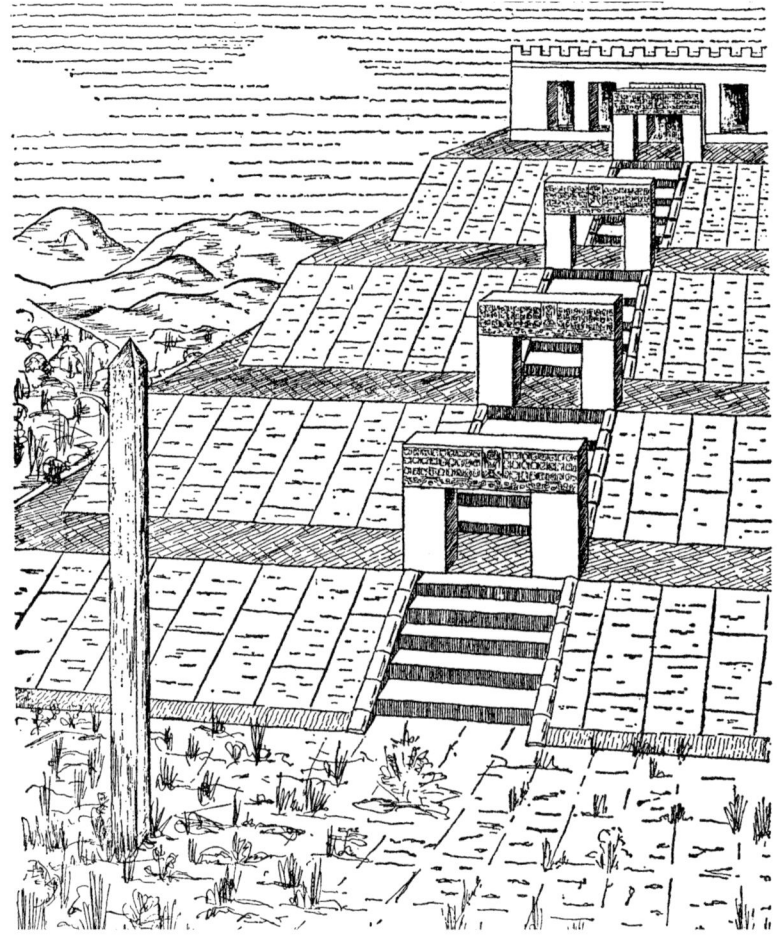

푸마 푼쿠에 있는 달의 피라미드 정면에 오벨리스크가 있다.

수도에서 나온 몇 안 되는 유물 가운데 신의 조각상들이 있었는데 포스난스키는 단지 몇 개만 파괴로부터 구할 수 있었다. 오늘날 라파스에 있는 박물관에 온통 돋을새김으로 덮였으며 어떤 것은 머리에 터번을 쓴 1.8m가 넘는 거대한 조각상들이 보관되어 있다. 의미심장하게도 터번은 셈족의 두건이었다.

또 다른 셈족의 특징도 있는데 접두사 'pacha'는 여러 신의 이름에서 발견된다. 예를 들어 태양의 신이며 세상의 수호자인 파차카막 또는 파차타타Pachatata, 도시의 위대한 여신, 대지의 어머니, 풍요의 여신이며 때때로 콘도르, 물고기 머리 그리고 날개 달린 인간으로 묘사되는 바다의 여신 파차마마Pachamama 등이 있다. 헤드기어 비슷한 터번을 쓴 거대한 여신 조각상이 보존되는 동안 포스난스키는 칼라사사야로 가는 길 동쪽의 작은 신전에서 더 이른 시기의 여신 조각상을 발견했다. 이 여신상 역시 일종의 터번을 쓰고 있었다. 파차마칵Pachamacac은 나중에 해변으로 온 신이었는데 잉카인들이 신으로 받아들였을 정도로 강력했다. 결국 파차마칵은 그들의 최고 신이 되었다.

모든 중요한 유적지에서 거대한 문 일부가 살아남았다. 다소 놀라운 사실인데 벽이 허물어진 곳의 문이 건물의 가장 약한 부분이라고 생각했기 때문이다. 유럽과 아시아에서 3개의 고대문명 문이 보존되었거나 적어도 복원되었는데 네브차드네자르(BC 605~BC 562)의 바빌론 문과 미케네의 사자 문, 하투사(옛 히타이트 제국의 수도)의 히타이트 문이다. 세 문 모두 동물 또는 전설적인 괴물들로 장식되어 있다.

티아우아나코의 황폐한 고원 위에 우뚝 솟은 거대한 돌기둥 아치에도 신성한 동물들이 있다. 비록 최근 붙여진 이름이지만 오늘날 '태양의 문'이라고 불린다. 1839년 오르비니가 처음으로 태양과 콘도르의 우화적 표현이라고 했고 1897년 미트레Mitre는 문 위의 '태양의 그림'을 묘사했다. 문은 높이 3m에 너비 1.8m인데 지구상에서 가장 큰 돌 조각 기둥이다. 정면에서 보면 수직 벽 상단은 너비와 동일한 크기의 프리즈로 덮여 있다. 양식화된 사람 모습의 재규어가 아치 중앙 왕좌에 앉아 천둥과 번개의 상징을 들고 있으며 머리 주위에 후광이 있다. 재규어, 콘도르 그리고 코브라가 표현되어 있으며 역시 양옆 꼭대기에 날개 달린 동물의 줄이 여러 개 보인다.

문 위의 그림에 대한 광범위한 연구가 진행되어 의심의 여지없는 티아우아나코의 엄청난 영향력을 확인하게 되었다. 이 도시에서 다른 모든 아메리카 인디언 문명으로 영향력이 전파되는 경로를 발견한 후 특유의 상징과 장식들 모양에 이름이 붙여졌다. 예를 들어 티아우아나코에서 시작된 나선형 또는 원반 모양의 코는 페루의 코르디예라부터 멕시코까지 도자기와 칼 손잡이, 직물, 돌 조각 등 모든 인디언 예술에서 반복하여 나타난다. 그래서 비와 풍요의 상징인 눈물 흘리는 신 역시 안데스산맥에서 기아나까지 그리고 남쪽의 태평양 해안과 아마존을 지나 아르헨티나에서도

고고학자들은 끊임없이 티아우아나코의 태양의 문을 연구했다.
장식 중에는 심지어 나팔수들도 있다.

발견된다. 페루 모든 곳에서 우리는 눈물로 얼굴을 씻는 듯 보여 예전에는 고통 받는 태양을 나타낸다고 잘못 해석했던 눈물 흘리는 신과 마주친다.

푸마 푼쿠의 거대한 피라미드 위에 보다 큰 문들이 있다. 그중 하나인 달의 문은 경관이 너무 훌륭한데 태양의 문과 비슷한 돌기둥이다. 역시 상단에 돋을새김이 있는데 콘도르 대신에 물고기가 있고 날개 달린 동물은 묘사되어 있지 않다.

돋을새김에 있는 특히 깊게 패인 곳의 작은 구멍들은 돋을새김의 패인 부분과 달 색깔인 은판이 꼭 맞도록 조이는 용도였다. 또 푸마 푼쿠는 아마 달의 여신이기도 했을 파차마마 여신에게 봉헌되었다.

1840년대 레이야드A.H. Layard(영국, 1817~1894)가 아슈르나시팔 2세(BC 884~BC 859)의 거대한 궁전을 발굴할 때 님로드 언덕에서 날개 달린 13쌍의 사자 또는 황소와 거대한 동물들을 발견했는데 고대 아시리아 천신 마르둑Marduk의 거대한 동상들이었다. 이집트 신화에서 그리폰이라 불리는 신화 속 동물로 새의 머리를 가진 사자였다. 크레타인에게도 요정, 동물 모양 악마, 사람과 날개 달린 짐승의 잡종, 뿔과 날개가 있는 염소들이 있었다. 에트루리아인들에게는 뱀의 발에 날개 달린 티폰Typhon(어깨와 팔에 100마리 용이 달린 괴물)과 독수리 악마 투출다Tuchulda 같은 날개 달린 동물이 있었다.

티아우아나코의 '태양의 문'에도 사람 몸에 새의 머리와 날개가 있는 비슷한 동물이 표현되어 있는데 그리폰의 한 종류로 티아우아나코 제국의 다른 곳에서도 발견된다.

우리는 그리스신화에서 트리톤, 네레이드와 인간 모습에 비늘과 꼬리가 있는 사이렌을 알고 있다. 페니키아의 신 얌Yam은 물고기 꼬리를 갖고 있다. 티아우아나코와 모든 고원에서 발견된 금과 은으로 만든 작은 조각

크레타의 그리폰(왼쪽)과 까예 데 트리온포(Calle de Trionfo)의 인디언 스핑크스(오른쪽)

상들은 물고기 몸과 꼬리를 가진 여인으로 특히 가슴이 눈에 띄는 혼합체를 보여준다. 입은 없고 몸은 뱀인 신과 비슷한 조각상들이 아르헨티나에서 발굴되었는데 트로이와 고대 페르시아 그리고 켈트족에게 유사한 형상이 있다.

마녀 역시 똑같거나 비슷하게 잉카에 알려져 있었다. 비록 잉카에서는 빗자루를 타고 하늘을 날지 못했지만 한 연대기 저자는 지중해 문명이 표현한 것과 같은 뿔과 날개를 가지고 하늘을 나는 동물 그림을 갖고 있었다. 이런 상상 속 동물들은 대서양 건너편의 도움 없이 혼자 힘으로 만들 수 없다.

티아우아나코에서 발견된 신화가 아닌 선사시대의 한 동물은 고고학에서 지금까지 해결하지 못한 가장 큰 난제 중 하나이다. 1920년경 텔로 교수는 앞서 언급한 해변의 두 도시 유적에서 다섯 발가락의 라마가 그려진 주전자를 발견했다. 비록 다윈의 『종의 기원』이후 알게 된 사실이지만 라마의 발가락은 말과 소들이 한때 그랬던 것처럼 진화 초기 단계에서는 5개였다. 물론 지금은 2개인데 인디언들이 진화 초기 단계의 라마를 알고 있었다는 사실이 놀랍다. 그리고 나서 텔로는 다섯 발가락의 라마 해골을 발견했는데 인디언들의 신전에 한때 다섯 발가락의 라마가 있었을 것으로 보인다.

증거는 부정할 수 없는데 아직까지 자연의 역사 기초를 위협하는 것으로 보인다. 티아우아나코 문명은 분명 오래되었지만 다섯 발가락의 라마만큼 오래되었다고는 상상할 수 없다. 그 시대에 도마뱀류와 거대한 파충류들은 있었지만 확실하게 인간은 없었다.

인디언들이 최근 발견된 실러캔스(중생대 어류로 바다 생물에서 육상 생물로의 진화과정을 보여주며 네 발 동물의 조상일 가능성이 있을 것으로 여겨져 왔다.)처럼 태고시대 이후 어떻게든 생존한 살아 있는 화석을 발견할 수 있었을까? 독특한 생김새 때문에 신성한 동물로 여겨 신전에 보존했을까? 억지처럼 보이지만 이 특이한 사실에 대한 만족스런 설명은 아직 없다.

다섯 발가락의 라마는 티아우아나코의 연대를 가늠하는 데 도움을 주지 못한다. 수도에 있는 피라미드는 다른 곳의 건물들처럼 거의 대부분 붕괴되었다. 현재의 빈약한 상태로부터 피라미드가 남아메리카에서 가장 오래된 건축물들이라고 추정할 뿐이다.

건축이나 예술 양식으로 보아 티아우아나코 문명이 가장 오래되었다고 추정할 수 있다. 구세계에서 대형 건축물을 세우던 마지막 시기는 BC 1200년경이었다. 따라서 그 이전에 아메리카로 이주해 양식을 가져왔을 것이다. 그리고 만약 그들이 무덤으로서 피라미드 개념이나 피라미드 건축술을 소개했다면 구세계에서처럼 인디언들도 그렇게 했을 것이다. 예를 들어 이집트의 마지막 피라미드는 BC 1700년 초에 건설되었다.

그러나 티아우아나코에 백인들이 세운 도시는 없다. 해변에 갑자기 나타난 낯선 이들이 해안에서 아주 멀고 험악한 해발 4,000m의 쌀쌀한 고지로 즉시 이동하지는 않았을 것이다. 그러나 후손들은 비옥한 토지나 순한 기후를 찾지 않고 골짜기에는 없고 불과 몇몇 곳에만 있는 무언가를 찾았다. 당시 티아우아나코는 신세계에서 유일하게 주석(전 세계 주석 대부분이 볼리비아에 있다.)을 사용하는 도시였다. 청동은 구리와 주석으로 만드는데 티아우아나코에는 주석 매장량이 풍부했다.

잉카 제국을 침략한 스페인인들이 도시 툼베즈의 맞은편에 있는 푸나Puna섬(에콰도르 남부 해안에 있다.)에 상륙했을 때 아메리카에서 처음 청동으로 만든 물건들을 보았다. 나중에 그들은 잉카인들과의 전투에서 청동으로 만든 무기들을 많이 보았다. 잉카인들은 정복한 아이마라족과 코야족에게 청동 합금법을 배웠는데 그들은 수 세기 전부터 이 기술을 알고 있었다. 그들은 먼저 사람들로부터 합금술을 전수받았으며 나중에 포토시에서 금속산업을 발전시켰다. 포토시의 산에 있던 수많은 용광로에서는 온종일 불꽃이 타올랐을 것이다. 연대기 저자 코보는 '마치 빛나는 산처럼 보일 정도로 용광로들이 엄청 많다'라고 기록했다.

아이마라족에게 청동 합금법을 가르친 사람들은 한때 티아우아나코에 살았는데 구리가 신세계에서 여전히 중요한 금속일 때 청동을 사용하고 있었다. 비록 오늘날 리벳처럼 건축물의 돌들을 연결할 때 못 대용으로 쓰였지만 순수한 구리 역시 티아우아나코에서 사용되었다.

티아우아나코는 오랫동안 청동을 알고 있던 유일한 신세계 문명이었고 첫 번째 도시였다. 도시가 멸망한 후 1,000년 동안 멕시코에서는 구리를 포함한 어떤 금속 작업도 없었다.

티아우아나코는 구리시대를 건너뛰어 청동기시대로 넘어갔다. 곧이어 청동은 가장 먼저 가까운 이웃 나라에 그리고 나서 페루 연안으로 전해졌다. 그들은 금속 표면을 닦거나 광을 내는 데 구리를 사용했다. 그들은 땜납과 은박, 몰이팅Malleating(망치로 두들겨 모양을 만듦), 돋을새김, 철사 제조 그리고 흔치 않은 상감기법조차 익숙했다. 티아우아나코의 청동 연장들은 구세계와 닮았으며 청동으로 만든 양식화된 동물상들은 코카서스(러시아 남부, 카스피해와 흑해 사이의 지역)의 조각상들과 거의 똑같다.

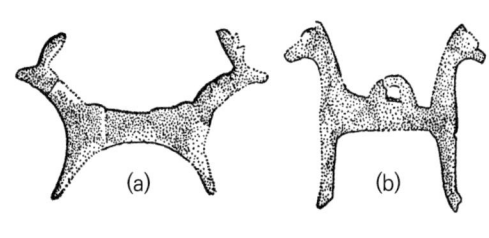
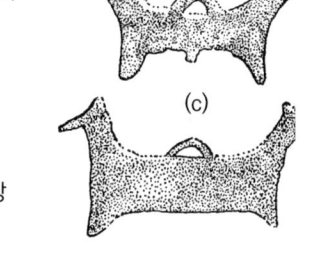

코카서스와 티아우아나코에서 출토된 청동 복합 동물상
(a) 조지아의 케다베그-칼라켄트
(b) 페르시아의 루리스탄
(c) 코파카바나와 티아우아나코

우리가 알고 있는 가장 오래된 청동 유물은 BC 2500년경의 이집트 조각상이다. 사르디니아(이탈리아 반도 서쪽 섬)에서 발견된 양식화된 사람과 동물상은 BC 1900년경 것인데 서유럽에서 청동기시대가 시작되었을 때이고 크레타 최초의 고도 문명기였다. 크레타에서 처음 청동에 나선 문양을 넣었는데 곧바로 모든 곳에서 모방하여 장식으로 사용하였다. 유럽 전역에서 거의 모든 시기에 걸쳐 크레타의 나선 문양이 나타난다. BC 1200년경 지중해 문명은 청동을 철로 대체하였다. 이후 아메리카 이주민들은 새로운 금속을 가져오지 않았다. 왜냐하면 스페인인들이 도착했을 때 인디언들은 철에 대해 알지 못했기 때문이다.

티아우아나코 제국은 광범위하게 나선 문양을 사용했지만 청동은 그렇지 않았다. 물론 티아우아나코에서 주석 매장지가 발견되기 수 세기 전 사라진 크레타 문명으로부터 청동을 가져올 수 있었겠지만 아무래도 남아메리카에 청동을 소개한 사람들로서 극동을 다시 보아야 할 것 같다. 페루의 초기 해안 문명 중 하나는 우리가 보아온 것처럼 BC 500~BC 400년 사이 도착한 중국인들의 영향을 받았다. 중국의 해안 제국이 멸망했을 때인 BC 333년경 청동기시대 맥이 끊어졌다. 그러나 완전히 끊어진 것은 아니어서 청동기시대에 속한 극동의 새로운 문명 통킹Tongking과 안남의 동선Dongson 문명에 전수되었다. 이러한 결과는 BC 4세기 페루 연안의 모치카(원-치무) 문명은 물론 멀리 칠레와 아르헨티나에서도 추적할 수 있다.

특별히 강력한 흔적들이 주석 매장지가 있던 아르헨티나와 볼리비아의 산에서 발견된다. 동선 문명의 몇몇 금속 유물들은 남아메리카에서 나온 금속 유물과 무척 닮았고 중국이 통킹과 북부 안남을 정복하여 청동기시대 맥이 연결되어 있던 AD 1세기까지 극동에서 온 사람들은 분명 티아우

구세계 문명의 특징인
크레타의 나선 문양과
양옆에 두 마리 동물을 배치한
티아우아나코의 청동 제단
(또는 가슴판)

아나코 문명에 영향을 주었을 것이다.

　AD 1세기까지는 티아우아나코에 청동이 있었으며 수 세기 동안 건물과 신전, 조각상들을 세울 때 사용하였을 것이다. 따라서 BC 5세기에서 AD 1세기 사이에 도시가 건설되었다고 추정할 수 있는데 고고학자들도 대체로 동의한다.

　티아우아나코의 유산은 야만에 가까웠던 아이마라족에게 전수되었다. 어쩌면 그들은 백인 신에게 지배당한 최초의 인디언들일 수 있다. 그들은 반란을 일으켜 지배자를 내쫓고 건설 중인 도시를 파괴했을지도 모른다.

　아이마라족은 BC 1000년경 오늘날의 볼리비아와 티티카카호수 주변에 정착하였다. 주거지는 원시림과 안데스산맥, 남쪽으로는 포토시의 광산까지 광범위하다. 그들은 15세기에 잉카인들에게 정복되었다. 잉카인들은 90년 동안 농부와 목동, 금속 장인들과 전쟁을 벌였는데 그들의 청동 무기는 잉카의 무기보다 월등해서 심각한 부상을 입혔는데 하루 동안의 싸움으로 6,000명이 죽기도 했다.

　잉카의 지배는 끝났지만 아이마라족과 코야족은 위대한 백인 신 신화, 굉장한 도시들과 함께 살아남았다. 그들은 여전히 티티카카호수 주변에 살며 백인이 방문하면 그들의 인사는 언제나 가장 높은 신에게 주어졌던 이름 '비라코차'이다. 그들은 방문객에게 백인 신의 유일한 유물들인 황폐한 고원에 있는 거대한 출입문과 뒤에 있는 거대한 인공 언덕을 보여주는데 한때 거대한 피라미드가 있었다고 생각할 수 없을 만큼 평평하다.

　늙은 장인이 그림 위에 찍은 인장이나 사인이 없더라도 전문가들은 누가 그린 것인지 단번에 알 수 있다. 학생들의 작품이나 그의 작업장에서 나온 것에는 그의 화풍이나 색의 선택, 기법, 관념 등이 담겨 있을 것이다.

그리고 이전 학생들의 결과물 위에도 남아 있을 것이다.

올멕인들은 그런 학생들이었다. 그들은 대략 서력이 시작될 무렵 멕시코로 이주했다. 함께 가져온 수많은 것들로 판단할 때 그들도 아마 구세계의 더 오래된 문명에서 가져왔을 것이다. 그러한 나라는 오직 남아메리카만 있을 수 있다. 그들은 페루 고원의 점토 문명이었던 치무로부터 높은 수준의 돌 가공 기술을 얻지는 않았을 것이다. 그러나 분명히 티아우아나코에 석공 장인이 있었으며 올멕인들은 그들을 멕시코에 데려갔을 것이다. 그래서 올멕 예술의 많은 면이 티아우아나코와 매우 닮아 있다.

티아우아나코는 구세계에서 직접 전래된 문명은 아니었지만(어쩌면 이주민들은 한물간 양식의 피라미드와 거대한 건축물들을 안 지었을 수 있다.) 수 세기 전부터 내려오는 전통은 유지했을 것이다. 어쩌면 첫 번째 백인 신은 티아우아나코보다 1,000년이나 오래된 왕국에 왔거나 혹은 왕국을 건설했을지 모른다. 그런데 그런 제국이 있었다.

14
차빈 문명과 고대 신들

> 그들은 지혜와 지성은 사람 머리보다, 힘은 사자의 몸보다, 어디든 갈 수 있는 것에 대해서는 새의 날개보다 더 나은 이미지를 찾을 수 없었다.
>
> – 아시리아 천신들의 이미지에 관하여, 레이야드

19세기 말 유럽 고고학자들이 페루 해안의 한 마을 근처에서 고대 매장지를 발굴할 때 한 인디언 소년은 흙 속에서 그들이 들어올리는 사람의 두개골을 보았다. 그들은 소년에게 두개골의 사각형 구멍과 천공한 흔적, 툭 튀어나온 뼈를 보여주었는데 환자가 위험한 수술을 통해 생존했음을 가리켰다. 소년은 백인들도 이런 식으로 두개골을 열 수 있는지 물었다. 고고학자들은 미소를 띠며 할 수 없다고 했다. 그러자 소년은 "그럼 이 인디언들이 당신들보다 영리했네요"라고 말했다.

소년은 율리오 텔로였으며 전 생애를 통해 조상들의 업적에 대해 커다란 자부심을 가졌으며 그가 고고학을 시작한 이유이기도 했다.

주목할 만한 유일한 아메리카–인디언 고고학자 텔로는 페루 전역을 50회 이상 탐사했으며 조국에 6개의 인류학 박물관과 초기 역사를 선사했다. 1941년 마지막 정글 탐사를 이끌었으며 1947년 사망했는데 뛰어난 기술과 한정된 자원으로 그가 차빈Chavin이라 불렀던 가장 오래된 인디언 문명의 실체를 밝히는 데 헌신했다. 그가 부활시키려는 가장 큰 유적이 티티카카호수 북쪽 940km에 있는 해발 3,000m의 차빈 데 완타르Cahvin de Huantar 마을 근처에 있었다.

유적들은 푸카Pucca강에서 경사진 단구(계단 모양의 지형)를 따라 오를 수 있는 아름다운 신전 요새였다. 댐처럼 위로 갈수록 점점 좁아지는 벽은 사각형 돌로 건설되었으며 배내기(벽 윗부분에 장식으로 두른 돌출부)에는 재규어, 콘도르와 송곳니가 위협적인 뱀이 장식되어 있다. 그리고 직사각형 피라미드로 올라가는 화강암 계단이 있다. 상단 신성소에는 피를 담는 데 사용한 것으로 보이는 다리가 4개인 희생제의용 돌 그릇이 있다. 그릇에는 재규어 모양의 신의 얼굴로 향하는 홈이 있는데 이 홈을 따라 피가 신의 얼굴로 흘러내렸을 것이다.

오늘날 '성채城砦'라 부르는 신전의 한 부분에는 건물 모든 곳에 신선한 공기를 공급하는 시설이 있었는데 비슷한 시설이 크노소스에도 있었다. 크노소스처럼 신전 지하에 작은 사각형 돌을 이어 만든 구부러진 통로가 있는데 충분히 서서 다닐 수 있는 높이다. 돌기둥으로 천장을 떠받친 몇몇 곳에 벽감(움푹 들어간 부분)이 있는데 미틀라의 현관과 차차Chacha 근처의 비라코차 신전처럼 한참 후의 여러 건물에도 벽감이 많이 있었다.

두 연대기 저자는 차빈 지역을 '로마나 예루살렘같이 가장 유명한 곳 중 하나'라고 했다. 텔로에 의하면(학자들은 동의하지 않았지만) 차빈 문명은 BC 4000~BC 3000년 사이에 시작되었고 절정기는 BC 1500년이었다. 구세계에는 크노소스 궁전, 크레타의 석관과 청동 나선 문양이 있었으며 이집트는 투트모스 1세(재위 BC 1506?~1493?) 시대였다. 뒤를 이은 이집트의 여자 파라오 하트셉수트 여왕(재위 BC 1503~BC1482)은 바다를 건너는 대탐험을 시도했다.

차빈이 안데스 최초의 고도 문명은 아니다. 차빈은 아마도 아마존의 근원부터 태평양의 섬들까지 가장 넓은 지역을 다스렸을 것이다. 우루밤바 계곡의 코르디예라 동쪽 경사면 위 그리고 마라나오강 위쪽의 탄타마요 근처의 신전 요새는 아마도 차빈이 건설했을 것이고 그래서 잉카인들도 산꼭대기에 거대한 요새 마추픽추를 건설했다.

14 또는 15세기에 잉카 투팍 유팡키는 차차포야Chachapoyas와의 전쟁에서 패했다. 유팡키는 산에서 공격자에게 커다란 돌을 던지는 흰 피부의 사람들이 지키는 거대한 요새와 마주쳤다. 차차포야 요새는 재규어, 태양 그림 그리고 사람 형상의 원추형 묘비석 등 분명하게 차빈 문명의 영향을 보여준다. 비슷한 형상이 콜롬비아의 오래된 문명에 많은데 특히 나중의 치브차Chibchas 제국에 많다.

차빈 데 완타르 마을 근처의 '원시적' 신전 옆에는 신전과 건축물 유적, 수백 개의 석비와 조각상 그리고 수천 개의 작은 예술품 등 차빈 문명의 기념물이 많이 있다. 콜롬비아의 유적지 중 하나인 모니쿠이라Moniquira에는 거대한 타원형 돌기둥, 오벨리스크와 함께 오래된 궁전 잔해가 남아 있다. 피스시나Piscina라고 불리는 또 다른 유적지 라바파타Lavapata에는 벽을 조각으로 꾸민 지하방이 있는데 아마 욕실이었을 것이다.

이곳에 남아 있는 돌을새김 중 가장 놀라운 것은 뿔과 뿔 사이에 사람 얼굴이 있는 '풍요의 뿔(Cornucopia)'이다. 막달레나강(남미의 북서쪽 끝에) 발원지인 산 아구스틴San Augstin에 있는 높이 4m의 조각상은 티아우아나코 조각상처럼 평평한 종류의 모자를 썼거나 올멕의 전형적 양식인 두건을 쓰고 있다.

마지막으로 로페스Lopez가 무덤 입구에서 거대한 재규어 조각상과 마주쳤던 네이타Neyta가 있다. 나중에 그는 더 많은 사람 조각상과 라마, 원숭이, 두꺼비 조각상을 발굴했으며 기둥 중심에서 합쳐지는 1.2m 높이의 광을 낸 커다란 평석도 발견했는데 (그는 기록에 의하면) 옮기는 데만 50명이 필요했다고 한다. 이들 치브차 조각상과 문양은 차빈과 티아우아나코의 문양과 매우 흡사하다. 차빈 문명에서 발견한 유물들을 철저히 조사한 후 고고학자들은 티아우아나코의 '태양의 문'에 있는 것을 포함하여 더 후기 문명에서 실제로 모든 상징들을 사용했다는 사실을 발견했다.

가장 많이 발견되는 차빈의 유물은 신들의 석상이었는데 올멕인들이 만든 두상과 정확히 똑같았으며 대부분 커다란 주춧돌 위에 있었다.

차빈의 모든 신은 입에서 돌출된 뾰족한 송곳니가 있으며 양손에 뱀을 들었거나 뱀 비슷한 머리카락을 가지고 있다. 가장 놀라운 조각상은 차빈 데 완타르에서 나온 란손Lanzon인데 사나운 돌 재규어로 뱀의 머리카락과 입에서 뾰족하게 나온 송곳니가 있으며 '이빨'은 최고의 포식성을 보여준다. 조각상은 고르곤(그리스신화 속 괴물. 메두사)이라고 생각했는데 고르곤은 구리나 금으로 만든 가면 이름으로 마법으로부터 보호하기 위한 춤용 가면과 의식용 가면이 있으며 전 세계 모든 초기 문명에 있었다. 고르곤 가면은 어느 곳이나 비슷하지만 란손의 고르곤은 유일한 석상이며 솜씨는 어떤 원시 가면보다 뛰어나다. 세세함에서 시라큐스(시칠리아 섬의 옛 도시)의 고르곤과 매우 유사한데 둘 사이의 연관성을 믿지 않을 수 없다. 머리카락과 입, 코는 거의 똑같다.

(위) 아테네의 고르곤과 콜롬비아 산 아구스틴의 신의 머리
(아래) 시라큐스의 고르곤과 차빈 데 완타르의 란손

뱀은 차빈의 모든 벽과 조각상에서 반복되는데 고대 지중해 문명에서 온 상징일 수 있다. 뱀과 독수리, 표범은 신에 대한 상징이었는데 표범은 소아시아에서 야수들의 주인인 아르테미스(올림포스 12신 중 하나. 여신)의 상징이었고 독수리와 뱀은 아스타르테(풍요의 신)의 신성한 올리브나무를 지켰다. 또 이들 문명에서 신은 자주 반복되는 문양, 머리카락 대신 머리에 달려 있는 뱀, 얼굴을 감싸거나 몸을 휘감은 무서운 뱀 모습으로 묘사되었다.

수메르인에게 뱀을 상징하는 여신이나 대모신이 있었고 크레타의 여신들은 손에 뱀을 들고 있었다. 뱀 상징은 BC 2500년 초의 크레타까지 추적할 수 있는데 크레타인은 뱀을 선한 영혼으로 여겼으며 뱀을 위해 튜브 모양의 꽃병과 점토 그릇을 만들었다. 에트루리아인에게는 뱀과 악마가 함께 사는 지하 세계가 있었는데 영혼의 마지막 여행에 동행하는 죽음의 신 차루Charu는 새의 부리 같은 코와 뱀의 머리카락을 가진 것으로 묘사되었다. 유대인은 얄다보트Jaldaboth라고 불리는 뱀 모양의 괴물을 알고 있었고 어떤 그노시스 분파(헬레니즘 시대에 유행했던 종파의 하나)는 중동 밖에서 뱀 의식을 행했으며 칼데아(고대 바빌로니아 남부 지명)인의 뱀 - 신 개념은 에덴동산의 뱀과 연결된다.

고대 인디언 전승에 따르면 북쪽에서 발사Balsa(열대 아메리카산 관목의 일종) 보트 일단이 페루 해안에 도착했다. 강력한 왕은 수행원, 백성과 함께 내륙에서 조금 떨어진 곳에 신전이 있는 도시를 세웠다. 신전에는 그들의 위대한 왕 나임랍Naymlap(람바예케의 초대 왕)을 기념하는 얌팔렉Yampallec(神)이라 부르는 조각상이 있었다.

나임랍은 여러 해 동안 평화롭게 다스렸고 죽은 뒤 궁전의 현관 아래 묻혔다. 그러나 사제들은 백성에게 그가 날아서 멀리 떠났다고 말했다. 아들이 그의 뒤를 승계했고 계속하여 11명의 왕들이 이어졌다. 그러나 열두 번째 왕이 신전에서 조각상을 옮겨 다른 곳에 세우라는 명령을 내렸다. 그러자 하늘에서 예전에는 없던 엄청난 비가 내리기 시작했고 백성은 기근으로 괴로웠다. 그래서 사제들이 주도하여 백성에게 불행을 가져온 왕에게 봉기해 그를 바다에 던져버렸다. 이렇게 람바예케 왕조(9세기경 일어나 약 500여 년 동안 이어졌다.)는 끝났지만 제국은 찬찬 왕의 지배하에 들어갔으며 이후 잉카에 복속되었다.

오랫동안 얌팔렉 조각상 흔적을 찾을 수 없었는데 페루의 가장 외진 곳까지 탐험한 여행가 안토니오 라이몬디Antonio Raimondi(이탈리아, 1826~1890)가 1870년 흔적을 발견했다. 푸카강 계곡에 도착해서 차빈 데 완타르의 오래된 신전 - 요새에 있는 거대한 녹색 돌기둥과 마주쳤고 그것을 리마로 가져왔다. 오늘날 페루 국립박물관이 고대 페루 문명의 경이로운 보물을 소장하고 있다. 라이몬디는 나임랍왕 전설을 전혀 알지 못했고 차빈의 중요성도 알지 못했다. 사실 최근 한스 라이히트 Hans Leicht 교수만 라이몬디 석비를 람바예케의 고대 우상이라고 했다.

조각상은 크고 좁은 석판으로 모든 면에 돋을새김 장식이 있다. 마치 사람처럼 인간의 몸을 한 재규어가 서 있는데 송곳니가 있으며 재규어 모습에 황소 뿔이 달린 머리가 있고 머리카락 끝에는 뱀의 머리들이 달려 있다. 인간과 짐승이 혼재하는 신에 대한 이런 표현은 차빈 예술과 후계자들의 특징인데 지중해의 고대문명에서도 자주 나타난다. 예를 들어 우리는 지중해의 사자 가면에서 올멕의 호랑이 얼굴처럼 사람과 짐승이 혼재된 것을 볼 수 있다.

차빈에서 출토된 라이몬디 석비

황소는 가장 공통된 요소인데 바빌로니아 흙벽에는 사람 머리의 거대한 돌 황소가 있다. 신화에서 제우스는 유로파를 유혹하기 위해 황소 모습으로 변장했으며 엘람(페르시아만 북쪽과 티그리스강 동쪽)에서 나온 인장에는 가죽 앞치마와 사람의 어깨와 팔이 있는 황소 머리의 인간이 뒷다리로 서 있다.

이런 표현은 BC 4000년으로 거슬러 올라간다. 황소 의식은 엘람에서 기원했는데 메소포타미아와 소아시아를 지나 페니키아 해안과 가나안 그리고 나일강을 지나 크레타까지 전해졌다.

반면 인디언 예술은 좀 더 친숙한 느낌을 주며, 전체적으로 인간적인 모습이다. 예를 들어 일반적으로 꽃의 왕자로 언급되는 봄의 신이며 마야의 코판에서와 마찬가지로 젊은 옥수수 신인 소치필리Xochipilli와 치무의 늙은 옥수수 신이 그렇다.

그러나 인디언 예술은 원시적이었기 때문에 신 외에는 묘사한 것이 없고 우상과 상징 대부분은 의미를 이해할 수 없으며 아주 이상하고 야만스럽게 보인다. 이를 테면 얼굴에 가면을 쓴 조각상, 머리가 없는 신, 사람 모습의 뱀과 새, 사람도 짐승도 아닌 동물들이었다.

가장 오래된 인디언 신은 식물, 땅, 번식, 봄과 꽃, 옥수수, 물과 비의 신이다. 달의 신은 해변에서 발견되었다. 신들의 아버지이고 왕이며 세계의 창조자인 태양의 신은 티아우아나코의 파차카막처럼 모든 곳에서 최고의 신이었다. 이외에도 물고기 신, 밤의 신, 강의 신, 땅속의 신과 전쟁의 신이 있었다. 마야인들은 검게 칠한 전쟁의 신, 원숭이 머리의 북극성 신, 한쪽 다리에 뱀이 있는 신, 머리와 가슴이 열린 해골 모습의 죽음의 신을 가지고 있었다. 후대로 갈수록 더 많은 신들이 있었고 가장 나중 문명은 사제들이 지배하던 야만적인 부족들을 정복하여 그들의 전통적인 신까지 받아들였다. 이렇게 해서 아즈텍과 잉카의 만신전은 모든 인디언 제국의 거의 모든 신을 포함하게 되었다.

초기 문명인 바빌로니아, 수메르, 이집트, 페니키아의 신들은 수가 많고 '특성화되었다.' 다른 많은 지역에서 그들은 같은 기능을 가지고 같은 상징, 같은 방식으로 표현되는 똑같은 신이었다. BC 3370년 초 수메르인들은 뱀으로 나타나는 여신 또는 대모신을 가지고 있었다. 대모신은 모든 종교에서 신들의 왕의 배우자였다. 니네베의 달의 신은 신Sin으로 불렸고 페루 치무에서는 달의 신을 신 안Sin An이라고 불렀다.

신세계처럼 구세계에서도 지배자는 신의 아들 특히 태양의 아들로 숭배되었다. BC 2550년경 이집트에서 왕은 최고의 신인 태양신 레Re의 아들이었다. BC 1385년 아메노피스 4세는 나라의 유일한 의식으로 태양신 아톤Aton에 대한 의식을 도입했고 자신을 아케나톤Echn'aton이라 불렀다. BC 1050년경 중국에서 주나라 왕조는 태양에서 내려온 것으로 여겼고 아수르Assur(티그리스강 유역의 고대 메소포타미아 도시)에서 왕은 신성시되었고 크레타에서 사제 - 왕은 자신을 신과 동일하게 만들어 숭배 대상이 되었다.

한때 티아우아나코가 있었던 볼리비아의 황폐한 높은 고원에
3개의 무릎 꿇은 돌 조각상이 있다. 이곳에서 두건 같은 터번도 자주 발견되었다.

케찰코아틀, 신비한 유산을 찾아서 245

신세계에서 잉카인들도 아톤에 대한 비슷한 의식을 갖고 있었다. 제국 건설자인 망코 카팍에 의해 태양이 숭배 대상이 된 후 최고의 신은 태양이었으며 지배자 잉카는 태양의 아들이었다. 태양 숭배는 나라의 종교였으며 사제들이 지정한 국가적인 태양의 축제를 맞아 사람들이 나라 전역에서 쿠스코로 몰려들었다. 태양이 뜨기 전 잉카는 왕족과 귀족 그리고 이미 쿠스코에 와 있던 백성을 쿠스코의 주 광장으로 모았다. 그들은 조용히 동쪽을 향해 서서 눈부시고 붉은 첫 번째 광채가 코르디예라 정상 위를 비추는 위대한 순간을 기다렸다. 그리고 나서 모두 바닥에 엎드려 기도했다. 오직 잉카만 양손에 금 그릇을 들고 서 있었다.

백인 신 도시의 최후의 유적 '태양의 문'

그는 먼저 오른손에 있는 그릇을 그의 아버지 태양에게 바친 다음 태양의 신전으로 이어지는 홈에 옥수수 와인을 부었다. 그는 왼손에 있는 그릇의 와인을 마시고 남은 것은 수행원에게 주었을 것이다.

그러고 나서 잉카는 엄청난 군중 앞에 있는 신전으로 걸어가서 태양에게 제물로 금 그릇을 바쳤다. 측면에 태양과 달 형상이 있는 제단 위에서 비라코차의 얼굴이 반짝거렸다. 마지막 의식으로 검은 라마가 도살되어 라마의 내장이 사제들에게 넘겨졌고 그들은 태양이 제물에 만족했는지 알아낼 수 있었다. 그래서 사제들은 내장을 관찰하는 이상한 습관을 갖게 되었는데 구세계의 에트루리아인에게 그리고 나중의 로마인에게도 이런 습관이 있었다.

구세계 사람들이 원시적인 문명을 가진 나라에 도착했을 때 분명 그들의 예술과 기술, 과학적·기술적 경험을 가져왔을 뿐 아니라 종교적 관념과 신도 가져왔다. 스페인인이 신세계에 왔을 때 기독교 신념을 포기하고 원시적인 인디언 믿음을 받아들일 것을 기대할 수는 없고 초기 이주민들도 비슷했을 것이다. 그들 역시 믿음을 포기하고 그들이 발견한 석기시대의 의식을 채택하지 않았을 것이다. 그들은 자신들의 믿음을 정복한 나라에 소개했을 것이고 그곳에 뿌리내리게 했을 것이다.

따라서 비록 일부 인디언 신들이 토템에 기원해서 독립적으로 발생했다고 해도 우리는 많은 것들이 구세계 특히 지중해와 중동에서 왔다고 결론 내릴 수 있다.

15
금세공인

말하자면 역사는 페루 정복자 같은 소수의 군사적 모험가 무리가 가져간 즉시 돈이 되는 전리품과 비교할 수 없다.

- 『페루 정복』(1848), 프레스콧

그들은 만면에 웃음을 띠었다. 그들은 신의 배설물을 보고 웃으며 원숭이처럼 금을 움켜잡았다. 그들은 금을 매우 갈망하였고 배고팠기 때문에 돼지처럼 코를 킁킁거렸다.

- 프레이 베르나디노 데 사아군

그것들의 가치를 떠나서 귀중품들은 참신함과 독창성에서 너무 환상적이라 값을 매길 수 없을 정도입니다. 우리에게 알려진 지구상의 어떤 왕자도 그러한 또는 비슷한 가치 있는 것을 가지고 있지 않을 것입니다.

- 코르테스가 아즈텍 보물에 대해 카를 5세에게 보낸 편지에서

구아타비타Guatavita(콜롬비아)의 치브차Chibcha족 추장이 왕좌에 오를 때 마

치 금으로 만든 것처럼 반짝거릴 때까지 온몸에 기름과 송진을 바르고 금가루를 뿌렸다. 그는 금박을 입힌 엘도라도였다. 금박을 입은 그는 뗏목에서 내려 호수의 신성한 물로 들어갔고 물은 그의 몸에서 금가루를 씻어냈다. 둑에 있는 사람들은 호수에 있는 신에게 선물로 금, 보석, 금 조각상들을 던졌다.

스페인인들은 금박을 입은 왕 엘도라도에 관한 오래된 이야기를 들었고 오랫동안 이 특별한 금의 땅을 찾았다. 1562년 그들은 히메네즈 데 라 퀘사다Jimennez de la Quesada(1506~1579)의 지휘 아래 치브차족과 함께 그 땅을 발견했다. 구아타비타호수에 이르렀을 때 그들은 문자 그대로 금을 쓸어 담았다. 그들의 그물은 금으로 만든 악어, 13개의 금 두꺼비, 많은 금 물고기 그리고 순금으로 만든 3개의 원숭이 조각상을 건져올렸다. 모든 것은 곧 용병들의 가방과 자루 속으로 사라졌다.

20년이 지난 후 스페인인들은 다시 호수에 그물을 던져 또다시 많은 물건을 건져올렸다. 1818년 코크레인이라는 여행객이 호수에서 세 번째 낚시를 했을 때 더 많은 금으로 만든 인물상과 조각상을 들어올렸으며 그 후 금을 찾기 위한 수많은 새로운 탐사들이 있었다.

퀘사다가 호수에서 금을 발견했을 때 금을 사냥하는 다른 용병부대가 페드로 데 헤레디아Pedro de Heredia(1505?~1554)의 지휘 아래 콜롬비아를 통과하여 카우카Cauca강(콜롬비아) 계곡까지 접근했다. 그들이 깊숙한 곳까지 들어가자 여자가 지배하는 인디언들과 마주쳤다. 그녀는 낯선 이를 친절하게 맞이했고 그녀의 궁전과 완전히 금으로 씌운 24개의 커다란 조각상이 있는 거대한 신전을 보여주었다. 스페인인들은 신전을 둘러싸고 있는 신성한 숲의 모든 커다란 나뭇가지에 금으로 만든 종이 걸려 있는 것을 보앉을 때 숨이 멎는 듯했다.

용병들은 여왕의 호의에 불행으로 답례했다. 그들은 모든 금으로 만든 종과 조각상을 가져갔고 이전 왕자들의 무덤에서 다량의 금을 훔쳤다. 탐사는 9개월 동안 지속되었고 전리품은 상당했다. 헤레디아는 예술품들을 녹여 2톤가량의 금을 가져갔다.

그 지역은 오늘날 코스타리카와 콜롬비아 사이의 지협으로 인디언 문명에서 가장 유명한 순금이나 도금으로 만든 금 유물들이 나온 곳이다. 도금은 때때로 구리 위에 두껍게 여러 겹으로 입혔다. 어떤 경우에는 특별 공정을 통해 망을 만들기 위한 거미줄처럼 가느다란 금도 있었다. 도금은 매우 섬세하고 예술적이어서 오늘날에도 여전히 경이롭다.

금세공은 1세기에 이미 신세계에서 번성했고 스페인 정복 시기까지 계속되었다. 치브차족은 금세공에서 장인 중의 장인이었으며 전해지는 보석류, 금으로 만든 동물들, 독수리, 재규어, 악어, 개구리, 동물 머리를 가진 인물상은 뛰어난 기술을 보여준다. 금으로 만든 여성 형상이 많은데 팔과 다리 윤곽, 입술과 눈은 섬세한 금줄로 장식되었다. 치브차족은 원시적인 이웃 부족들이 어떤 솜씨도 발휘하지 못할 때 금을 세공하였다. 이런 예술은 기술과 함께 한순간 발전하여 곧바로 완벽해진 것처럼 보인다.

이런 기술은 에콰도르 북쪽 해안의 부족 중 하나인 마나비스Manabis족에게도 있었다. 그들은 작은 핀의 머리보다 더 작은 알갱이가 달린 거미줄 같은 금줄을 만들어 장식품에 사용했다. 그들의 기술을 감상하려면 돋보기를 통해 보아야 하는데 겨우 볼 수 있는 작은 부분에도 화려하게 납땜했고 때때로 속을 도려내고 구멍을 뚫기도 했다. 마나비스족은 분명히 구세계 고대문명에서 사용했던 고도로 복잡한 '그래뉼레이션Granulation(작은 금속 알갱이를 금속 표면에 붙이는 공예 기법)'을 알고 있었을 것이다. 크노소스에서 겨우 1.6cm의 작은 금 사자가 발견되었는데 2개의 구멍을 함께 납땜해 만들어졌고 갈기는 정확하게 같은 크기의 많은 작은 금 알갱이들로 구성되어 있다. 또 크레타에서 나온 약 3.8cm 높이의 금 오리 날개와 꼬리 깃털에서 그래뉼레이션 기술을 볼 수 있다. 고대 필로스(그리스 남부 항구도시)에는 혹이 금 알갱이인 높이 2.5cm의 두꺼비가 있고 작은 금 알갱이로 만든 것처럼 보이는 날개가 있는 올빼미도 있다. 우리는 트로이와 에트루리아의 금 알갱이로 만든 금 지갑과 귀걸이 같은 유사한 유물들도 알고 있다.

아마도 수메르인들이 이런 특별한 금 작업의 기원일 것이다. 금 알갱이 만드는 것 자체가 기술이지만 금 알갱이들을 다른 물건 위에 고정시키는 것도 문제였다. 만일 금판 위에 납땜했다면 알갱이들은 곧 열에 녹아 형태를 잃을 것이다. 그러나 처음에 석탄가루로 가열했다면 외부는 탄소를 흡수해 더 쉽게 녹았을 것이다. 그리고 순금의 녹는 온도보다 낮은 온도였을 것이다. 따라서 알갱이들을 다른 물건 위에 나란히 놓고 가열하면 알갱이들이 변형되기에는 낮은 온도에도 서로 달라붙을 것이다.

이런 기술은 학자들이 두 장소에서 발명될 수 없다고 확신할 만큼 기발하고 독창적이다. 구세계 사람들은 지리적으로 서로 가까웠고 문화적으로 밀접한 관계였으므로 그래뉼레이션 기술이 전해진 것은 전혀 놀라운 일이 아니다. 그럼에도 그래뉼레이션 기술이 매우 이른 시기에 신세계에 알려지고 적용된 것은 놀라운데 분명 차빈 제국의 마나비스족은 금세공 장인들이었다.

인디언 무덤에서 발견된 금으로 만든 죽은 자의 가면은 구세계 문명에서도 유행했었다. 크리미아(흑해 북부 연안의 반도)에서 AD 220년경 묻힌 공주의 대리석 석관이 발견되었다. 그녀는 홀을 잡고 삼중관과 황금 가면을 쓰고 있다. 비슷한 2개의 가면이 AD 53년 세워진 크리미아의 트레베니스테(북마케도니아 고대 도시)에 있는 무덤에서도 발견되었다. 역시 비슷한 가면들이 죽은 이집트 파라오들의 얼굴에 씌우는 데 사용되었고 슐리만은 미케네의 무덤에서 금으로 만든 죽은 자의 가면을 발굴했다.

차빈의 신전 도시에서 금은 오래전부터 알려져 있었다. 금으로 만든 왕관과 반지, 귀걸이, 코 장신구, 작은 예술품들이 발견되었는데 뛰어난 금속세공술을 증언하고 있다. 금은 차빈에서 궁전의 벽 장식으로 금못을 사용했던 티아우아나코로 갔다. 도시에는 엄청난 양의 금이 있었다.

후기 남아메리카 문명 중 치무는 엄청난 황금 보물들을 갖고 있었다. 연대기 저자들은 치무 제국이 정복한 나라들에게서 받은 진귀한 보석류, 돌, 에메랄드와 '챠키라'(보석과 금속으로 누빈 장신구)에 대해 기록했다. 한 연대기 저자는 6,000명의 인디언들을 고용해 산에서 금과 은, 구리와 보석들을 캐냈다고 했다. 수도 찬찬과 신전은 피정복민들이 바친 공물들로 장식되었으며 통치자의 힘이 커짐에 따라 제국은 시간이 지날수록 부유해졌다.

치무 금세공인들의 작품 일부는 발굴하는 동안 복원되었는데 황금으로 만든 크고 작은 장신구들은 장인들의 뛰어난 감각을 증언하고 있었다. 대부분의 발견물은 뉴욕의 자연사박물관에서 보관하고 있다. 금과 은 도금은 너무 뛰어나고 어떤 것은 매우 가늘다. 어떻게 전기분해 비슷한 과정 없이 만들었는지 알아내는 것은 어려운 일이다.

치무는 발굴된 장신구와 연장, 도끼, 칼이 증명하듯이 이미 매우 높은 수준의 금속 기술을 갖고 있었다. 그들은 이미 순금과 은, 구리 제련법을 알고 있었으며 줄세공 반지, 작은 왕관, 팔찌, 브로치, 갑옷의 가슴판, 반

↑ 재규어 신이 있는 '태양의 문' 중앙의 형상

→ '태양의 문' 상단의 프리즈에 있는
   신화 속 날개 달린 동물

케찰코아틀, 신비한 유산을 찾아서 253

달 모양의 은 두건을 생산하고 있었다.

잉카인은 다른 제국을 복속시켰을 때 그들의 놀라운 기술과 양식도 받아들였다. 그러나 중앙아메리카 제국들의 금속 지식은 남아메리카에 비해 훨씬 뒤처져 있었다. 멕시코에서 발견된 황금 유물들은 초기 남아메리카의 것들보다 1,000년 후의 것이었는데 예를 들면 마야인은 결코 금을 사용한 적이 없다.

카하마르카에서 스페인인들이 처음 페루의 잉카 아타우알파를 만났을 때 그는 깃털, 은과 금, 다이아몬드, 터키석, 루비 그리고 에메랄드가 박힌 삼중관을 쓰고 있었다. 그리고 공작의 알보다 큰 에메랄드로 만들고 스페

치무의 점토 그릇과 피리(Syrinx) 연주자(오른쪽). 구세계의 악기와 똑같다.

인인들이 보았던 것 중 가장 커다란 황옥이 매달린 목걸이를 하고 있었다. 그들이 잉카를 포로로 붙잡았을 때 잉카는 스페인 정복자들의 방을 그들의 팔이 닿는 높이까지 금으로 채우겠다고 약속하며 놓아줄 것을 제안했다. 연대기 저자들은 '벽에 기대어 발끝으로 서서 팔을 뻗쳤다. 모두 놀라워하며 바라보았다'라고 했다. 그러나 대부분의 용병들에게 석방을 위해 무엇이든 하려는 사람의 허세로 보였다.

그러나 피사로는 환상적인 제안을 받아들였다. 그는 잉카가 보여준 위치에 붉은 선을 긋고 조건을 기록해 공중인을 만들었다. 그 높이까지 채우려면 100㎥의 금이 필요하다는 계산이 나왔다.

매일 카하마르카로 금이 운반되었으며 물건 나르는 사람들의 긴 줄이 산까지 이어졌다. 주로 장신구와 도구들이었는데 어떤 것은 무게가 거의 14kg이었다. 한 사람이 끌기에는 엄청난 양의 금들이 모아져 방을 채우기 시작했다. 받침 달린 잔, 주전자, 온갖 형태와 크기의 항아리, 쟁반, 제국의 궁전에서 나온 장식품과 가정용품, 공공건물을 장식했던 황금 타일 그리고 금으로 조각한 동물과 식물들이었다. 가장 아름다운 것은 황금 알이 은으로 만든 넓은 잎에 싸여 있고 은으로 만든 풍부한 술 장식이 있는 옥수수였다. 또 가장자리에는 금으로 만든 새와 동물들이 있으며 반짝이는 금을 토해 내는 분수도 있었다.

정복자들은 금 일부를 스페인 궁전에 보내기 위해 간직했지만 대부분은 인디언 금세공인들에 의해 녹여져 금덩어리가 되었다. 450만 달러 가치의 금이 용병들에게 나누어졌고 피사로는 25,000듀캣(중세 베니스 금화) 가치가 있는 잉카 황금 왕관 외에 57,000듀캣 상당의 금을 챙겼다.

우리는 스페인인들이 어떻게 약속을 어겼는지 알고 있다. 그들이 두려워했던 것은 아타우알파가 석방되면 나라 전체가 며칠 안에 그들의 작은 군대에 대항해 무기를 드는 것이었다. 그러나 그들은 꿈꾸던 이상의 금을 보았다. 아마도 이 나라 산속 깊은 곳 어딘가에 더 많은 금이 여전히 있을 것이라고 추측했다. 그래서 그들은 마지막 잉카에게 죽음을 선고하고 목 졸라 죽였다. 이제 금으로 향하는 길이 자유로워졌다.

가르실라소는 '쿠스코 가까운 동굴에서 그들은 뱀, 메뚜기와 기타 동물들을 다양하게 돋을새김한 순금으로 만든 수많은 항아리를 발견했다. 그들의 전리품 중에는 보는 것만으로도 만족스러운 4개의 황금 라마와 10개 또는 12개의 일부는 금이고 일부는 은으로 만든 여자 조각상들이 있었다. 한 도시에서 그들은 은으로 만든 막대 10개를 발견했는데 각각 길이 6m에 너비 31cm, 두께는 5cm였다. 이것들 역시 스페인인들을 놀라게 했고 그들이 가져갔다'고 썼다.

쿠스코에서 얻은 전리품은 카하마르카에서 얻은 것보다 많았다고 하며 보존된 기록으로 추정하면 금의 양은 1톤이 넘는데 300만 달러 이상의 가치가 있는 것으로 보인다. 물론 어떤 것들은 기록조차 없으며 심지어 스페인인들은 쿠스코 '태양의 신전'에서 나온 거대한 황금의 태양 원반을 분실하기까지 했다. 빌차밤바에 숨겨져 있던 원반은 40년 후 발견되었다.

스페인인들은 카하마르카에서 점차 엄청난 보물들을 보는 것에 익숙해졌다. 그러나 처음 쿠스코에 도착했을 때 그들은 숨이 멎을 것 같은 환상적인 광경과 마주쳤다. '태양의 신전'부터 아래로 잔디 위에 금으로 만든 도마뱀, 새 그리고 다른 동물과 함께 사람들의 조각상이 있는 계단 모양의 정원이 이어져 있었다. 심지어 모든 나무와 잔디조차 금이었으며 금을 내뿜는 분수도 있었다.

스페인인들은 정원에서 산책하는 것을 즐겼으며 황금 정원 대부분이 사라질 때까지 여기저기서 꽃과 식물을 뜯고 가지를 꺾었다. 황금 정원은 분명 전 세계에서 유일했겠지만 단 한 조각의 유물도 발견되지 않았으며 '태양의 신전'을 둘러싸고 있던 황금 프리즈의 가장 작은 부분은 물론 궁의 벽감에 서 있던 수백 개의 황금 조각상 가운데 어떤 것도 발견되지 않았다. 인디언들은 정원에서 많은 것들을 빼내 멀리 숨겼는데 어딘지는 알려지지 않는다.

인디언들은 돌아온 백인 신들이 단지 도둑에 불과함을 깨닫고 나라의 보물을 영원히 숨길 수 있는 장소를 찾기 위해 밤 시간을 이용해 산으로, 숲으로 그리고 호수로 갔다. 그래서 스페인들의 약탈은 정원의 일부에 불과했다. 최근 추산에 따르면 1533~1600년 사이 공식적으로 운반된 것만 계산할 때 페루에서 가져간 금은 약 22톤이었다.

아마도 인디언들이 숨긴 가장 진귀한 것 중 하나는 왕위에 오를 후계자가 태어났을 때 귀족들의 행렬이 쿠스코에 있는 신전 광장까지 후계자를 모시는데 사용했던 잉카 우아이나 카팍의 황금 사슬일 것이다. 구전에 의하면 사슬의 길이는 214m였으며 남자 10명이 운반할 정도로 무거웠다. 만드는 데 약 1톤의 금이 들어갔으며 필요한 금은 250명이 카라망카Caramanca산에서 가져왔다. 연대기에 따르면 페루에서 우르코스Urcos라 불리는 곳 근처의 깊은 호수에 사슬이 여전히 숨겨져 있을 것이라고 했다. 스페인인들도 그 이야기를 듣고 인디언 200명이 함께 물을 빼기 위해 수로를 팠으나 물을 모두 뺄 수 없을 만큼 호수가 깊어서 작업을 중단해야 했다. 그래서 환상적인 가치가 있는 잉카의 사슬은 발견할 수 없었다.

아타우알파의 보물 중 일부는 결코 카하마르카에 올 수 없었다. 한 사람이 약 3.6kg씩 모두 7,000명이 잉카의 몸값으로 금을 운반하고 있을 때 인디언들은 피사로의 배신 소식을 들었다. 그들은 안데스산맥으로 들어가 접근하기 어려운 장소에 보물을 숨겼다. 연대기 저자들의 묘사에 따르면 금의 가치는 4,600만 달러였다. 인디언들은 또 순금으로 만들어 쿠스코 근처에 세웠던 잉카들의 커다란 조각상 12개도 빼돌렸다.

황금 보물들로 알 수 있는 엄청난 부에도 불구하고 잉카인들의 금세공 기술은 치무와 같은 수준의 예술적 경지에는 도달하지 못했다. 그러나 에스메랄다스Esmeraldas의 잉카 부족은 예를 들면 금과 은, 백금 합금법을 알고 있었다. 백금은 과야킬만 주변에서 채굴했다. 합금하면 '은빛 달 색'을 띠었는데 비율은 금 70%, 은 18%, 백금 12%였다. 이 합금이 '하얀 금(White Gold)'인데 쿠스코가 정복된 후 작성한 전리품 배분에 관한 서류에 언급되어 있다. 서류에는 '무게를 알 수 없는 하얀 금 판' 기록이 있는데 '달의 신전'에 있던 것으로 길이는 8m, 무게는 1톤 이상이었다. 스페인인들은 이 진귀한 금속의 무게를 잴 수 있는 커다란 저울이 없었고 녹인 후에야 대략적인 무게를 짐작할 수 있었다.

극소수의 아즈텍 보물들은 몇 년이 지난 후 빛을 보았다. 스페인인들은 테노치티틀란에 도착해서 황제 아버지의 위대한 궁전에 머물던 며칠 후 궁전의 한 방을 예배당으로 바꿔주기를 요청했다. 그들은 예배당을 준비하면서 벽 한쪽에서 이상한 얼룩을 발견했는데 최근 문 위에 회반죽을 칠한 것처럼 보였다. 손님들이었음에도 그들은 회반죽을 깨트리는 데 주저함이 없었다. 그러자 '그들은 귀하고 아름다운 물건, 다양한 종류의 기술로 만든 진기한 예술품, 금괴와 은괴, 금광석과 은광석 그리고 가치 있는 많은 보석들로 가득한 큰 방을 보았다.' 본 사람 중 한 명이었던 베르날 디아스는 이렇게 말했다. '나는 젊은이였는데 나에게는 마치 세상의 모든 부가 그 방에 있는 것처럼 보였다.' 몬테수마의 보물창고를 본 디아스의 놀라움은 당연했다. 왜냐하면 금 자체만으로 200만 달러의 가치가 있다고 추정되었기 때문이다.

    스페인인들은 '슬픔의 밤'이 있던 날 테노치티틀란에서 탈출하면서 단지 보물의 1/5만 가져갈 수 있었다. 코르테스에게는 스페인 왕실에 전리품 일부를 전달할 의무가 있었지만 어떤 보물도 스페인에 도착하지 않았다. 프랑스의 사략선(전시에 적국의 배를 나포할 수 있는 민간 무장선)이 보물 실은 배를 나포했고 결과적으로 프랑스 왕이 아즈텍의 남은 보물을 차지하게 되었다. 그 후 스페인인들은 수도를 정복했지만 더 많은 금을 발견하지는 못했다. 인디언들이 보물을 안전한 곳에 숨겼기 때문인데 대부분은 아직도 어딘가에 안전하게 숨겨져 있을 것이다.

    그러나 몬테수마는 정복자들에게 이미 많은 선물을 주었다. 보물 중에는 지름이 약 2.2m인 20,000듀캇의 가치가 있는 2개의 '바퀴'가 있는데 하나는 금으로 만들었는데 태양을 나타냈으며 다른 것은 은으로 만들었으며 달을 상징했다. 스페인인들은 또 수백 개의 에메랄드와 석류석을 박은 금목걸이, 황금 방패, 황금 지팡이와 역시 금으로 만든 물고기, 백조, 20개의 오리, 홍합, 악어와 터키석, 터키석 홀, 금 귀걸이를 받았다.

    1931년 멕시코 고고학자 알폰소 카소는 몬테알반의 무덤들을 다시 조사했는데 산의 경사면이나 건축물의 지하실에서 수백 개가 넘는 무덤들을 발견했다. 오늘날 '7번 무덤'이라 불리는 무덤을 열었을 때 그는 평범한 장례용 공물들 옆에서 지금까지 발견된 어떤 것보다 놀라운 금과 보석으로 만든 보물을 보았다. 예술적 관점에서 볼 때 지금까지 모든 인디언 문명에서 알려진 것 중 가장 가치 있는 발견이었다.

스무 줄로 만든 목걸이는 854개의 황금 고리와 귀걸이, 삼중관, 왕관, 금반지, 팔찌와 브로치, 금박을 입힌 잎으로 만든 여자 가방, 옥으로 만든 보석, 터키석, 흑요석, 산호와 호박이 달려 있었는데 현대에 생산된 어떠한 보석류와 비교해도 손색이 없었다. 이 모든 것으로부터 정복자의 용광로에서 사라진 멋진 예술품이 어떤 것들이었는지 짐작할 수 있다.

우리가 알고 있는 차빈의 금속 기술은 전반적으로 구세계의 금속 지식이었다. 분명히 구리, 금, 은 그리고 순수한 금속은 모든 문명에 있었다. 왜냐하면 합금하는 것보다 광석을 녹이는 것이 쉬웠기 때문이다. 구리는 모든 인디언 문명에서 사용되었으며 구리 연장, 무기, 보석류, 도끼, 가슴판, 곤봉과 칼이 발견되었다. 구리 도끼는 실제로 '전투용 도끼'였거나 장식 목적으로 몸에 지녔다. 구리로 만든 가슴판은 페루에서 아르헨티나까지 모든 지역에서 발견되었다.

신세계에서 발견된 가장 오래된 구리는 페루 연안에서 만들어졌는데 제작 시기는 BC 700년경으로 거슬러 올라갈 수 있다. 이 시기에 코어 주조 Core-Casting 기술(금속을 녹여 만들려는 모양의 주형에 붓는 기술) 역시 알려져 있었다. 그 이전 세기에 기아나(콜롬비아)산맥 또는 오리노코(남미 북부에 있는 강)강 위쪽 산

차빈 데 완타르에서 나온 동물 모양 용기(왼쪽)와 중국의 용기(오른쪽)

등성이 끝에서 차빈 사람들은 처음으로 황금 보석을 만들었다. 이 외딴 지점에서 출발하여 금은 칠레 아래까지 포함하여 신세계의 모든 문명에 전해졌다. 스페인인들이 '안데스의 황금'이라고 부른 합금 역시 이곳에서 발전했는데 광택을 낼 수 있도록 표면을 약간 산화시켜 어슴푸레 빛이 나는 구리와 금 합금이다. 또 이곳에는 금과 은 합금인 '잉카 황금'으로 만든 가장 오래된 유물도 있었다.

현대 콜롬비아의 금세공인들은 금과 은의 도금, 납땜과 용접을 한다. 그들은 돋을새김, 망치로 두드리기, 코어 주조, 철사 제조, 금속 돋을새김, 다마스크 상감(Damascening), 금속 착색, 그래뉼레이션 기술과 친숙하다. 이런 복잡한 기술은 분명히 해외에서 도입했을 것이다.

차빈 문명과 그들을 추종한 문명('살리나르(Salinar)'로 알려진)의 일부 문양은 BC 700년경 중국 주나라 중기와 후기 문양과 똑같다. 그리고 하이네 겔던 Heine Geldern(오스트리아. 1885~1968) 교수는 문양이 BC 500년경 중국 북쪽의 오나라와 월나라로부터 신세계에 전해졌으며 BC 400년에서 AD 100년 사이에 동선 문명 사람들이 신세계에 와서 위에 언급한 금속 기술을 소개했다고 주장했다.

그러나 인디언 전설이나 연대기에 동남아시아에서 온 사람들에 대한 언급은 없다. 그들은 아메리카에 왔을 때 이미 더 뛰어난 문명이 있음을 발견하고 원시 부족에게 갔을지도 모른다. 그렇지 않다면 인디언들은 그들을 신으로 숭배하는 대신 자신들과 동등하게 여겼을 것이다. 그랬다면 백인 신 전설은 절대 탄생하지 않았을 것이다.

16
아메리카의 첫 번째 사람들

아메리카 지도에서 안데스산맥과 중앙아메리카 그리고 유카탄의 고도 문명 지역을 색칠하면 큰 쐐기 모양이 드러난다. 브라질 북쪽의 아마조나스주와 파라Para주(브라질에서 두 번째 큰 주), 기아나, 베네수엘라, 에콰도르와 콜롬비아의 고원 지역으로 모두 합치면 대충 유럽 정도의 크기이다. 스페인인들은 이곳에서 금이나 보석을 발견하지 못했고 단지 독화살을 쏘며 인육을 먹는 야만적인 인디언 부족들을 발견했다.

1499년 최초의 스페인인들은 베네수엘라의 거대한 오리노코강에서 원시 문명 단계에 있는 아라와크Arawak족과 카리브Carib족을 발견했다. 그들은 홍수를 막기 위해 수 km에 이르는 댐을 세우고 바위에 단순하고 투박한 그림을 그렸으며 예술성 없는 단순한 기하학적 문양과 나선 문양으로 장식한 점토 그릇, 대부분 개구리 모양인 홍합 껍데기와 돌로 만든 부적을 가지고 있었다.

거의 탐사되지 않은 곳처럼 보이는 이 지역에 최근 고고학자들이 관심을 보였다. 대륙의 북쪽 끝에서 멀리 남쪽의 아마존까지 대대적인 탐사가 진행되었다. 조금의 발굴 흔적도 없는 땅속 깊은 곳까지 파헤치자 중요한 사실이 밝혀졌다. 예를 들어 BC 20,000년에서 BC 15,000년 사이에 사람들이 아메리카에 처음 정착했다는 것이다. 이전에는 커다란 동물 무리만 있었다. 최초로 정착한 사람들은 머리가 작고 수염이 없으며 광대뼈가 튀어나오고 머리카락이 직모인 몽골의 유목민 무리였다.

그들은 돌도끼, 방망이와 원시적인 사냥 무기를 가지고 있었다. 그들은 아시아에서 베링해협을 건너 아메리카로 이동했다. 남쪽을 향한 그들의 이주는 수천 년이 걸렸다. 그들이 남쪽으로 가는 도중 잠을 잤던 동굴이 현재의 네바다(미국 서부의 주), 에콰도르 그리고 아르헨티나에서 발견되었는데 동굴에서는 그들이 죽인 거대한 동물들의 뼈가 자주 발견되었다.

아시아에서 아메리카로의 이런 대규모 이주는 지속적으로 이루어졌고 계속해서 남쪽으로 이어졌다. 이주민들은 중앙아메리카의 좁고 긴 지협을 지나 남아메리카로 흘러들어갔다. 이주는 BC 3000년경까지 멈추지 않았으며 마침내 아메리카 전역에 거주하게 되었다.

남아시아와 오스트레일리아, 폴리네시아에서 출발한 이주민 또한 태평양을 건너 아메리카에 도착했다. 이주민의 흔적이 브라질과 에콰도르, 마

아마존 리오네그로 계곡에 있는 암각화

젤란해협 근처에서 발견되었다. 오늘날 많은 고고학자들은 태평양 지역에서 출발한 사람들이 하와이, 파우모투(프랑스령 폴리네시아), 마샬 군도(오세아니아의 태평양 중서부에 있는 섬나라)와 이스터섬을 경유하여 남아메리카에 왔을 것으로 믿는다. 이런 믿음은 특히 태평양 양쪽의 놀라운 언어 유사성에 기반을 둔다. 더욱이 페루의 가장 오래된 언어에서 폴리네시아 언어에 대한 강력한 학습력이 나타난다. 따라서 이주는 틀림없이 매우 초기 시대에 발생했으며 이런 이주로 보다 높은 수준의 문명이 전달되었다는 것은 의심의 여지가 없다.

끊임없이 이어지는 이주로 원주민 부족들은 기아나와 아마존의 처녀림 혹은 페루 연안에서 코르디예라로 내몰렸다. 이들 지역에서 원주민들은 나뭇잎으로 만든 오두막에 살며 사냥으로 필요한 음식을 조달했다. 원주민들은 카누 만드는 방법을 알게 되면서 큰 강을 지나 산으로 갔는데 이 사람들이 아라와크족이다. 오늘날 아라와크족 후손들은 드넓은 아마존을 돌아다니며 독화살로 사냥하고 독이 있는 열대성 덩굴식물로 물고기를 잡으며 살고 있다.

우르스Urus 또는 코트선Kotsun족은 고원의 티티카카호수에 도착해서 물고기가 풍부한 호수 위에 새로운 안식처를 건설했다. 그들은 고원에 정착하기 위한 기술을 터득하여 특별한 환경에 적응해 나아갔다. 그들은 골풀 줄기로 배를 만들고 골풀로 엮어 만든 돛을 사용했으며 그물로 잡은 물고기를 말리거나 구워 먹었다. 그들은 거대한 호수의 섬과 호숫가에 오두막을 지었고 그들의 거주지는 안데스산맥의 경사면부터 거의 태평양 해안까지 뻗어 있었다. 고고학자들이 아마존에서 왔다고 믿는 골풀 줄기 배는 거석 조각상이 있는 이스터섬의 배와 똑같았다.

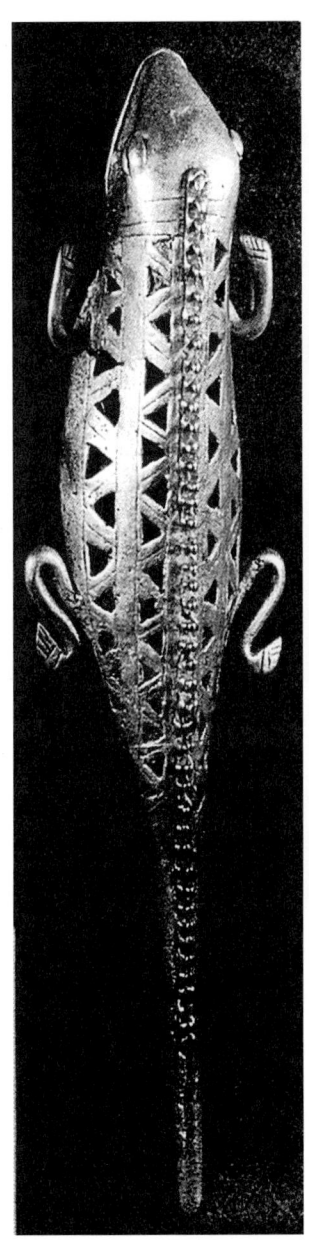

↑ 콜롬비아의 킴바야Quimbaya 양식의 도마뱀

← 몬테알반의 금 장신구

**인디언들은 금을 다루는 솜씨가
뛰어났다.**

금으로 작은 악어들을 만들어 연결한 장신구. 콜리마(Colima) 문명

 남아메리카의 최초 원주민은 모두 원시인이었다. 발굴자들은 석제 무기과 숫돌, 원시적인 보석들을 발견했다. 원시인들이 커다란 바위와 돌에 어설픈 솜씨로 새와 뱀, 거북이, 도마뱀, 맹수, 손과 머리, 원, 태양과 열십자를 그린 흔적을 남겼다. 이런 것들은 석기시대 '문명'에서 가져왔는데 이전부터 알고 있었거나 아주 1,000년 동안에 배운 것들이었다. 이런 식으로 독화살과 입으로 부는 취관(Blowpipe), 문신 그리고 입술과 코, 귀의 장신구, 두개골 변형, 가면 마술, 의식과 신화가 태평양을 건넜다. 그들은 수천 년 동안 원시적인 문명 단계에 머물렀는데 갑자기 차빈 제국이 나타날 때까지 진짜 문명의 시작을 알리는 어떤 신호도 없었다.

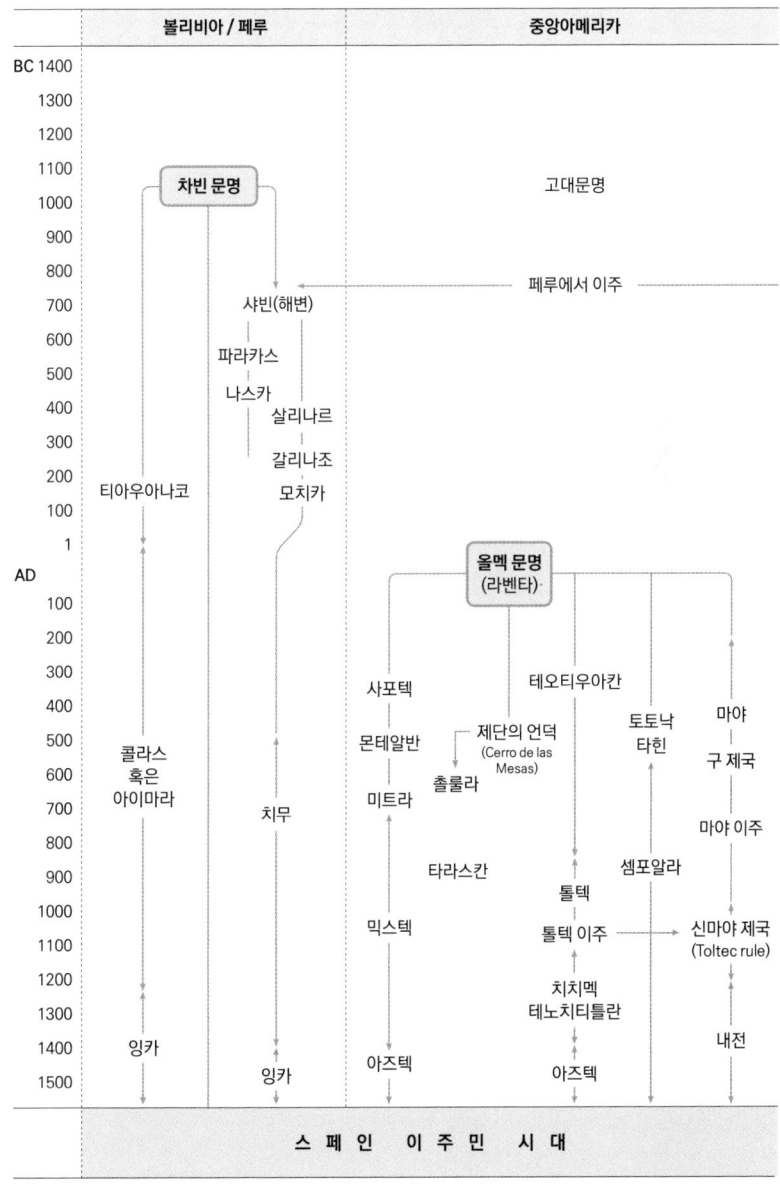

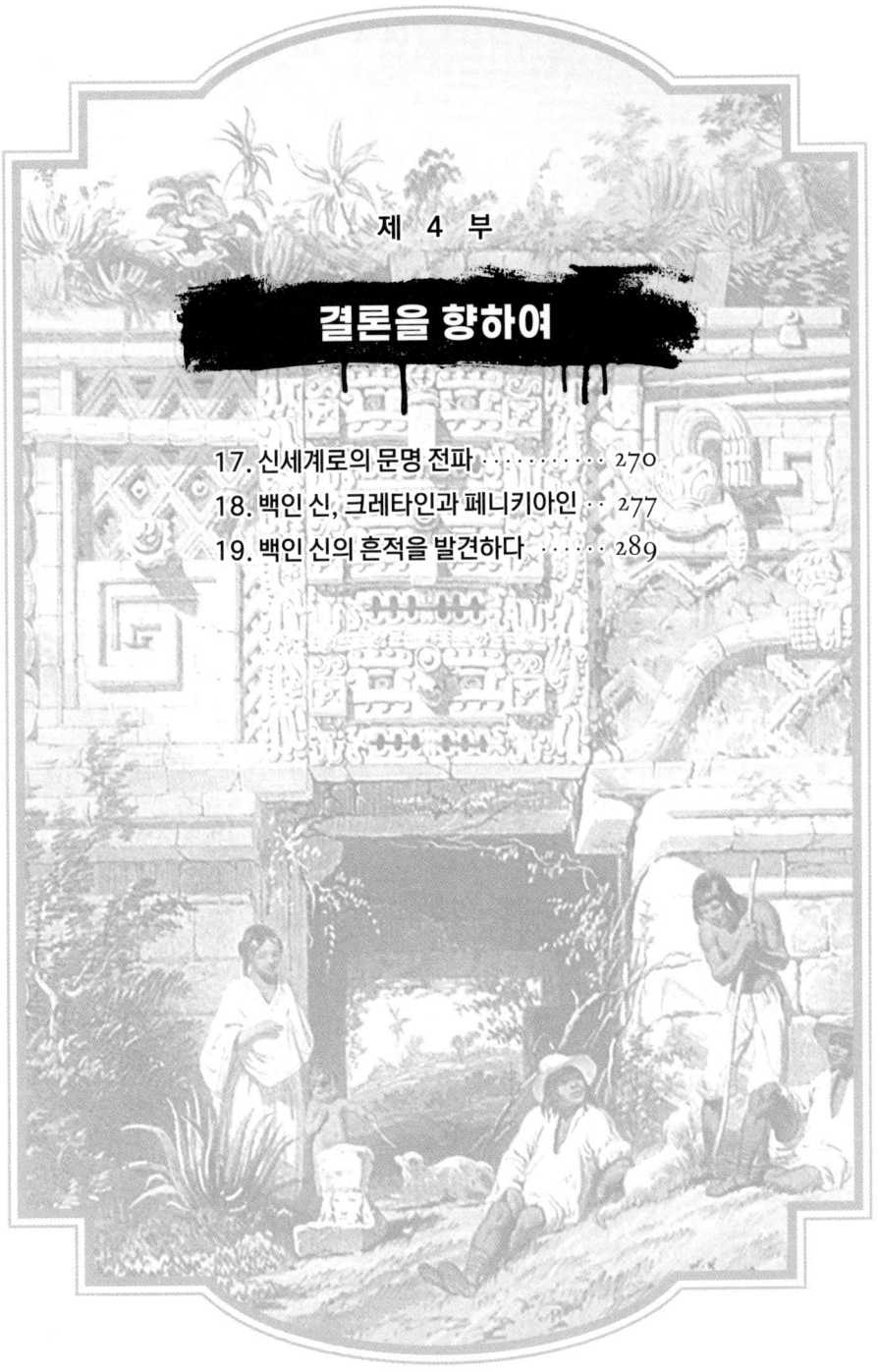

제 4 부

결론을 향하여

17. 신세계로의 문명 전파 ·········· 270
18. 백인 신, 크레타인과 페니키아인 ·· 277
19. 백인 신의 흔적을 발견하다 ······ 289

17
신세계로의 문명 전파

　신세계에 중요한 두 문명이 있었다. 하나는 중앙아메리카에 있었으며 하나는 페루에 있었다. 두 문명은 수천 km 떨어져 있었지만 많은 면에서 유사한 역사를 가지고 있다. 두 문명은 각기 다른 한 곳에서 시작되었는데 중앙아메리카는 올멕 문명, 남아메리카는 차빈 문명이었다. 각각의 문명 초기부터 거대한 사제들의 도시가 발달하기 시작했다. 중앙아메리카는 테오티우아칸, 남아메리카는 티아우아나코였는데 둘 다 너무 커서 전설은 오직 거인들만 도시를 세울 수 있었다고 했다. 두 도시는 허리케인처럼 모든 것을 무너뜨리는 야만적인 전사 부족에 의해 파괴되었다.
　당시 양 지역에 왕국들이 어느 정도 있었는데 내전이나 2개의 커다란 제국인 아즈텍과 잉카로 통합하기 위한 일시적인 전쟁이 있었다. 양쪽에서 언젠가 다시 돌아오겠다고 약속하고 떠난 백인 신의 전설이 살아남았는데 실제로 양쪽에 백인들이 상륙했을 때 똑같이 잔혹 행위가 있었다. 양 지역의 고대문명은 비극적인 파괴로 멸망했다.
　최후의 두 문명을 포함해서 모든 인디언 문명은 폭력으로 종말을 맞았는데 아마 기본적으로 이유는 같았을 것이다. 고대 이집트에서처럼 종교적 광신에 의한 명령으로 거대한 신전과 피라미드가 건설되었을 것이다. 늙은 인디언 왕과 사제들은 과도한 목표를 이루기 위해서 백성이 반기를 들 때까지 심하게 몰아부쳤던 것으로 보인다.

양쪽 지역에서 최초의 고도 문명이 갑자기 나타났다. 남아메리카에서 원시 시대는 10,000년에서 20,000년 동안 지속되었는데 한순간 차빈 문명이 시작된 것이다. 멕시코에서 갑자기 튀어나온 올멕인들은 아마도 남아메리카에서 멕시코로 이주했을 것이다. 올멕인들이 이동하는 동안 만난 모든 부족들도 수십 년 동안의 원시 상태에서 벗어나 발전하였는데 이런 대단위 이주는 멕시코와 유카탄반도 전체를 문명화시켰다.

대단위 이주는 그들의 성취를 이웃에게 전달하는 역할을 해서 수 세기 동안 남아메리카에서 발전한 거의 모든 것들이 올멕인들의 이동로를 따라 중앙아메리카로 유입되었다. 많은 까다로운 발명들이 신세계에서 두 번 만들어질 수는 없어서 우주론적 개념 같은 동일한 원칙이 달력 등에 적용되었다. 그러나 이런 것들은 구세계에도 있었으며 따라서 신세계에서 독립적으로 시작되었다고 할 수 없는데 하이네 겔던 교수는 1955년 다음과 같이 말했다. '현재의 지식으로 볼 때 여전히 많은 것이 가설이지만 우리는 아메리카의 높은 문명은 분명 구세계와의 밀접한 접촉으로 발전했다고 확증적으로 말할 수 있다.'

가장 이른 아시아의 영향은 BC 700년 시작해서 BC 4세기 후반까지 지속된 중국 주나라에서 왔다. 특히 페루 연안의 차빈 문명과 후계자인 살리나르 문명(BC 200~AD 200, 페루 북부 연안 지역)에 영향을 미쳤다. 중국에서 온 사람들은 아마도 금 관련 지식과 기술, 천 짜기, 이카트(직물에 문양을 넣는 직조기법의 하나), 밀랍 염색(밀랍을 이용한 염색법), 피리와 티티카카호수의 발사Balsa 배 건조술을 가져왔을 것이다.

곧이어 통킹과 안남의 동선 문명이 두 번째로 건너왔는데 마치 고의로 식민지에 이식한 것처럼 보이는 강력한 흔적을 남겨놓았다. 영향력은 BC 4세기에 시작해서 AD 100년경 끝났는데 멕시코와 마야가 아니라 주로 페루의 해안 평원, 콜롬비아, 파나마, 코스타리카와 온두라스에 영향을 주었다. 금속 가공 기술은 페루 연안에서 처음 추적할 수 있으며 아마도 동선 문명 사람들이 알려주었을 것이다.

AD 1세기 동선 문명이 사라진 후 힌두 – 불교 문명인 인도차이나와 인도네시아 사람들이 태평양을 건너기 시작했는데 크메르 문명이 끝나는 AD 1200년경까지 지속되었을 것으로 보이며 주로 토착 종교 개념, 행정 제도, 건축 양식과 장신구를 소개했을 것이다.

따라서 문명의 전이는 BC 700년경 남아메리카에서 가장 오래된 인디언 문명인 차빈에서 시작되었다. 이런 사실은 모든 남아메리카 문명에서 추적할 수 있지만 서력기원 시작 때부터 AD 1200년까지 발전을 이어갔던 중앙아메리카 문명들에서 특히 분명해진다.

몇 년 전 하이네 겔던은 중동의 많은 성취들이 BC 700년경 그가 '폰틱 Pontic 이주'라고 부르는 코카서스 지역 사람들의 이주에 의해 중국에 알려졌다는 가설을 세웠다. 중국에 도착하여 흐름은 세 방향으로 나뉘었다. 가장 큰 흐름은 운남과 인도차이나반도 북동부로 가서 동선 문명을 태동시켰는데 나중에 인도네시아와 뉴기니까지 확장되었다. 당시 중국으로 가져간 물건으로 판단할 때 이주한 사람들은 일리리아인(고대 발칸반도 서부, 이탈리아반도 연안 남중부에 거주하던 민족), 트리키아인(에게해 북쪽 발칸반도 남동부 유럽의 원주민), 키메리아인(BC 7세기경의 소아시아 고대 유목 민족), 코카서스족(흑해와 카스피해 사이의 민족),

게르만족과 동부 지중해 사람들이었다. 따라서 동아시아의 이카트 기술은 그리스 기하학적 양식의 정확한 복사판이다.

그러나 동선 문명은 나중에 아메리카와 접촉했고 그래서 정확하게 똑같은 공예품이 세계의 서로 다른 세 지역인 코카서스와 페니키아, 동아시아 그리고 아메리카에서 발견되는 이유이다. 사실 아메리카로 전수된 동아시아 문명의 모든 요소들은 실제 코카서스와 지중해 문명, 다뉴브강(독일 남부 산지에서 발원하여 흑해로 흐르는 강) 유역의 나라들과 남러시아에서 왔다.

그러나 275~276쪽에 있는 표를 보면 많은 요소들이 지중해에서 곧바로 아메리카로 간 것이 분명하다. 왜냐하면 그 정도로 일찍 극동에 알려지

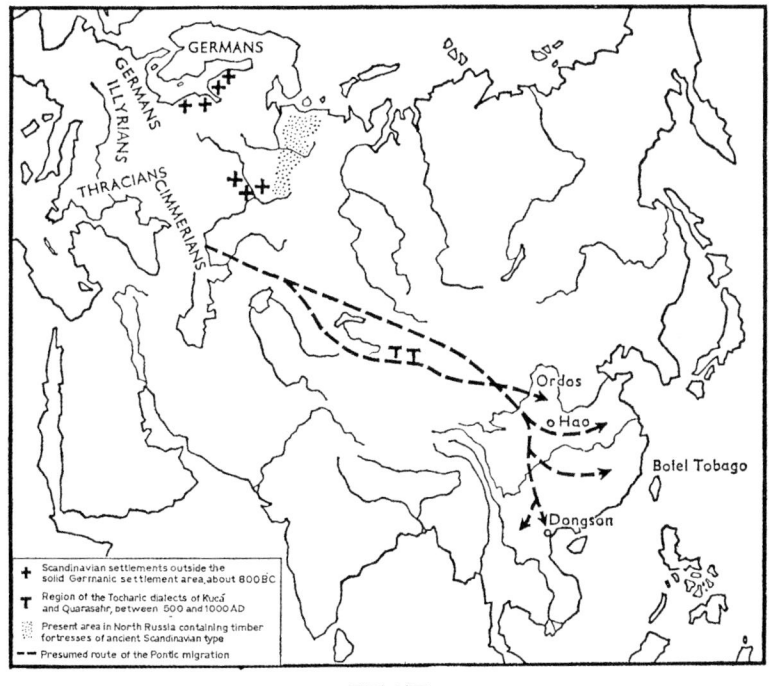

폰틱 이주

↑ 페루 트루히요에서 나온 은 도금 구리 장신구
← 청동으로 만든 코카서스의 허리띠 걸쇠

지 않았기 때문이다. 우리는 인디언들의 백인 신이 동아시아가 아니라 유럽에서 왔다고 확실하게 말할 수 있다. 백인 신은 동아시아를 경유할 수 없는 크레타의 문자까지 아메리카에 가져왔다. 왜냐하면 크레타 제국은 최초의 중국인들이 아메리카에 도착하기 700년 전에 멸망했기 때문이다.

크레타에서 온 백인 신은 아메리카를 발견한 첫 번째 사람이기도 하다. 아마도 동아시아가 아메리카와 최초 접촉하기 수천 년 전이었을 것이다. 백인 신이 아메리카에 왔을 때 구세계는 여전히 피라미드와 오벨리스크, 미라를 만들고 있었으며 그렇지 않았다면 이런 것들을 신세계로 가져올 수 없었을 것이다.

현대의 서양 문명인이 다른 원시인에게 간다면 중세의 오랫동안 잊힌 고리타분한 유물들을 가져가지는 않을 것이다. 게다가 중국인들이 아메리카에 최초로 왔다면 원시적인 인디언들은 그들을 수염 있는 백인 신으로 여기지 않았을 것이다. 오늘날도 아메리카 인디언과 아시아인의 차이는 그렇게 크지 않는데 모두 수염이 조금만 있는 아시아 인종에 속하기 때문이다.

발생(대략)	신세계	근원	함께 가져온 것
중국 오나라와 월나라에서 신세계로의 가장 오래된 문명 전파			
BC 700	차빈	중국 주나라 BC 700	천 짜기, 금, 중국 문양, 금세공 기술
BC 500	페루 연안 살리나르	주나라 말기	낫 모양 날개가 있는 맞물린 뱀-용 같은 문양
BC 500~ BC 400	페루 갈리나조	주나라	금
BC 500	모치카 또는 페루 연안의 원-치무	BC 333 주나라 멸망	문양들, 금세공 기술
동선 문명의 아메리카 전이			
BC 400	페루 연안의 왕국들	동선*	구리, 코어 주조, 그래뉼레이션, 금과 구리 합금, 금속 착색 기술
AD 100년까지	티아우아나코	동선	청동에 관한 지식, 청동 문양?
동아시아와 아메리카 인디언 사이의 후반기 관계			
AD 100~200	유카탄의 구 마야 제국	인도차이나와 인도네시아 특히 아마라바티의 식민지 문명	형식화된 연꽃 문양, 바다 괴물 마카라, 세계의 시대, 행정 기술, 부채, 가마
AD 800 ~1100	신 마야 제국 (푸우크 양식)	캄보디아, 인도차이나 크메르 문명	문 뼈대로써 반 기둥과 집 정면 장식
AD 1200까지	치첸이차	AD 1200년 초 크메르 문명 멸망까지	

동선 문명: 베트남 타인호아(Thanh Hoa) 동북쪽 4km 부근에서 발견된 청동기 · 철기시대 유적. BC 4세기부터 BC 3세기까지 북쪽 청동기 문화의 영향을 받아 형성된 문화

구세계에서 남아메리카로의 문명 전파			
BC 700	차빈	지중해	미라(?), 그래뉼레이션, 상감, 합금, 코어 주조(?), 금(?), 시라큐스의 고르곤, 뱀 숭배
BC 500~ BC 400	살리나르와 갈리나조 문명, 모치카 또는 원-치무	지중해	목화 교배, 납결 염색과 이카트 기술, 천 짜기, 심홍색 염색, 명반 용액, 카론의 은화, 죽은 자의 춤, 피라미드, 개 머리의 신, 관상어, 구리(?), 미라, 동물 미라, 햇볕에 말린 벽돌, 피리
BC 300~ BC 100	티아우아나코	지중해 특히 크레타	청동, 건축용 구리 리벳, 무덤으로써 피라미드, 석비, 배수관, 배수 체계, 지하의 왕좌-방, 오벨리스크, 건축술, 숟가락, 접시, 잔, 골풀로 만든 배
BC 1세기 말~ AD 1400	치무	지중해	10진법, 머리 모양 주전자, 항아리, 쌍주전자, 저울, 플루트
구세계에서 멕시코의 인디언 문명으로의 후기(간접적인) 영향			
BC 100~ 약 AD 800	올멕 문명	크레타	옥, 의식용 도끼, 치장벽토, 역청, 모르타르, 모자이크, 피라미드, 석비, 문자, 재규어, 사자(가면), 깃털 달린 왕관, 석관, 돌 멍에
BC~ 약 AD 800	고대 시기		
서력 시작. 약 AD 800	테오티우아칸	크레타	신화적인 나비
서력기원 시작	구 마야	크레타	글자, 구 달력, 피라미드의 지하 무덤
	토토낙	이집트	앵크 형태의 돌 멍에
	사포텍	이집트	'이집트인' 조각상, 구기장, 열주
	톨텍과 아즈텍	지중해	'신앙고백', '신성한 빵', 홍수 전설

18

백인 신, 크레타인과 페니키아인

 아무리 솜씨 좋은 예술가라도 한 번도 본 적 없는 다른 인종을 그리거나 조각할 수 없다. 그런데 멕시코에는 올멕 문명 때부터 첫 번째 유럽인이라고 확신할 수 있는 아메리카 밖에서 온 사람들 모습의 석제 조각상이 있었다. 조각상들은 통통하거나 살이 쪘으며, 둥근 머리에 넓은 어깨, 짧은 팔과 다리, 넓은 이마와 넓고 굵은 목에 평평한 코, 찢어진 눈을 갖고 있었다. 또 다른 형태가 멀리 북쪽에서 나타났는데 더 크고 홀쭉하며 좁은 매부리코에 종종 염소 수염이 있었다. 그리고 북쪽 과테말라에서 나온 마야 꽃병에서는 양쪽을 합친 모습이었다.
 10세기 또는 11세기경 치첸이차 벽화는 검은 피부 인종과 분명히 금발인 밝은 피부 인종이 바다에서 싸우는 장면을 보여준다. 백인종이 패하여 달아났으나 일부는 희생제의 돌 위에서 최후를 맞기도 했다. 치첸이차에 있는 돋을새김에 백인 신이 된 늙은 사제의 앉아 있는 모습이 있으며 코카서스의 인종적 특징이 있는 수염 있는 백인들 표현도 다수 있다.
 분명히 일부는 터번을 쓰고 수염이 있는 가면들이 한때 티아우아나코의 접견실 벽에 걸려 있었다. 티아우아나코의 오래된 신전에는 어쩌면 백인 신 중 하나였을지도 모르는 유럽인 모습의 석제 두상이 있었다.

치브차 제국에서도 백인 조각상들이 발견되었다. 모습은 확실히 인디언이 아니며 마야와 아즈텍의 매부리코나 몽골인 눈은 어디에도 없다. 이 사람들은 긴 머리에 곧거나 안으로 살짝 굽은 잘생긴 코와 큰 눈을 가지고 있다. 올멕에도 똑같은 형태가 있으며 심지어 헬맷과 귀마개도 있다.

치첸이차의 프레스코화에는 흑인이 그려져 있다. 인디언들은 분명히 흑인을 보았을 것이다. 그렇지 않다면 검은 피부의 사람을 그리는 일은 결코 발생하지 않았을 것이다. 프레스코화 속 인물은 흑인의 모든 특징과 함께 명백한 흑인 머리를 하고 있다. 묘사된 흑인은 동아시아에서 인디언들에게 오지 않았을 것이다. 왜냐하면 아시아에는 흑인이 없기 때문이며 아마도 백인 신과 함께 대서양을 건넜을 것이다.

치첸이차 프레스코화의 흑인 머리

차빈과 티아우아나코, 올멕, 마야를 포함해서 모든 인디언 문명은 백인 신의 조각상을 남겼다. 그러나 문명들 간 시간적 간극은 크다. 사실 마야인들은 톨텍의 케찰코아틀을 외국의 정복자와 압제자로 여겼다. 톰슨은 오래된 마야 연대기에서 치첸이차의 애가哀歌를 발견했다.

'사악한 자가 땅을 차지하려고 군대를 이끌고 왔을 때 나는 치첸이차의 소년이었다. 슬프다! 치첸이차에서 이교가 허락되었다(이교는 톨텍 종교였다) … 그의 극악무도한 행위는 끝이 날 것이다.'

다른 곳에도 애가가 있다.

'그들의 마음은 죄로 물들어 있다. 그들은 육욕으로 죽었다 … 그들은 낮이나 밤이나 방종한 방탕자들이다. 세계의 악당들 …'

고고학적 발견들은 올멕인들이 멕시코로 이주할 때 마야인들에게 높은 문명을 가져왔음을 보여준다. 아마도 그들 중 한 명이 마야인들이 쿠쿨칸이라고 불렀던 백인 신이 되었을 것이다. 백인 신 케찰코아틀은 분명 올멕인이었으며 올멕인들은 전설에서 말하는 '해안 사람들'이었다. 전설에 의하면 케찰코아틀은 툴란을 떠난 후 해안 사람들에게 갔으며 그곳에서 왔던 곳으로 돌아가는 배를 타고 출발하기 전 다시 돌아오겠다고 약속했다고 한다.

티아우아나코의 백인 신은 쿠쿨칸보다 오래되었을 것이다. 아마도 그는 비라코차였을 것이다. 그는 BC 300년경 티아우아나코에 왔을 것으로 추정되며, 쿠쿨칸은 서력기원이 시작될쯤 마야에 왔고 케찰코아틀이 AD 900년경 톨텍에 왔다고 가정하면 1,200년의 기간이다. 이 기간 동안 백인 신 조각상은 계속해서 코카서스 인종의 특징을 보여준다. 따라서 누군가 1,000년 이상 신세계를 지배한 백인 신의 왕조에 관해 이렇게 물을 수 있다. 이들 통치자들이 죽었을 때 무슨 일이 일어났을까?

분명히 백인 신은 불사신이었다. 그렇지 않았다면 신이 되지 못했을 것이다. 그래서 그가 죽었을 때 사제들은 비밀리에 피라미드 아래 석관에 그를 매장했을 것이고 백성에게는 그가 언젠가 다시 돌아온다고 약속하고 바다로 떠났다고 말했을 것이다.

우리는 연대기에서 나임랍왕의 영웅담 같은 이야기들과 자주 마주친다. 백인 신이 죽었을 때 사제들은 그가 떠나면서 후계자를 지명한 후 천국으로 갔다고 선언하고 사람들에게 그의 죽음을 숨겼다. 유골은 그가 거주했던 장소 아래 있는 무덤에 비밀스럽게 묻혔다. 만일 이것이 죽은 왕에 대한 절차였다면 백성에게는 백인 신의 죽음을 더욱 숨겨야 했다! 그래서 사람들은 돌아오겠다는 신의 약속 이야기에 갈망하며 온 마음으로 오랫동안 그의 두 번째 방문을 믿게 되었다.

신세계에서 유일하게 누가 묻혔는지 우리가 아는 무덤이 있다. 연대기들은 수염 있는 백인 케찰코아틀이 그의 아버지 무덤을 방문했다고 이야기했다. 무덤은 세월이 지나면서 언덕으로 변한 작은 피라미드 지하에 있다. 고고학자들은 1910년 이 신성한 언덕을 발견했다.

모든 인디언 무용담은 수염 있는 백인 신을 묘사하고 모든 문명의 조각상에서 그를 표현했다고 생각되는 수염 있는 백인 신의 얼굴이 보인다. 이 책에서 암시하는 것처럼 만약 첫 번째 백인 신이 크레타인이라면 그들에게 수염이 있었을까?

미케네의 저지대에서 21명의 남자 얼굴이 있는 황금 성배가 발견되었는데 모두 수염이 있었다. 에번스는 크노소스에서 출토된 동석(가공이 용이하여 예부터 공예나 조각 재료로 쓰였다.)으로 만든 인장에서 수염 있는 사제의 머리를 발견했다. 미케네 왕의 황금 가면에도 모두 수염이 있다. 이집트의 고위 사제 무덤에서 발견된 돋을새김과 왕족 보물에 파라오가 외국의 사신들을 접견하는 장면이 있는데 그들 중 케프티Kefti(크레타의 이집트식 표현)의 왕자는 긴 수염을 갖고 있다. 이 돋을새김은 크레타인들이 아메리카로 첫 번째 항해

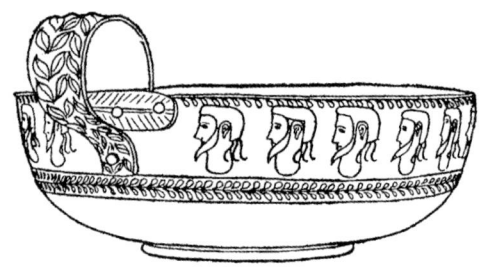

크레타섬의
미노아 문명에서 출토된
황금 잔 위의
수염 있는 사람들

했을 때인 BC 15세기경 유물이다. 그러므로 백인 신에게 수염이 있었다는 전설은 그가 크레타인이었다는 추론과 충분히 잘 들어맞는다.

BC 1194~BC 1184년 트로이 성 밖에서 전쟁이 한창일 때 크레타 문명은 이미 2,000년이나 이어지고 있었다. 크레타의 건축물은 당시 세계의 어떤 건축물보다 뛰어났다. BC 800년 호머는 미노스왕의 아름다운 궁전을 묘사했으며 BC 5세기 중반에는 헤로도토스도 언급했고 얼마 뒤 투키디데스는 강력한 크레타 함대를 언급했다. 다음 세기의 아리스토텔레스는 에게해 전체를 장악한 미노스왕의 힘을 기술했으며 그리스의 전설은 크레타 이야기와 신화들로 가득 차 있다.

무엇보다 그들은 반은 사람이며 반은 황소로 크노소스의 미로에 살며 희생제물로 사람을 요구했던 크레타의 괴물 미노타우로스에 대해 언급했다. 나중에 미노타우로스는 크레타 왕의 딸 아리아드네의 도움을 받은 아테네의 왕자 테세우스에게 죽었다. 미로라는 말은 그리스에서 신의 상징이 된 크레타의 신성한 쌍도끼 'labrys'에서 왔다. 크레타의 대모신 레아는 그리스에서 아들과 함께 둘 다 상징적인 쌍도기를 들고 있는 조각상으로 자주 표현되었다. 뿔 한 쌍 역시 크레타의 종교적 상징이었고 신전과 궁전 정면에는 돌로 만든 웅장한 황소 뿔이 서 있었다.

크레타의 '초기 미노아' 시대는 BC 3400년에서 BC 2100년까지 지속되었다. 청동은 이미 알려져 있었으며 크노소스 왕자는 섬의 파이스토스Phaistos와 말리Malli에 도시를 세웠다. 궁전도 세웠는데 신전, 계단, 흉벽, 도로, 프레스코화로 장식한 벽과 수로가 있었다. 옛 문자는 선형문자로 바뀌기 시작했다. BC 2100년에서 BC 1580년까지 이어진 '중기 미노아'의 모든 건축물은 지진으로 파괴되었으나 BC 1600년경 크노소스와 파이스토스, 아기아 트리아다의 아름다운 궁전들이 재건되었다. 미노아 문명의 황금기는 BC 1400년경까지 지속되었는데 그 후 크레타는 갑자기 그리고 영원히 사라졌다.

그러나 구세계 최초의 거대한 궁전인 크노소스의 궁전 유적이 살아남았다. 궁전은 바닷가에 있었으며 계단은 지중해 바다에 잠겨 있었다. 궁에는 미로와 방, 수로와 배수시설, 욕실이 있었으며 또한 지하에는 석제 왕좌가 있는 접견실이 있었다.

크레타는 거의 3,000년 전의 생생한 장면을 보여주는 벽화의 발견으로 다시 세상에 드러났다. 크레타인들은 옥과 금 장신구, 청동을 좋아했으며 장인들은 진정한 예술가들이었다. 그들은 흥분한 황소가 돌진하거나 그물에 잡히는 것 같은 역동적인 모습을 즐겨 묘사했으며 반복적으로 신성한 도끼, 뿔 한 쌍, 날개 달린 동물과 뱀을 표현했다.

물론 이런 것들은 가장 오래된 고도의 인디언 문명이 있던 콜롬비아나 차빈 그리고 티아우아나코에서도 발견된다. 크레타인과 인디언들은 언젠가 서로 접촉했음이 틀림없다. 접촉이 한 번뿐이었는지 자주 발생했는지는 아직 확실히 알 수 없다. 그러나 대서양을 건너는 크레타인들의 항해가 한동안 이어지다 갑자기 중단되었다고 추정할 수 있는 요소들은 많다.

만일 크레타인들이 대서양을 건넜다면 바다를 향해할 수 있는 배를 가지고 있었을 것이다. 실제로 그들은 분명히 그런 배를 갖고 있었으며 지중해의 다른 고대문명들도 그랬다. 더욱이 크레타의 해상 패권 장악 시기는 대략 백인 신이 대서양을 건넌 시기이다.

BC 3000년경 이집트인들의 배가 동아프리카 해안 지역에 도착했다. BC 2400년에는 아프리카 전역을 항해했으며 그들이 푼트라고 불렀던 황금의 나라를 발견했다. 이곳이 어디였는지는 모른다. 바빌로니아인들이 광범위하게 해양무역을 했다는 BC 2300년경 기록이 있다. 이집트와 페니키아 사이의 대양을 넘나드는 무역이 있었다는 BC 2000년경 기록도 있다. BC 1700년 크레타와 이집트, 시리아, 메소포타미아 그리고 지중해 서부 국가들 간의 치열한 해상 경쟁이 시작되었다. BC 1500년 여자 파라오 하트셉수트가 아프리카를 돌아 푼트를 탐사했다. BC 1365년 페니키아인들이 긴 항해를 했다는 기록이 있으며 BC 1300년에는 지중해에 그리스 함대가 나타났다. BC 1250년 이집트인들은 아마도 카나리아제도(아프리카 북서부 대서양에 있는 화산섬)를 발견한 것으로 보이며 아프리카 전역을 항해하면서 막대한 무역품을 실어 날랐다.

오랫동안 고대인들의 그러한 해양 경험과 능력을 믿을 수 없었다. 긴 항해는 로마 제국의 배들이 벵골만(인도 북쪽 바다)을 경유하여 힌두스탄(인도 북부)과 인도차이나를 정기적으로 항해했던 AD 2세기에 이르러서야 일반적인 것이 되었다. 아랍 항해자들은 말레이의 섬에 도착했고 아마도 중국까지 갔을 것이다.

고대 문헌은 계속해서 수많은 위대한 항해와 탐사를 기록했다. 이들 중 일부는 아메리카와 연관이 있을 것이다. 예를 들어 플라톤은 헤라클레스 기둥(지브롤터해협) 저편 거대한 바다에 커다란 섬이 있다고 언급했다. 그 섬은 남아메리카일 수 있다. 테오폼푸스(그리스 역사가, BC 380?~BC 315?)는 대서양의 섬들 뒤편에 있는 것으로 추측되는 큰 대륙을 묘사했는데 메로피스Meropis로 불렸다. 그는 리비아Libya의 왕이며 아틀라스의 딸인 메로페 Merope가 다스리는 대륙이라고 했다.

AD 45년 로마의 그리스 역사가 디오도로스는 대서양에서 여러 날 항해해야 닿을 수 있는 리비아에서 멀리 떨어진 거대한 나라에 대해 썼다. 그 나라에는 항해할 수 있는 강과 커다란 집, 숲이 많으며 1년 내내 과일이 열린다고 했다. 그는 페니키아인들이 폭풍우로 대양으로 멀리 떠밀렸을 때 그 나라를 발견했다고 했다. 이 묘사는 대서양의 어떤 섬과도 일치하지 않기 때문에 남아메리카를 언급하는 것처럼 보인다. 그리스의 작가 플루타르크(약 AD 1000년)도 메로페가 지배하는 대륙을 알고 있었다. 그에 따르면 헤라클레스가 그곳을 방문해서 그리스 언어를 소개했다고 한다.

만일 당시 항해자들이 그러한 놀라운 발견을 했다면 경쟁을 피하기 위하여 장소를 비밀에 붙이려 했던 그들의 노력을 이해할 수 있다. 어쨌든 헤라클레스의 기둥 저편 멀리 항해한 페니키아인들에게는 대서양에서 숨겨야 할 무언가가 있었을 것이다. 왜냐하면 오랫동안 그리스 배들이 좁은

티티카카호수 모카치(Mocachi)에 있는 태양신의 석비

아인 바르코크(페니키아)에 있는 알티부로스의 태양신의 석비

지브롤터해협을 통과하여 지중해 밖으로 나가는 것을 막았기 때문이다. 아리스토텔레스에 따르면 카르타고 원로원은 거역하면 죽음의 고통이 따르는 대서양의 알려지지 않은 거대한 섬으로의 항해를 금지했다.

브라질 상파울루의 큰 도서관 한켠에 지금까지 출판된 것 중 가장 이상한 책이 하나 있다. 비록 40년밖에 되지 않았지만 가장 진귀한 책 중 하나이다. 단지 몇 개의 복사본만 남았는데 복사본을 손에 넣은 사람 대부분은 저자의 주장이 너무 믿을 수 없다고 생각하여 바로 버렸기 때문이다. 고무 원액 채취꾼이었던 저자는 베르나르도 다 실바 라모스Bernardo da Silva Ramos 라 불리는 사람으로 포르투갈어로 썼는데 포르투갈 학자조차 다른 보통의 책처럼 읽을 수 없었다.

책은 아무 설명 없이 동물들과 동물의 부분적인 모습을 싣고 있다. 모두 1,500개의 삽화와 그림, 사진이 있는데 번호가 없고 순서도 없다. 심지어 책에 없는 삽화들까지 언급하고 있음에도 불구하고 매우 흥미로운 책이다. 책이 다루는 대상은 아마존에 있는 암각화인데 돌과 바위를 사진으로 찍은 다음 그림을 그렸다. 명문銘文과 글자, 동물과 악마, 고양이처럼 보이는 동물, 신의 조각상 그리고 신화 속 괴물들이 삽화 속에 보인다.

바위와 돌은 모두 페니키아 문자들로 덮여 있다. 왜냐하면 라모스는 이 그림들을 우리가 책을 읽듯이 '읽었기' 때문이다. 예를 들어 그는 페니키아 문자로 새의 윤곽을 깨트려 표현했다. 부리는 한 글자이며 각 깃털과 발톱 역시 한 글자로 표현했다. 처음에는 페니키아어로 쓰고 나서 포르투갈어로 번역하는 식으로 모든 내용을 그렸다. 모든 글자들은 놀랍게도 인디언들이 오랫동안 제우스를 신이라 불렀음을 나타내는 것처럼 보였다.

라모스는 어떤 고등교육도 받지 못한 사람으로 수년 동안 정글을 떠돌

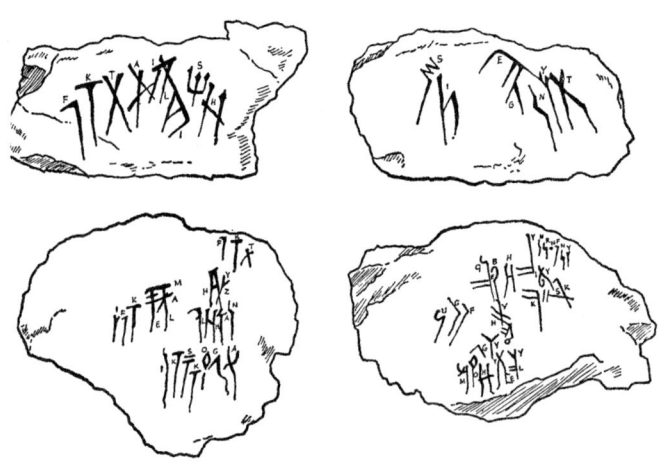

아마존에서 나온 돌의 명문들

아다녔다. 그는 밀림의 좁은 길을 통과해 고무나무가 있는 곳으로 가서 나무껍질을 절개한 다음 고무 원액을 모으기 위해 아래에 작은 통을 매달았다. 그는 매일 원액을 채취했으며 그러고 나서 야자나무와 바나나 잎으로 만든 엉성한 오두막으로 돌아왔다. 일요일은 숲에 가지 않고 고무 원액을 팔았다. 그는 고무 거래업자가 되기 위해 절약하고 저축했다. 그렇게 해서 그는 '녹색 지옥'(아마존의 별명)에서 살아남은 몇 안 되는 고무 채취꾼 중 한 명이 되는 행운을 잡았다.

살림이 넉넉해지자 그는 고고학자가 되기 위한 오랜 계획을 실현할 수 있었다. 그는 정글에서 바위에 긁적인 것과 이전에 아무도 본 적 없는 이상한 상징들이 그려진 커다란 바위와 계속 마주쳤다. 그는 다시 정글을 배회하게 되었다. 그는 발견한 고대문명 흔적들의 사진을 찍고 그렸다. 그는 노인이 되어서도 물에 잠겨 있는 바위의 상징들을 찾기 위해 허리가 진흙에 묻힐 때까지 하루 종일 정글에 머물곤 했다. 그는 사진과 그림의 글자들을 유럽의 옛 동전들과 비교했고 연관성을 찾았다고 생각했다. 그때 교육받은 랍비Rabbi 마노스Manos가 어느 날 이 상징들은 페니키아의 명문이라고 주장했다. 늙은 라모스는 이 상징들을 바위에 조각한 사람은 페니키아인이라고 확신하게 되었다. 그는 이런 생각에 고무되고 심취해 모든 재산을 들여 신기한 책을 출간했다.

1850년에서 1910년까지 아마존과 브라질의 다른 지역에서 브라질 여행가들과 탐험가들이 바위와 돌 위에서 오래된 명문을 발견했다. 오늘날 그들의 보고서로 가득 채운 도서관이 있다. 그리고 그들 역시 명문이 페니키아 문자라고 확신했다. 그들은 한때 솔로몬왕(BC 975~BC 935)이 구세계에서 황금의 나라인 오피르Ophir, 타르시시Tarshishi 그리고 파르바임Parvaim을 찾지 못하자 리오 솔리모스Rio Solimoes의 아마존 지역인 '솔로몬의 강'에서 황금의 나라를 찾기 위해 배를 타고 아마존에 왔다고 확신했다. 그러나 그들은 비문뿐 아니라 강과 산, 언덕, 사람, 동물, 식물에 대한 셈족 표기에 너무 자주 현혹되었다.

비록 몇몇 단어의 경우 분명히 유사하거나 놀랍도록 동일하지만 대부분의 경우는 매우 불확실하다. 특히 산이라는 단어 'tepe'가 그렇다. 'Tepe' 역시 구세계에서 산을 의미했다. 'Tepe'는 트로이 근처의 Kul‐Tepe 언덕에서 유래했다. 그리고 아마존에 인디언들이 신으로 숭배하며 Keri 또는 Kamiso라 불렀던 2개의 돌기둥이 있었는데 Keri는 카르타고의 여신이고 Kamisi 또는 Kamos는 마비테스의 신이었다. 더욱이 프랑스 고고학자 호멧Homet은 아마존 인디언들이 Cara Mequere라고 부르는 물통이 있다고 했는데 고대 크레타인들에게도 이름이 똑같은 커다란 물통에 4개의 돛이 있는 바크Barque(범선)가 있었다.

그러나 학자들은 명문이 페니키아 문자라고 믿었던 라모스를 비웃었다. 비록 돌에 조각된 그림들이 페니키아 문자는 아닐지라도 분명 구세계에서 온 문자임을 나타냈지만 학자들은 무시했다.

BC 1500년경 크레타인들이 신세계에 처음 도착했을 때 남아메리카의 광활한 대륙에서 곧 돌아갈 수는 없었을 것이다. 그리고 그들은 나중 사람들이 상륙했던 곳에 상륙했을 것이다. 아마도 그들의 최초 정착지는 지금은 통과할 수 없는 정글인 오리노코강 또는 아마존이었을 것이다. 그러나 우리는 어디에서도 그들의 흔적을 찾을 수 없다.

19
백인 신의 흔적을 발견하다

'정복자들'은 발견한 모든 금을 약탈하면서도 여전히 더 많은 금을 찾았다. 그들은 인디언들에게서 수도가 '도라도Dorado'인 금의 나라에 대한 전설을 들었다. 프란시스코 로페스Francisco Lopez(1511~1562?)는 그의 『인디언의 일반 역사Historia General de los Indios』에서 마노아Manoa라고 불렸던 알려지지 않은 수도에 대해 묘사했다. 위치는 파리마산맥의 아마존강 북서쪽 어디쯤으로 추정된다.

그는 '마노아는 거대한 소금 호수의 섬 위에 있다. 벽과 지붕은 금으로 되어 있고 금빛 호수에 반사된다. 궁전의 식탁과 부엌을 포함해서 모든 날붙이류(나이프·포크·숟가락 등)는 순금과 은으로 만들어졌다. 그다지 중요하지 않은 것들에도 구리와 은이 사용되었다. 섬 중앙에는 태양에게 헌정된 신전이 있었다. 신전 주위에는 금으로 만든 거인 조각상들이 있었다. 섬에는 역시 금과 은으로 만든 나무들도 있었다. 왕자의 조각상은 금가루로 완전히 덮여 있었다'고 했다.

페르난도 데니스Fernando Denis는 또한 그의 『기아나의 역사』에서 수도를 언급했고 에르난도 데 리베이라Hernando de Ribeira는 1545년 3월 3일 '엘도라도는 커다란 호수의 섬 위에 있다. 그리고 그곳에 태양의 신전이 있다'는 기록을 남겼다. 40년 전 영국 탐험가 포싯Fawcett(1867~1925) 대령에 의해 다른 황금 추적자들이 어떻게 아마존 정글에 있는 도시 중 한 곳에 도착했는지 정확하게 묘사한 서류가 발견되었다. 포싯은 서류가 사실이라 믿고 1925년 정글 탐사에 나섰으나 돌아오지 못했다. 그의 아들이 포함된 탐사대가 그를 찾기 위해 여러 번 탐사에 나섰지만 끝내 그의 흔적은 발견할 수 없었다.

포싯은 실종되기 전 정글에서 옛 도시의 흔적을 발견했다. 그는 '나는 옛 도시들의 존재를 한순간도 의심하지 않는다. 어떻게 내가 의심할 수 있는가? 나는 도시의 일부를 보았다. 그리고 그것이 내가 다시 가서 반드시 관찰해야 하는 이유이다. 거대한 도시의 외딴곳에서 흔적들을 보았다. 만약 제대로 조사가 이루어진다면 도시를 발견할 수 있다고 확신한다. 불행하게도 나는 과학적인 사람들이 브라질에서 오래된 문명의 흔적을 추적할 수 있다는 가정을 받아들이도록 설득할 수 없다 … 한 가지는 분명하다. 외부 세계와 고대 남아메리카의 신비는 베일에 싸여 있으며 베일을 파헤치려는 탐험가들은 최고의 인내를 요구하는 육체적 정신적 어려움과 위험에 대비해야 한다. 나는 어쩌면 이겨내지 못할 것이다. 그러나 만일 내가 이겨낸다면 – 만약 행운이 따라 야만인의 집중공격을 받고 살아서 나온다면 – 나는 우리의 역사적 지식으로는 측정할 수 없을 만큼 먼 위치에 있게 될 것이다'라고 썼다.

지금까지 백인 탐험가들 중 누구도 베일을 뚫는 데 성공하지 못했다. 우리가 아는 아마존의 첫 번째 여행자는 별명이 오토롱고Otorongo(호랑이)였던 잉카의 지휘관 아포 카막Apo Camac이었다. 여섯 번째 잉카는 그에게 정글로 들어가 잉카의 정원에 들여놓을 앵무새와 야생동물을 가져오라고 명령했다. 오토롱고는 10,000명의 병사를 이끌고 탐사에 나섰다. 그는 파우카탐보Paucatambo강 둑 위의 저지대로 내려갔으나 곧 위험한 임무에 나선 것을 후회하기 시작했다. 그러나 병력 손실에도 불구하고 그는 거대한 숲을 향해 전진했다. 수개월 후 얼마 남지 않은 병사들은 공터에 도착해서 차우카스Chaucas 부족 사람들을 만났는데 그들은 오토롱고의 남은 병사들 목숨을 구해 주었다. 그러나 돌아오는 길에 오토롱고는 부하들에게 자신을 남기고 떠나라고 했다. 부족의 여자 중 한 명이 그에게 호감을 가졌고 그는 쿠스코에 있는 집과 모든 지위를 내려놓기로 했다.

1539년 곤잘로 히메네스Gonzalo Ximenes(1496?~1579)는 스페인인 300명, 인디언 500명과 함께 황금 도시를 찾아 정글로 들어갔으나 15명만 살아서 돌아왔다. 안토니오 데 베리오Antonio de Berrio(1527~1597)는 1,000명의 군인, 700필의 말과 함께 1년 동안 사투를 벌였으나 살아서 돌아온 사람은 50명이었다. 1784년 보다디야Bodadilla는 400명과 출발해서 25명만 생환했다. 현대의 모든 탐사 역시 실패했다. 스콤브룩(1840), 코흐 - 크륀베르크(1908)는 물론 해상비행기와 모터보트, 무전기, 기관총, 70명의 짐꾼과 노젓는 사람을 데리고 떠났던 해밀턴 라이스(1925)도 포기해야 했다. 라이스는 시에라 파리마Sierra Parima(브라질 북부와 베네수엘라 남부 사이 산맥)에 다다르기 전 65km 지점에서 돌아와야 했다.

정글의 인디언들은 옛 도시들을 알고 있을 것이다. 마쿠Maku 추장은 3년 전 아마존에서 살아 돌아온(역시 성공하지 못했다.) 호멧에게 도시 중 하나를 설명했다.

'강둑 오른쪽에 있는 바위 반대편에 마을이 있다. 집들은 돌로 만들었지만 지금은 완전히 폐허가 되었다. 집들은 줄지어 세워졌고 멀리 떨어져 있으며 도로가 있었다. 만일 당신이 마을을 떠나 매일 태양이 내려앉는 방향으로 곧장 가면 이틀 후 산에서 높은 벽과 만날 것이다. 벽을 통과할 수 없으므로 커다란 아치 아래에 있는 돌문을 찾아야 한다. 그러고 나서 당신은 돌로 된 큰 도시로 가겠지만 모두 땅바닥에 무너져 있다. 도시는 똑바르게 줄지어 세워졌다. 당신은 이들 줄을 따라갈 수 있지만 발밑을 조심해야 한다. 왜냐하면 한때 주거지가 있었고 커다란 석판들이 있었으나 대부분 힘센 나무뿌리에 의해 쪼개져 있기 때문이다. 그리고 아주 가까운 곳에서 당신은 엄청난 양의 물을 발견할 수 있으며 그곳에 당신네 백인들이 탐내는 많은 노란색 돌과 가루가 있다.'

1743년 프란시스코 라포소Francisco Raposo(포르투갈)는 사라진 무리베카Muribeca의 황금 광산을 찾기 위해 오늘날 브라질의 미나스 게라예스주에서 싱구Xingu강(브라질 북부에 있는 강)을 향하여 출발했다. 가는 도중 그는 커다란 바위에 둘러싸인 한 평원에 도착했다. 사슴을 쫓으며 세 시간 만에 꼭대기에 이르렀고 발밑에서 한 마을을 보았다. 그는 마을로 내려가서 3개의 아치가 있는 거대한 돌로 만든 문에 도착했다. 두 번째 아치 위에 글자들이 조각되어 있었다. 그는 돌로 만든 집들과 길을 발견했다. 모든 곳에 식물들이 무성하게 자라 있었다. 입구는 악마 비슷한 동물을 새긴 기둥으로 장식되어 있었다. 한쪽 팔로 북쪽을 가리키는 조각상이 있는 큰 광장도 있었다.

라포소는 궁전 문에서 조각상 흔적과 하단에 글자가 조각된 석제 조각상을 발견했다. 그는 글자들을 복사했으며 나중에 고대 그리스 문자라고 주장했다. 도시 근처에서 발견한 큰 신전에 한쪽 면에는 무릎 꿇은 사람이 있으며 다른 면에는 활, 왕관과 악기가 새겨진 작은 금 조각이 있었다.

그는 신비한 정글 도시를 떠날 때 인디언 2명을 만났는데 그를 보자마자 달아났다. 둘 다 흰 피부색이었다. 포싯 대령도 아마존에서 '그링고(영국/미국인)처럼 보이는 붉은 머리카락과 푸른 눈'의 백인 인디언을 만났으며 분명하게 '그들은 알비노Albino(선천성 색소 결핍증에 걸린 사람)가 아니었다'라고 말했다. 1906년에서 1907년 사이에 그는 프랑스의 고무 관련 식민지 관리자에게 이상한 이야기를 들었다.

'아크레Acre강(페루에서 발원하여 북동쪽으로 흐르는 강)에 백인 인디언들이 있다. 어느 날 나의 형이 … 대형 보트를 타고 강을 거슬러 올라갔다. 근처에 백인 인디언이 있다는 이야기를 들었다. 그는 믿지 않았으며 그렇게 이야기한 사람을 비웃었다. 카누에서 나왔을 때 분명한 인디언 표시를 발견했다. 다음으로 그가 알아차린 것은 그와 그의 부하들이 크고 몸이 좋은 잘생긴 야만인들의 공격을 받고 있다는 사실이었다. 그들은 붉은 머리카락과 푸른 눈의 백인들이었다. 그들 역시 악마처럼 싸웠다 … 많은 사람이 백인 인디언은 없으며 그들이 존재한다면 스페인인과 인디언의 혼혈일 것이라고 말한다. 이것은 그들을 보지 못한 사람들의 말이며 그들을 본 사람들의 생각은 다르다.'

오늘날도 베네수엘라의 모틸론Motilon 숲에 백인 인디언들이 살고 있다. 1926년 해리스Harris는 산블라스San Blas의 인디언을 연구한 후 그들의 머리카락은 아마亞麻 잎과 짚 중간쯤 색이고 안색은 거의 백색이라고 했다. 게다가 최근 호멧은 아마존 정글에서 진한 갈색 머리의 몇몇 와이카Waika 부족 인디언들과의 만남을 묘사했다. 그는 '심지어 소위 백인종은 아마존에 있는 인디언들 사이에 꽤 있다'라고 했다.

아마존이 항상 사람들을 강력히 거부했던 '녹색 지옥'은 아니었다. 거대한 강의 고립은 역사적으로 최근 현상이며 연대기 저자들은 여전히 빽빽이 인구가 들어섰던 제방들을 말할 수 있다. 수백 개의 마을이 있었으며 한 설명은 '그곳에 수많은 인디언들이 살았는데 핀을 떨어뜨리면 인디언이 맞지 않을 수 없었다'라고 했다.

'정복' 이후 불과 몇 년 동안 엄청난 죽음이 발생했다. 구세계의 '문명 질병'에 대한 면역력이 없던 인디언들은 가장 약한 전염병에도 굴복했다. 결핵이 전 부족을 없애버렸다. 수백 년 뒤 단 몇 개의 가엾은 사람들의 거주지만 제방에 남았다.

비스코사Viscosa의 커다란 건축물 같은 번창했던 문명의 흔적들을 정글 가장자리에서 발견할 수 있다. 그러나 그때 이후 무너졌고 철로를 만드는 자재로 보내졌다. 여행가 브란다오Brandao는 이런 것들을 보았으나 너무 늦은 1911년 무렵이었다. 건축물에는 6m 높이에 8m 길이의 벽이 있었으나 거대한 돌 블록들이 여기저기 흩어져 있었다.

비슷한 유적들이 다른 곳에서도 발견되었다. 베르데 그란데Verde Grande 강(브라질 동부에 있는 강) 위의 몬테 알토Monte Alto에서 삼파이오Sampaio가 길이 800m에 높이 1.5m의 돌벽과 마주쳤다. 니무엔다주Nimuendaju도 아마존 북부와 브라질의 연안에서 유적지를 발견했다. 사라진 과거의 더 많은 잔재들이 이 엄청난 정글에서 회수되어 언제라도 드러날 것이다. 그러나 흔적들을 체계적으로 찾는 것은 불가능하다. 왜냐하면 3m 앞에 있는 큰 건축물도 인지하지 못하고 지나칠 만큼 숲이 무성하기 때문이다. 심지어 태양 빛조차 어둡다.

최근 10년간 사냥꾼과 기름, 다이아몬드, 금을 찾는 사람들, 생물학자 그리고 동물학자들에 의한 20회의 '녹색 지옥' 탐사가 있었다. 그중 다섯 번은 많은 사람들이 죽거나 모기에 뜯기고 병이 나거나 탈진하여 돌아왔다. 나머지는 돌아오지 못했고 이후 어떤 소식도 들을 수 없었다. 그들은 굶주림과 뱀, 재규어, 인디언의 독화살에 죽었거나 식인종들의 먹이가 되었을 것이다.

중국인들이 양자강과 황하에 첫 번째 제국을 세웠고 인더스강과 갠지스강의 인도인들, 유프라테스와 티그리스강의 수메르인, 나일강의 이집트인들 역시 강 주위에 제국을 세웠던 것처럼 아마존의 광범위한 처녀림은 고대문명의 유적을 숨기고 있다.

해안에서 970km 떨어진 아마존 정글 중앙에 고무 원액 채취꾼 라모스가 살았던 마나오스Manaos 마을이 있다. 마을에 그가 정글에서 모은 모든 것을 전시한 박물관이 있다. 그러나 박물관에 내가 찾는 것은 없었다. 비록 그가 책에 수백 개를 묘사하고 그렸지만 명문이 있는 돌은 단 1개도 없었다. 그때 이후 누구도 라모스가 묘사한 돌들을 보지 못했는데 나는 아메리카에서 백인 신의 첫 번째 흔적들을 보아야 했다.

나는 날마다 아침 일찍 마나오스 시장으로 갔다. 거대한 강의 넓은 지류가 두터운 안개 속에 동쪽으로 느릿느릿 흐르고 있었다. 유럽에서는 보기 힘든 물고기와 과일들을 가득 실은 낯선 인디언의 카누들이 나타나더니 부둣가에 정박했다. 나는 정박하는 모든 배의 인디언에게 다가가 정글을 돌아다니는 동안 조각되고 낙서한 이상한 돌들을 본 적이 있는지 물었다. 그들은 모두 고개를 저었다. 그들 중 아무도 그러한 돌에 대해 알지 못했다. 나는 진지하게 라모스가 그것들을 창작한 것은 아닌지 의심하기 시작했다.

어느날 거의 포기하려 할 때쯤 인디언 2명이 길고 튼튼한 카누를 타고 부둣가에 도착했다. 카누 바닥에 마치 거대한 알처럼 보이는 가는 가지로 엮어 만든 둥근 바구니가 가득했다. 호기심이 생겨 그들이 짐을 내리는데 도움을 주려고 가까이 다가섰다. 그러자 건장한 노잡이 2명이 다리 위로 왔다. 그들이 바구니 뚜껑을 열자 아코테Achote(치즈에 착색할 때 사용하는 완두콩만한 과일)로 가득했다. 아코테는 오직 정글 중심에서만 발견된다. 이들은 모든 정글을 가본 친구들이 틀림없었다.

라모스의 돌에 관해 묻자 그들은 고개를 끄덕였다. 그들은 전에 그러한 돌들을 보았다. 그들 중 한 명이 '백인 신의 돌'이라고 했다. 그들은 나에게 그곳에 데려다주겠다고 제안했다. 우리는 서로의 조건에 합의했다. 다음 날 아침 일찍 항구가 여전히 두터운 안개에 싸여 있을 때 우리는 탐사에 필요한 모든 것을 카누에 싣고 강둑을 따라 혼잡한 섬들 사이로 노를 저었다. 강폭이 너무 넓어 반대쪽은 보이지 않았다.

저녁이 되자 거대한 수련으로 뒤덮인 조용한 강기슭에 정박했다. 우리는 달빛 아래에서 불을 피우고 앉았다. 앵무새들이 보금자리 나무에서 꽥꽥거렸고 때때로 밤새가 퍼덕거리며 빠르게 날아갔다. 주위는 그림자처럼 조용했다. 우리는 완전히 혼자였다. 마나오스 근처에 있을 때 강둑에서 보았던 어부의 오두막은 없었다. 정글의 거대한 나무들이 야영지 위로 지붕처럼 두꺼운 큰 가지를 뻗고 있었다.

안내인 중 한 명은 아푸리막에서 왔는데 정글 안쪽 4,800km 지점으로 볼리비아와 경계를 이루는 강이 있다. 그는 언젠가 아마존에 왔었고 그 후 고무 마을에 머물렀다. 그들은 나를 비라코차라고 불렀고 아푸리막에서 온 인디언이 불 속 깊이 나뭇가지를 밀어넣을 때 다른 인디언이 고대의 위대한 백인 신에 대하여 이야기하기 시작했다.

그는 과거 언젠가 수염 있는 백인이 어떻게 동쪽에서 그들에게 왔는지 이야기했다. 그들에게 아직 어떤 문명도 없을 때 어떻게 모든 지식, 모든 높은 기술들을 가져왔는지 그리고 나서 어떻게 아이마라 사람들에게 흰색의 밝고 빛나는 신이 되었는지, 그가 어느 날 어떻게 떠났는지 그리고 어떻게 언젠가 다시 돌아오겠다고 약속했는지 이야기했다. 6일 동안 저녁 때마다 모닥불에 앉아서 위대한 백인 신 콘티키 일락 비라코차Kon Tiki Illac Viracocha의 업적을 들었다. 7일째 우리는 또 다른 강기슭에 카누를 묶어놓고 행군을 시작했다.

발 아래로 강이 흘렀다. 비록 정글에 가려 볼 수 없지만 태양이 활활 불타고 있었다. 공기는 습했고 마치 뜨거운 집에 있는 것처럼 후텁지근했다. 작은 곤충과 모기들이 입, 코 그리고 귓속으로 덤벼들었다. 가시들이 옷과 얼굴 그리고 팔을 찔렀다. 무기력한 피부는 찌름과 쑤심으로 부어올랐다. 우리는 최소한 목이라도 보호하기 위해 챙이 넓은 볕을 가리는 모자 아래 머릿수건을 둘렀다.

우리는 덤불과 대나무 사이를 마체테로 내리치며 길을 내야 했다. 정면의 녹색 벽은 거의 통과가 불가능해 보였다. 우리는 날마다 내가 찾는 돌이 있는 방향으로 계속 싸우며 전진했다. 그러나 라모스의 돌을 발견할 수 있을지 확신할 수 없었다. 게다가 선사시대 때 대이주 후부터 남아 있는 수천 개의 원시적인 낙서가 새겨진 돌이 있는 곳으로 나를 데려갈 가능성이 있는지 의심스러웠다.

우리는 마지막 구간에 진입해서 라모스가 이용했던 좁은 길을 발견했다. 다시 두 시간이 흐른 후 우리는 넓은 강바닥의 둑에 도달했다. 그곳에 그토록 찾던 돌 수십여 개가 대부분 물에 잠긴 채 놓여 있었다.

그간의 모든 고통이 눈 녹듯 한순간에 사라졌다. 배고픔과 갈증조차 잊어버렸다. 몇 시간 동안 허리까지 잠기는 진흙 속에서 한 손에 책을 들고 돌의 상징들을 하나하나 면밀하게 살폈다.

꽤 많은 돌 표면에 무엇을 나타내는지 알 수 없는 선과 문양들이 뒤죽박죽 섞여 있었다. 그러나 대부분은 선으로 이루어진 물고기, 새, 재규어 그림이었다. 일부 돌에는 가장자리에 동물들 머리가 있으나 몸통은 없었다. 어떤 그림은 엉킨 물고기 같았는데 몸통과 머리는 완전히 장식용 문양이었다. 다른 돌에는 아마존 인디언은 알지 못했던 용골(선박 바닥의 중앙을 받치는 길고 큰 나무)이 있는 몇 대의 보트와 배 그림이 있었다. 다른 돌의 그림 중에 뿔이 있는 수소의 머리가 있었다. 무엇보다 놀라운 그림인데 스페인인들이 오기 전에 아메리카에는 어디에도 소가 없었기 때문이다.

때때로 장식은 전혀 없고 혼자 또는 단지 무리 지어 있는 동물들 그림은 다른 바위 조각에서는 보기 어려울 정도로 사실적이었다. 심지어 코뿔소도 있었는데 아마존에는 결코 살지 않는 동물이다. 예술가들은 분명히 몇 개의 선과 한정된 수단을 사용해서 사실적으로 동물들의 삶을 표현하기 위해 노력했다. 그리고 사람을 표현한 그림 역시 많았는데 후광이 있는 신의 얼굴도 있었다. 때때로 신은 이집트의 석비와 부조에 있으며 미케네와 크레타의 것과도 비슷한 뿔이 있는 투구를 쓰고 있었다.

사실성은 치브차 문명에서도 발견되는 특징이다. 치브차의 장인들은 원숭이, 새 또는 그밖의 동물들을 실물과 똑같이 도자기에 재현하였다. 돌 위의 표현들은 크레타 꽃병과 벽화에 보이는 사자, 황소, 수퇘지, 사슴, 공격하거나 날고 있는 그리핀(독수리의 머리와 날개에 사자 몸을 한 괴수)과 같다. 그리고 공중으로 날아오르는 야생 오리가 있는데 이집트 18왕조의 엘 아마르나티 Amarna(나일강 상류의 고대 도시)에 비슷한 방식으로 채색된 바닥이 있다.

　이들 조각에 대한 설명은 단 하나뿐이다. 구세계에서 온 사람들이 한때 백인 신의 왕국으로 이어지는 수로 위에 있었다는 것이다. 라모스는 이 돌들을 보았지만 가져가지 않았으며 조각된 그림들은 그가 책에 그려넣은 것과 실제로 똑같았다. 그리고 그 돌들은 오늘날도 여전히 그곳에 있다. 내가 돌들을 발견했을 때 물에 잠겨 있어서 사진을 찍을 수 없었다. 강은 10년마다 물이 빠지는데 그때가 되면 돌들은 물 밖으로 나올 것이다. 그러나 이것들은 라모스가 발견하고 묘사했던 조각된 돌들의 단지 일부에 불과하다.

　이곳에는 글자들이 새겨진 더 많은 중요한 돌들도 있었다. 나는 두 인디언과 함께 다시 출발했고 글자들이 새겨진 돌 4개를 발견했다. 돌을 숨기고 있는 덤불을 잘랐을 때 나는 흥분하여 떨고 있었다. 글자들은 라모스와 그의 선행자들이 페니키아 명문이라고 여긴 것들이었다. 그러나 그것들은 전형적인 크레타 문자와 쌍도끼였다.

　우리는 아직도 읽을 수 없지만 이 모든 것이 우리에게 말하는 것은 하

브라질 아마조나스주
리오 우타마(Rio Utama)의
페드라스(Pedras)에서
라모스가 발견한 바위의 명문

나이다. 정글에 퍼져 있는 옛 정착지의 전설들은 사람들이 말하는 것처럼 결코 근거가 없지 않다는 것이다. 미래 언젠가 탐사대가 갈 것이고 그들은 백인 신이 세운 아메리카 최초의 고대 도시를 발견할 것이다. 발굴하면서 도시는 복원될 것이고 그러면 3,500년의 시간은 새로운 생명을 얻게 될 것이다. 더불어 과학은 인류 역사에서 가장 큰 수수께끼 중 하나인 아메리카 인디언 문명이 어디서 왔으며 구세계와 어떤 연관성이 있는지 밝혀낼 것이다.

최초의 도시를 건설하기 위해 돌들이 모이고 쌓이기 시작할 때 아메리카의 역사도 시작되었다. 그때가 약 3,500년 전이었다는 주장은 얼마든지 많다. 구세계에서 온 사람이 새로운 대륙을 발견했고 그러고 나서 모든 것이 완전히 바뀌는 놀라운 경험을 했다. 그는 단순한 항해자에서 인디언들의 백인 신이며 불멸의 신으로 탈바꿈하였다.

| 역자 후기 |

코르테스의 작은 군대가 아즈텍의 수도 테노치티틀란으로 행군하며 들어간다. 이들을 맞이하는 사람은 거대 제국의 왕 몬테수마 2세이다. 그리고 이후에 일어난 장면들은 한 편의 영화와도 같은 드라마틱한 역사의 전개를 만들어냈다. 문명의 거대한 충돌이었다. 상위 문명이 하위 문명과 조우했을 때 있을 수 있는 모든 나쁜 점들이 생겨난 것이 불행이었다.

문명의 충돌에는 여러 가지 모형이 있을 수 있다. 다만 스페인인들의 신대륙 상륙은 차원이 낮은 단계의 충돌이었다. 그래서 필히 하위 문명의 전반적인 파괴가 일어났던 것이다. 오늘날 현대인들이 저 외딴 오지의 섬에서 작은 문명을 발견하면 그것을 파괴하기보다는 보호할 것이며 나아가서는 오히려 외면하며 그대로 내버려두는 것이 더 현명할지 모른다. 이것은 높은 차원의 문명 충돌 예시이다.

15세기 대항해 시대를 이끈 당시의 문화가 종교를 앞세워 어처구니없는 파괴를 실행한 것이 인류 문명의 커다란 손해를 가져온 것은 두고두고 아쉬울 수밖에 없다. 그들의 모든 빛나는 황금 장신구들은 예외 없이 용광로에서 녹아 사라졌다. 화염 속으로 빨려 들어간 인디언들의 수많은 고문서들은 인류 역사의 진귀한 보물이었다. 오늘날 끝없는 미스터리의 근원인 아틀란티스 대륙의 실마리를 찾을 수 있는 근거도 있었을 것이다.

신대륙 문명이 구대륙에서 기원했다는 가설은 생소한 것이 아니다. 신대륙 문명이 자생적이기보다 대양을 횡단한 구세계 문명을 그 기원으로 한다는 것이다. 현재 고립주의와 전파주의의 문명론은 사실 첨예한 상태는 아니다. 오히려 전파주의는 대안 역사의 한 사고로 제기되고 있을 뿐이다. 그런 가운데 이 주제를 다룬 매우 잘 쓰인 책 중에 휴 폭스의 『격변기의 신과 다섯 번째 태양』이라는 책을 기억하지 않을 수 없다. 더욱이 구대륙의 신이 신대륙의 신으로부터 기원했다는 보다 파격적인 가설까지 제기한다. 마야와 잉카문명의 고대 신들을 연구하며 그들의 신과 구세계의 신들을 비교한다. 마야와 잉카의 신들의 기원을 추적하고 있으며 그들 신이 유럽의 신들의 원형이 되었음을 이야기한다. 그들은 그 유사성에서 그 기원을 같이하고 있는 것이다. 물론 아메리카의 이 신들이 구대륙의 중국, 동남아시아 그리고 인도에서 기원했음을 증거를 들어 설명했다.

피사로의 작은 군대(코르테스의 군대보다 적었다.) 또한 페루의 카하마르카에서 잉카의 황제 아타우알파와 만난다. 세계전쟁사에서 유래를 찾아볼 수 없는 일방적인 살육 전쟁이 일어났고 잉카의 왕은 사로잡힌다. 또 다른 역사의 장면이지만 코르테스의 아즈텍 멸망사와 유사한 상황 같아 신기하다. 그리고 금을 쫓는 도적떼 같은 그들에게 예술적 감흥은 없었다. 모든 예술적 걸작들이 용광로로 들어가 녹여졌다. 이렇게 잉카의 역사도 같이 사라졌다.

비록 역사적 유물들은 사라졌지만 우리에겐 그들의 또 다른 정신적 전승이 남았다. 그리고 그것들 중에는 구세계 사람들의 귀를 솔깃하게 하는 이야기들이 전해 내려오고 있었다. 이 유구하고 찬란한 문화는 어떻게 기원한 것인가.

인디언 문명들에서 백인 신의 언급을 우리는 어떻게 해석해야 할까. 과학과 건축의 지식, 그리고 법을 전수한 이들 백인 신은 인디언들의 단순한 상상일까 아니면 그러한 실제 사건의 기록일까. 수염이 있는 백인들, 삼중관을 쓴 왕, 예복 이것들은 인디언의 것이 아니다. 인디언들이 머리에 쓰는 전형적인 깃털 장식은 왕관의 먼 기억이다.

중앙아메리카는 콜럼버스 이전에 적어도 한 번 이상은 방문되었다는 가정은 '인종주의' 입장에서 허용이 안 되는 것인가? 남아메리카가 크레타로부터의 직접적인 연결이고 이 문명들이 지중해 미노아 문명의 차용이라는 가정은 지나친 것인가? 우리는 조각상의 수염 있는 남자 묘사와 다른 예술 작품의 증거들을 어떻게 해석해야 할까? 동남아시아로부터 또 중국으로부터 아메리카로 대양을 건너는 항해가 있었다고 추론하는 것이 비상식적인 발상일까. 남태평양의 화물 숭배가 우리에게 시사하는 바는 무엇인가.

기억은 사실을 바탕으로 하는 것이 당연하다. 그 사실을 찾아 떠나는 수많은 탐험가들의 이야기가 이 책에서 세세히 다뤄지고 있다. 누군가의 큰 희생 없이 그 탐험들이 과연 성공할 수 있었을까. 전반적으로 흐르는 인디언들과의 처참한 전투는 황금에 대한 저급한 욕망으로 시작된 탐욕가들의 이야기로 이 책은 그 서막을 연다. 이후 새로운 땅에서 발견되는 유적들의 이야기로 발전하며 저자는 그것들의 기원을 살핀다. 아메리카에서의 수많은 고고학적 탐험과 발견을 세세히 묘사하며 아메리카 대륙의 문명을 들추어낸다. 그리고 그것은 열린 마음의 사고의 확장이다.

저자는 그 기원으로 지중해 그리스의 크레타를 우선 지목한다. 마야의 문자가 크레타의 선형문자에서 기원했을 것이라는 주장이다. 크레타인들이 대서양을 건너 신대륙에 들어간 것이다. 사실 이 대목에서 저자는 그 시기에 있어 서로 맞지 않는 시간문제가 있음을 빼놓지 않는다. 크레타인들이 언제 아메리카에 도착했는가의 문제인데 중앙아메리카의 가장 오래된 문명인 올멕의 시대와 아직까지는 일치하지 않기 때문이다. 그러나 그 시각을 올멕이 남아메리카에서 북쪽으로 올라온 세력이라는 가정을 통해서 이 문제를 해결할 수 있는 가능성이 있다. 솔로몬왕이 선단을 이끌고 남아메리카의 '솔로몬의 강'을 항해했다는 대목에서 이 책의 충격은 고조된다. 그리고 이 땅의 존재는 구세계의 사람들에게 어떤 식으로든 비밀이 되었다.

동남아시아와 중국에 있는 조각상의 돋을새김 또한 아메리카 대륙의 그것과 유사성을 보이고 있다. 콜럼버스가 발견한 신대륙이 그 이전에 여러 번 방문되었다는 것은 사실이다. 베링해협을 건넌 사람들에 의해, 바이킹에 의해 그리고 동남아시아의 사람들에 의해.

이것에 대해 저자는 유럽, 카스피안 스텝 지역에서부터의 '폰틱 이주' 같은 인류의 대이동도 빠짐없이 고려하고 있다. 또한 인도나 중국으로부터 바다를 항해하는 고대인이 태평양을 건너는 항해(문명 이동)는 대안 역사가들에 의해 이미 가설로 추정된 지 오래되었다. 이와 관련한 주제의 수많은 책들 중 이 책은 1961년에 쓰였다. 그리고 여기서 이야기하는 신세계는 이미 새로운 것이 아니었고 원시적이지도 않았다.

아메리카는 콜럼버스 이전까지 완전히 고립되어 있지 않았다. 저자는 여러 전승과 사례를 들어가며 바다 항해자인 백인 신을 추적한다. 남아메리카 아마존 열대우림에서 16세기 스페인 선교사들에 의해 목격된 백인 인디언의 언급에서 그 흥미는 절정에 이른다. 크레타인들의 탐사대가 정착했던 것인가. 현재 주류 역사학계에서 이 문제는 고려할 부분이 아니다. 여러 증거들의 문제로 그것을 인정하는 것이 보류되고 있는 상황이다. 그러나 이제 문명은 고립주의 사고를 전파주의 사고로 전환하여 생각해야 한다. 발견된 많은 증거들을 토대로 대서양을 건넌 그들이 중앙아메리카에 도착하고 이어서 남아메리카에 도착한 것을 고려할 때 지금도 남아메리카의 아마존 정글 속에는 아직 발견되지 않은 고대의 도시들이 남아 있지 않을까. 한 탐사가가 이 '녹색 지옥'을 뚫고 들어가 강가에서 기어코 발견한 많은 돌에는 여러 동물과 글자들이 조각되어 있었다. 이곳 깊은 정글 중심에 누군가가 있었던 것이다. 저자는 이렇게 조심스럽게 독자의 상상력을 자극한다. 정글 속으로의 마지막 탐사에서 결코 돌아오지 않은 포싯 대령의 이야기를 언급하며….

찾아보기

가

가나안 141, 244
가르시아 파이욘 154
가르실라소 데 라 베가 14, 76, 203
까예 데 트리온포 230
까까마 19
간차비타 191
갈리나조 192, 267, 275-276
갈린도 101
갠지스강 295
게레로 167
곤잘로 히메네스 291
공자 175-176
과달루페 16
과야킬 258
과테말라 18, 98, 101, 104, 106, 127, 138, 161, 188, 196, 277
구아타비타 248
구알라피타 167
구이스망쿠 188-189
그라나다 29, 50,
그리스 17, 30, 33, 36, 38-39, 41-42, 44, 66-67, 69, 113-114, 137, 162, 164, 188, 194, 213-214, 216, 229, 240, 251, 273, 281, 283-284, 292
그리폰 17, 229-230
그린랜드 150
기아나 228, 260, 262, 264, 289

나

나랑하 124

나르바에스 53
나스카 191-193, 267
나우아족 84
나이달락 209, 217
나일 23, 26, 94, 113, 114, 141, 181, 215, 244, 295
나임랍 242, 243, 279
나폴레옹 26, 99
네브차드네자르 227
네바다 263
네버만 193
네이타 240
네포묵 35
노구에라 167
노아 164
누마 폼필리우 122
뉴기니 195, 272
니네베 87, 245
니무엔다주 294
님로드 229

다

다이달로스 174, 208
도냐 마리나 48
도라도 289
도마 88
동선 문명 234, 261, 272, 273, 275
데 란다 42, 71, 105-107
데 뷔르부르 106, 110
데 소토 61-62
데우칼리온 164
델포이 188
디에고 달코바카 204
디오도로스 283

라

라바파타 239
라벤타 167, 169, 171-172, 174-175, 179, 222, 267
라모스 285, 287-288, 295-297, 299
라브나 124-125
라 센티넬라 191
라스 카사스 19, 70
라이몬디 242-243
라 칼란차 190, 199,
라틴리술 188
라파스 201-202, 208, 210-212, 227
라플라타 47
람바예케 182, 242-243
람세스 224
레아 208, 281
레오나드 울리 163
레오폴드 바트레스 159
레이야드 229, 237
로마 17, 21, 25, 40, 65-67, 75-77, 114, 122, 141-142, 188, 238, 247, 283
로메로 209
루리스탄 233
루시안 87
루즈 륄리에 117, 120
리디아 188
리비아 283-284
리마 64, 188, 193, 242
리막 188
리오네그로 263
리오 데 라 토르텔레자 184
리오 솔리모스 287
리오 우타마 299

마

마나비스족 250-251
마나오스 295-296
마노아 289
마누엘 가미오 159
마니 71
마라나오 239
마비테스 287
마샬 군도 264
마야 9, 12, 20, 32-33, 35-44, 71-72, 75, 80, 82, 89, 100, 102, 104-108, 110-118, 121-125, 127-128, 131, 133-139, 142, 144-147, 149, 151, 153-154, 157, 159, 161, 165, 167, 174, 179-180, 187-188, 193, 244, 254, 267, 272, 275-279
마야판 112, 124
마이타 카팍 78, 202-203, 216
마젤란해협 263
마추픽추 60, 95, 239
마쿠 291
막달레나강 239
말레이 145, 147-148, 283
말리 281
말린친 48
망코 (카팍) 64, 78-79, 95, 246
메로페 283-284
메소포타미아 17, 23, 113-114, 122, 164, 173, 221, 244, 283
멘체 124
멜라네시아 195
멤피스 224
모니쿠이라 239
모렐로스 167
모리스 132
모세 141

모즐리 107, 108, 110, 112
모체 182, 184-185
모치카 12, 182, 192, 234, 267, 275, 276
모틸론 293
모하메드 101
몬테수마 17-19, 21-22, 24, 30, 48, 50, 52-54, 83-84, 172, 259
몬테알반 109, 126, 153-154, 157, 161, 171, 179, 205, 219, 259, 265, 267
몬테 알토 294
몰리 131-132
무 대륙 88
무리베카 292
무어인 67
미나스 게라예스주 292
미노스 17, 174, 205, 208-209, 223, 224, 281
미초아칸 155, 167
미케네 28, 66, 125, 172, 175, 227, 252, 280, 298
미크로네시아 195
미트레 228
미틀라 152-153, 157-158, 197, 238
믹스텍 12, 85, 153-154, 188, 267

바

바르톨로메 68, 81
바빌로니아 67-68, 122, 163, 188, 195, 207, 221, 242-244, 283
바빌론 210, 227
바스코 누에스 데 발보아 47, 56
발덱 99, 101, 104
발베르데 62-63
버마 155

법현 147
베라크루스 49, 53, 154, 167, 220
베링해협 148, 263
베르나베 코보 218, 232
베르날 디아스 델 카스티요 21, 27-28, 46
베르데 그란데 294
베스타 25
베일런트 167
벤쿠에 비에고 124
벨라르데 66
벨라스케스 47, 49, 53
보남팍 20, 117
보다디야 291
보치카 9, 86
보카 파일라 117
보탄 141, 187-188
볼리비아 11-12, 64, 201, 234-235, 245, 267, 296
부바스티스 195, 224
브라질 196, 262-263, 285, 287, 290, 292, 294, 299
브란다오 294
비라코차 9-12, 14, 68, 78-79, 81, 202, 207, 235, 238, 247, 279, 296-297
비스코사 294
비트코스 60, 64, 74, 95
빈랜드 150
빙엄, 하이럼 74, 94-96

사

사르디니아 233
사르미엔토 76, 136
사일 124-125
사카라 100, 224
사포텍 12, 76, 140, 144, 151-153,

157, 161, 165, 179, 180, 188, 267, 276
삭사우아망 66
산블라스 293
산 아구스틴 239, 241
산타강 201
살리나르 267, 271, 275-276
살라망카 27, 29
삼파이오 294
상파울루 285
세로 데 라스 메사스 175
세로 데 테소로 130
세바스티안 카봇 47
세발 124
세비야 27
세-아카틀 10-11
세우틀라 47
세친 218
셈족 67, 227, 287
셈포알라 48-49, 54, 267
소로틀 85, 129, 160, 194
소치밀코 29
소치필리 244
소코 153
솔로몬 287, 304
수메르 67, 164, 241, 244-245, 251, 295
슈디 207
슐리만 75, 222, 252
스콤브룩 291
스털링, 매튜 169, 171,
스토노르 196
스티븐스, 존 로이드 101, 103-105, 107, 112, 151, 169
스트라보 214
시그발트 린네 160
시라큐스 240-241, 276

시리아 283
시에자 데 레온 10, 204, 209
시틀라 164
실로테펙 29
실론 148

아

아기아 트리아다 17-18, 225, 282
아라와크족 16, 262, 264,
아리스토텔레스 281, 285
아리아드네 223, 281
아르테미스 241
아르헨티나 64, 201, 229-230, 234, 260, 263
아마라바티 145, 147, 275
아마조나스 262, 299
아마존 175, 201, 229, 239, 262-264, 285, 287-291, 293-296, 298
아메노피스 4세 245
아수르 245
아슈르나시팔 2세 229
아슈무네인 195
아스타르테 241
아시리아 87, 214, 229, 237
아이게우스 223
아이마라 9, 12, 201-202, 213, 216, 232, 235, 267, 297
아이슬란드 150
아주스코 164
아즈카포찰코 29, 161
아즈텍 9-12, 19-21, 23, 25-27, 31-32, 35, 38, 46, 48-49, 52, 54-56, 66, 72-73, 83-85, 88-93, 96, 99, 111, 128, 140, 144, 151, 156, 159-160, 162, 164-165, 172, 174-175, 188, 194, 198, 215-216,

244, 248, 258-259, 267, 270, 276, 278
아추타 202
아카마피치 84
아카바나 213, 217, 222-223
아크레 293
아타우알파 57, 61-63, 78, 87, 254, 256-257
아테네 42, 141, 223, 241, 281,
아틀란티스 88, 134
아포 카막 290
아푸리막 296
아피스 195, 223
악사야카틀 28
안남 148, 234, 272
안드로게우스 223
안콘 192
안토니오 데 베리오 291
안토니오 델 리오 99
알류산열도 148
알마그로 64
알바라다 석호 167
알폰소 카소 153, 259
알프레도 차베로 167
압둘 라티프 65
앙코르와트 116
앤더슨 196
야우아르 우아칵 78-79
야우아르 팜파 81
약스칠 116
얌 229
양자강 295
에르난도 데 리베이라 290
에번스 17, 75, 160, 208-210, 280
에스메랄다스 258
에스코바르 코르추엘로 185
에쳇 쿠푸 23

에콰도르 64, 201, 232, 250, 262-263
에트루리아 142, 187, 214, 229, 241, 247, 251
엘람 243-244
엘레판타인 195
엘-아마르나기 220
여리고 69
여호수아 69, 141
오나라 261, 275
오리노코 260, 262, 288
오르비니 207, 228
오스트레일리아 195, 263
오악사카 109, 138, 151-153, 167
오얀타이탐보 66
오토롱고 290-291
오토미에 12
오툼바 55
오피르 287
온두라스 98, 128, 272
올만 76, 166, 174
올멕 114, 126, 142, 166-167, 169, 171-175, 177-180, 220, 222, 236, 240, 243, 267, 270-271, 276-279
옴보스 195
와이카 293
와틀링섬 46
우루밤바 74, 95, 239
우르 136, 163,
우르스 264
우르코스 257
우아막 130
우아바 델 톨레도 185
우아스카르 57, 59, 64, 78
우아이나 카팍 57, 78, 81, 257
우악사툰 38, 82, 112, 114-115, 124, 128, 174
우에소틀라 91

욱스말 108, 124-125
운남 272
워탄 187
월나라 192, 261, 275
월터 크리게버그 148
윌리엄 리켓슨 주니어 114
유카탄 12, 47, 51, 71, 98-99, 101, 104-106, 110, 112-113, 124-125, 131, 134, 142, 147, 167, 262, 271, 275
유프라테스강 136, 169, 218, 295
이사벨라 47
이스라엘 88
이스터섬 264
이우아치에 155-156
이집트 17, 23, 26, 30, 33, 39, 65-68, 75, 88, 94, 99-100, 103, 113-115, 117-118, 122, 126, 141, 149, 153, 155, 159, 173, 175, 178, 187-188, 191, 194-195, 214-216, 220-221, 223-225, 229, 231, 233, 239, 244-245, 252, 270, 276, 280, 282-283, 295, 298-299
이츠말 124
이츠코아친 84
이카 191
이카루스 173
이카트 193, 194, 271, 273, 276
익스쿤 124
익스틀릴소치틀 21, 70, 129
일라훈 181
일리리아인 272
잉카(인) 9-10, 12-15, 20-21, 33, 35, 41, 43, 57-69, 74, 78-79, 81, 83, 85, 89, 95-96, 122, 140-141, 182, 186, 189-192, 199, 202-203, 209, 216, 218, 227, 230, 232, 235, 239, 242, 244, 246-247, 254-258, 261, 267, 270, 291

자

자바 118-119, 121
자카텐코 163
주나라 155, 192, 245, 261, 271, 275
주마라가 71
중국 37, 121, 141, 146-148, 155, 175, 192-194, 216, 234, 245, 261, 271-272, 274-275, 283, 295
제로니모 아길라르 80, 113
제쿠에테페쿠에강 181
젤리아 누탈 163
조이스 209
지브롤터해협 283, 285

차

차빈 238-243, 251-252, 260-261, 266-267, 270-272, 275-276, 278, 282
차우카스 291
차차 238
차차포야 239
차칸푸탄 142
차풀테펙 28, 51
착물툰 147
찬찬 181, 185-186, 195, 197, 242, 252
촐룰라 10, 23-24, 29, 50, 82, 93-94, 130, 179, 267
치아파스 20, 99, 104, 167
치라 계곡 182
치무 43, 67, 69, 182-185, 187-188, 191-192, 195, 197, 222, 234,

236, 244-245, 252, 254, 258, 267, 275-276
치무 카팍 182
치브차 239-240, 248-250, 278, 298
치빌노칵 124
치빌찰툰 117
치첸이차 110, 112, 124-125, 131-136, 139-145, 147, 149, 153, 168, 176-177, 193, 275, 277-278
치치멕 129, 152, 165, 267
친차 계곡 191
친춘찬 155, 157
칠레 81-82, 99, 234, 261

카

카나리아제도 150, 283
카네기 연구소 112, 114, 131-132
카론 194, 200, 276
카르타고 141-142, 199, 285, 287
카를 5세 21, 49, 57, 248
카를 마르텔 116
카리 11, 216
카리브족 262
카미날후유 112
카바 102, 124-125
카스티야 25, 47, 64
카우카강 249
카하마르카 58, 63, 254-257, 302
칼데론 99
칼데아 242
칼라사사야 204, 207, 209, 227
칼릭틀라우아카 91
캄보디아 100, 121, 125, 146-147, 275
캄페체 142
캐더우드 103-105, 107, 112
케다베그-칼라켄트 233

케르베로스 194
케찰코아틀 8-9, 26, 32, 70, 84, 130, 138, 142-144, 172, 194, 196, 278-280
케추아 12
켈트족 230
코르테스 11-12, 18-19, 21-25, 28-29, 32-33, 46-51, 53-56, 62, 66, 70, 76, 80, 84, 88, 93, 98-99, 113, 151, 155-156, 159, 172, 248, 259
코바 124
코스타리카 138, 250, 272
코야족 11, 201, 232, 235
코카서스 233, 272-274, 279
코콤 105
코크레인 99, 249
코킴바 11, 216
코판 101, 103, 104, 112, 124-125, 128, 151, 169, 170, 244
코필코 163
코흐-크륀베르크 291
콜럼버스 8, 13, 16, 46-47, 148, 151, 196, 198
콜롬비아 191, 239, 241, 248-250, 261-262, 265, 272, 282
콜우아칸 130
쿠릴열도 148
쿠바 47, 53
쿠스코 14, 59, 63-66, 68-69, 79, 81, 140-141, 189-190, 199, 201-202, 207, 218, 223, 246, 256-258, 291
쿠시 왈파 83
쿠아우테목 22, 55, 85
쿠아우티틀란 29
쿠에르나바카 52, 91
쿠이쿠일코 165

쿠이틀라우악 29, 84
쿠일라판 153
쿠쿨칸 9, 38, 40, 108, 110, 132-135, 142-144, 149, 156, 279
쿠푸 23, 66, 159
퀘사다 249
크노소스 17-18, 41, 51, 117, 153, 158, 160, 168, 208, 210, 223, 238, 251, 280-282
크레타 17-18, 30, 39-44, 51, 67, 75, 131, 153, 160, 169, 171-176, 179-180, 187, 205, 208-210, 214-216, 219, 223, 225, 229-230, 233-234, 238, 241, 244-245, 251, 274, 276, 280-283, 287-288, 298-299
크로이소스 188
크리스토 발 데 올리드 98, 155-156
크메르 147, 272, 275
크세르크세스 141
클로아카 막시마 222-223
키난친 틀랄테카친 85
키리구아 124
키메리아인 272
키토 57, 63, 76, 182
킹스보로 51, 60, 72, 88-89

타

타라스칸 12, 155-157, 179, 267
타르시시 287
타리아쿠리 155
타바스코 47, 142
타야살 131
타티아나 116
타피 33-34, 164
탄타마요 239

태국 121
테나유카 29, 85, 92-93
테노치티틀란 19, 21-22, 24, 26-30, 35, 49-50, 53-54, 70, 83-85, 88-91, 140, 151, 156, 159, 258-259, 267
테르미노스 167
테세우스 223, 281
테스코코 19, 21, 29, 50, 70-71, 83-85, 92, 161-163
테오베르트 말러 105
테오칼리 24-26, 90
테오티우아칸 77, 139, 153, 157, 159-162, 174, 179, 198, 216, 267, 270, 276
테오판졸코 52, 91
테오폼푸스 283
테우안테펙 152
테우틀리 18
테파넥스 84
테포스틀란 91
텔로 225, 230-231, 237-238
토니나 124
토토낙 48-49, 140, 154, 161, 165, 177-179, 193, 267, 276
톨란 9, 76, 84, 127, 129-130, 172, 279
톨레도 185
톨텍 9, 85, 93, 124, 127, 129, 131, 133-134, 138-140, 142-145, 151, 159-161, 165, 174, 179, 267, 276, 278-279
톰슨 134-139, 278
통킹 234, 272
투아파카 10
투출다 229
투키디데스 281

투탕카멘 117
투트모스 1세 239
투트모스 3세 175
투팍 유팡키 78, 182, 239
툭스틀라 167, 171-172, 220
툴룸 80, 112-113
툼베즈 57, 232
트로이 75, 187, 230, 251, 281, 287
트루피알 166
트루히요 184-185, 274
트레베니스테 252
트레스 사포테스 167, 179
트리키아인 272
트리톤 229
틀라코판 84
틀라콜루라 152
틀라텔롤코 28, 71
틀라틸코 162
틀락스카텍 50
틀락스칼라 46, 50, 91
티그리스강 169, 218, 243, 245, 295
티린스 109, 117, 153, 213
티아우아나코 69, 202, 203, 208-216, 218, 220, 222, 224-236, 239-240, 244-245, 252, 267, 270, 275-279, 282
티자틀란 91
티칼 115, 124
티티카카호수 10-11, 201, 202, 203, 211, 213, 216, 235, 238, 264, 271, 284

파

파간 155
파나마 47, 56-57, 138, 198, 272
파라주 262
파라몽가 184
파라카스 191, 192, 193, 267
파르바임 287
파리쿠티 156
파블로 찰론 217
파블로 호세 데 아리아가 71
파우모투 264
파우사니아스 214
파우카탐보 291
파이스토스 281
파차카막 141, 188-189, 227, 244
파차쿠텍 78, 189
파차타타 227
파츠쿠아로 155, 157
파카스마요 140
파카트나무 181
파판틀라 154
판필로 데 나르바에스 53
팔렌케 47, 51, 99, 101, 116-119, 121, 124, 147, 193
페니키아 39, 42-43, 175-176, 199-200, 229, 244, 273, 283-285, 287-288, 299
페드라스 299
페드로 데 헤레디아 249
페드로 아르밀라스 160
페드로 코르조 187
페드로 피사로 13
페루 9, 12-13, 20, 33, 41, 56-57, 59-64, 66, 69, 71, 79, 85, 94-96, 140, 164, 181-182, 184, 187-189, 191-196, 199-201, 219, 225, 228-229, 233-234, 236-237, 242-243, 245, 248, 254, 257, 260, 264, 267, 270-272, 274-275, 293
페르구손 66
페르난도 데니스 289

페르난도 베니테즈 24, 93
페르시아 141, 188, 230, 233
펠로폰네소스 213
펠리필로 59, 61
포스난스키 207-212, 217, 222-223, 225, 227
포싯 290, 293
포타 카우리 43
포토시 232, 235
포포카테페틀 93
폴로 데 온데가르도 14
폴리네시아 195-196, 263-264
푸나 232
푸마 푼쿠 202, 218, 225, 226, 229
푸에르토스 베리오스 127
푸에블라 167
푸카강 238, 242
푸카라 225
푼트 282-283
프란시스코 데 몬테호 131
프란시스코 라포소 292
프란시스코 로페스 240, 289
프레스콧 윌리엄 21, 25, 58, 62-63, 70, 77, 248
프레이 베르나르디노 데 사아군 8, 129, 248
프리니아스 131
프톨레미 147
플라톤 283
플로레스 124
플루타르크 284
플린더스 페트리 66
피바디 112
피사로 13, 56-59, 61-64, 66, 70, 78, 81, 184, 189-190, 255, 258
피스코 225
피에드라스 네그라스 116, 124-125

필로스 251

하

하이네 겔던 261, 271-272
하와이 148, 264
하우와라 181
하워드 카터 117
하쿤 124
하토르 175
하투사 227
하트셉수트 239, 283
할리스강 188
함무라비 114
해리스 293
해밀턴 라이스 291
헤라클레스 283-284
헤로도토스 281
헬리오폴리스 225
호르헤 아코스타 130-131
호머 213, 281
호멧 287, 291, 293
호초브 124
후안 데 베탄조스 76
휴스터스 9
히메네스 데 라 에스파다 204
히브리 43-44
히타이트 68, 227
힌두교 146
힌두인 36, 67

참고문헌

- **신세계의 발견과 정복**
  모리스 콜리스 : 『코르테스와 몬테수마』, 런던, 1954
  바이세 : 『1525년 아메리카의 역사와 발견』, 뉴욕, 1884
  W.H. 프레스콧 : 『멕시코 정복의 역사』, 1844 / 『페루 정복의 역사』, 1847

- **신화와 시**
  E.R. 에머슨 : 『인디언 신화』, 보스톤, 1884
  D.H. 브린턴 : 『고대 나우아틀 시』
  E.J. 파이네 : 『신세계의 역사』, 옥스퍼드, 1892

- **스페인 이후의 기록들**
  제임스 쿠퍼 클라크 : 『멘도사 코덱스』, 런던, 1938

- **탐험가들이 신세계를 발견하다**
  1841 : 스티븐스, 『중앙아메리카, 치아파스 그리고 유카탄 여행의 일들』, 뉴욕
  1843 : 스티븐스, 『유카탄 여행의 일들』, 1853 / 헤른던, 『아마존 계곡의 탐험』, 워싱턴 / 월레스, 『아마존과 리오네그로의 해설 여행』, 런던
  1854 : R.H. 프레보스트, 『다리엔 지협에 관한 보고』, 런던
  1856 : T. 어벵크스, 『브라질의 생활』, 런던
  1859 : 마크함, 『아마존 계곡으로의 탐사』, Hakl. Soc., 런던
  1860 : 윌리엄 불라에르트, 『뉴그란다, 페루와 칠레에서의 고물수집가, 인류학과 다른 연구』, 런던
  1861 : H.W. 베이트, 『아마존강의 자연주의자』, 에브리맨 도서관, 런던
  1877 : E.A. 스콰이어, 『잉카 땅에서의 여행과 탐험의 일들』, 런던, 1877
  오르턴, 『안데스산맥과 아마존』, 런던
  1879 : 매튜, 『아마존과 마테이라 위로』, 런던
  1889 : A.P. 머슬레이, 『중앙아메리카의 생물학』, 런던, 1889~1902 / 머슬레이 콜렉션 안내서 I~IV : 대영박물관』, 런던, 1938
  1910 : C. 마크함, 『페루의 잉카들』, 런던
  1912 : T.A. 조이슨, 『남아메리카 고고학』, 런던, 뉴욕
  1920 : F. 스탈 : 『잉카의 땅에서』, 마운틴 뷰, 캘리포니아
  1931 : P.A. 민스 : 『안데스의 고대문명』, 뉴욕

- **발굴의 결과**
  W.C. 베넷 : 『아메리카의 고대 예술』
  데시레 샤르네이 : 『신세계의 고대 도시들』, 런던, 1887
  P.A. 민스 : 『스페인의 요점』, 뉴욕, 1935
  베릴 : 『신세계의 구문명』, 뉴욕, 1943
  W.H. 홈스 : 『멕시코의 고대 도시들 사이의 주요한 연구』,1895~1897

- **아즈텍 제국**
  G.C. 베일란트 : 『멕시코의 아즈텍』, 뉴욕, 1941 / 『멕시코 계곡의 초기 문화』, 1935 / 『멕시코 계곡의 역사』, 뉴욕, 1936
  E. 킹스보로 : 『멕시코의 고대인들』, 런던, 1831~1848
  J.E. 콤파일러 : 『고대 멕시코의 디자인 주제들』, 뉴욕, 1953
  C.A. 버란드 : 『고대 멕시코의 예술과 생활』, 옥스퍼드, 1948
  M.H. 사비에 : 『고대 멕시코의 금세공인의 예술』, 1920

- **잉카 제국**
  H. 빙엄 : 『잉카의 잃어버린 도시』, 런던, 1951, 뉴욕, 1948
  페르구손 : 『건축 편람 II』, 775, 런던, 1865~1867
  W.C. 베넷, J.B. 버드 : 『안데스의 문화 역사』, 뉴욕, 1949
  J.H. 호란드, 로웨 : 『스페인 정복 시기의 잉카 문화』, 워싱턴, 1946
  A.L. 크뢰베르 : 『페루 고고학』, 뉴욕, 1954
  H.P. 민스 : 『스페인의 요점』, 뉴욕
  S. 하가르 : 『천상의 도시, 쿠스코』, 뉴욕, 1902

- **마야 제국**
  H.J. 스핀덴 : 『마야 예술과 문명』, 인디언 힐스, 콜로라도, 1957
  J.E.S. 톰슨 : 『마야문명의 흥망』, 런던, 1956
  실바누스 G. 몰레이 : 『고대 마야』, 런던, 1946
  H.J. 스핀덴 : 『멕시코와 중앙아메리카의 고대문명』
  스미스, 베예르, 톰슨 : 『아메리카 고고학으로의 기고』, 카네기, 1937
  J.E.S. 톰슨 : 『마야문명』, 1927 / 『뱀의 사람들』, 1932
  칠람발람 : 『추마엘이 칠람발람서』, 1933
  T. 가안, J.E.S. 톰슨 : 『마야의 역사』, 뉴욕, 1931
  L.G. 헤이 : 『마야와 그 이웃들』, 뉴욕, 1940
  탓자나 프로스코우리아크오프 : 『마야 건축 앨범』, 카네기 연구소, 출판번호 558, 워싱턴
  K. 루페르트 : 『치첸이차의 카라콜』, 카네기 번호 454, 워싱턴 1935
  E.H. 모리스, J. 샬롯, A.A. 모리스 : 『치첸이차의 전사의 신전』, 워싱턴, 1931

F. 캐더우드 : 『중앙아메리카의 고대 기념비들의 모습들』, 런던, 1844

- **인디언의 달력과 기록**

  S.G. 몰레이 : 『마야와 기독교 연대기의 상호관계』, 1910
  J.E.S. 톰슨 : 『마야와 기독교 달력과의 상호관계』, 시카고, 1927
  G.C. 베일란트 : 『마야 지역의 연대기와 층계학』, 뉴욕, 1935
  H.J. 스핀델 : 『마야 날짜의 수정』, 1926 / 『마야 날짜와 그들이 나타내는 것』, 1930
  S.G. 몰레이 : 『마야 상형문자의 연구 소개』, 워싱턴, 1915

- **남아메리카와 남부아시아 사이의 문화 관계**

  R. 하이네, 겔던, G. 에크홈 : 『남부아시아와 중부아메리카의 상징적 예술에 있어 중요한 유사성들』, 29, 미주의회, 뉴욕, 1949, 시카고, 1951
  E.B. 타일러 : 『콜럼버스 시대 이전의 아시아와의 교섭의 증거로써 미국인의 제비뽑기 놀이』, 1896
  I.B. 허친슨, R.A. 실로우, S.G. 스티븐 : 『고사리의 진화』, 런던, 1947
  G.F. 에크홈 : 『멕시코의 후기 고전기 문화에서의 아시아적 영향의 가능한 초점』, 1953

- **톨텍 제국**

  K.S. 로스롭 : 『툴룸』, 워싱턴, 1924
  E.H. 톰슨 : 『치첸이차의 고위 사제의 무덤』, 1938
  S.K. 로스롭 : 『치첸이차, 희생제의 세뇨테로부터의 금속』, 1952
  K. 루페르트 : 『치첸이차의 카라콜』
  E.H. 모리스, J. 샬롯, A.A. 모리스 : 『치첸이차의 전사의 신전』, 워싱턴, 1931

- **사포텍과 미틀라**

  M.H. 세비예 : 『북아메리카 사포텍의 무덤 탐험』, 뉴욕, 1899
  E.C. 파르슨스 : 『영혼의 마을, 미틀라』, 시카고, 1936

- **올멕**

  M.W. 스털링 : 『묻혀 있던 조각된 옥의 걸작품을 발굴한 탐험』, 워싱턴, 1941 / 『멕시코 늪에서 옥으로 만든 보석을 발견하다』, 워싱턴, 1942 / 『남부 멕시코의 석조 기념비들』, 워싱턴, 1943
  M.H. 세비예 : 『고대 멕시코의 봉헌 도끼들』, 뉴욕

- **고대 멕시코**

  젤리아 누탈 : 『희생제의의 섬』, 란카스터, 1910
  마누엘 가미오 : 『과테말라 문화의 진화』, 워싱턴, 1926

- **치무 제국**
  S. 린네 : 『남아메리카 도기의 기술』, 1925
  J.B. 허친슨, R.A. 실로우, S.G. 스티븐스 : 『고사리의 진화와 경작 목화의 분화』, 런던, 뉴욕, 1947
  W.C. 베넷 : 『페루 고고학의 재평가』, 1948

- **티아우아나코**
  A. 키더 : 『티티카카호수 북쪽 분지의 초기 지역』, 1943
  솔탁스, W.C. 베넷 : 『고대 아메리카의 문명』

- **차빈 문명**
  W.C. 베넷 : 『차빈의 석조 조각』, 예일대 출판부, 1942
  J. 텔로 : 『안데스 문명』, 뉴욕, 1930
  P.A. 민스 : 『안데스의 고대문명』, 뉴욕, 1931
  W.C. 베넷 : 『콜롬비아의 고고학 지역, 에콰도르 고고학』, 런던, 1946
  제임스 A. 포드 : 『발리 부근의 발굴 콜롬비아』, 1944
  C. 오스굿 : 『영국령 기아나의 고고학』, 1946
  E.C. 스콰이어 : 『니콰라과』, 뉴욕, 1860
  M. 세비예 : 『에콰도르의 황금 인물』, 뉴욕, 1924
  A. 키더 : 『북서 베네수엘라의 고고학』, 예일대 출판사
  P. 베르그소에 : 『선콜럼비아 인디언 사이의 금과 플라티늄의 야금학과 기술』, 코펜하겐, 1937 / 『선콜럼비아 인디언 사이의 구리와 납의 도금과정과 야금학』, 1938
  W.C. 베넷 : 『페루의 황금』, 1952

- **가장 초기의 문명**
  H.T. 윌킨스 : 『남아메리카의 비밀 도시들』, 1950
  하이네, 겔던 : 『폴리네시아인 기원의 헤이어달의 가설』, 런던, 1950
  E. 노르덴스크콜트 : 『남아메리카에서 인디언 문명의 기원』, 고텐부르크, 1931

- **콜럼버스 이전에 서양의 접촉**
  데코스타 : 『선콜럼비아 시대 옛 북유럽 사람들에 의한 아메리카의 발견』, 파리, 1874
  P.H. 포싯 : 『포싯 탐험』, 런던, 1953

- **미노아 문명**
  J.D.S. 펜들베리 : 『크레타의 고고학』, 런던, 1939
  A.J.B. 웨이스 : 『미케네, 고고학적 역사 및 안내』, 1949 / 『미케네의 방 무덤』, 1932

저자 _ **피에르 아노르(Pierre Honoré)**

중앙 및 남아메리카 원주민 사이에 내려오는 '백인 신'에 관한 전설을 추적하는 책이다. 백인 신은 마야에서 '쿠쿨칸', 톨텍과 아즈텍에서는 '케찰코아틀'이었으며 잉카인들은 '비라코차'라고 불렀다. 전설은 백인 신이 인디언에게 문자와 규율을 가르쳤으며 중남미 문명을 일으켰다고 하는데 아노르는 '백인 신'이 기원전 2000년경 번성한 유럽의 크레타 문명에서 왔으며 당시 유럽의 문물을 아메리카로 가져왔다고 주장한다. 그는 자신의 주장을 증명하기 위하여 중앙아메리카와 남아메리카를 넘나들며 다양한 실증적 사례를 통해 이론적 근거를 제시한다.

역자 _ **김 원**

고대문명을 연구하며 인류 문명이 외계 문명의 영향을 받았다는 가설을 바탕으로 1998년 『오안네스(Oannes)』를 출간하였으며, 1999년에는 전 내용의 확장본인 『아틀란테스(Atlantes)』를 출간하였다. 2009년에는 중남미의 마야와 잉카 문명 유적지를 돌아보는 역사탐구 답사기인 『마야·잉카 여행 – 20일간의 기록』을 출간하였다. 옮긴 책으로는 2011년 출간한 고대 멕시코에 존재했던 문명의 신비를 다룬 『올멕 문명의 미스터리』와 2017년 출간한 신세계의 고대문명이 구세계에 영향을 미쳤다는 가설을 정리한 『격변기의 신과 다섯 번째 태양』이 있다.